JN272076

The Unconscious at Work:
Individual and Organizational Stress
in the Human Services

組織のストレスと
コンサルテーション

対人援助サービスと職場の無意識

アントン・オブホルツァー,ヴェガ・ザジェ・ロバーツ〔編〕
武井麻子〔監訳〕
榊 惠子ほか〔訳〕

金剛出版

THE UNCONSCIOUS AT WORK:
Individual and Organization a Stress
in the Human Services

by

Anton Obholzer and Vega Zaiger Roberts

Copyright ©1994, 2006 Anton Obholzer and Vega Zaiger Roberts
All Rights Reserved.

Authorised translation from English language edition published
by Routledge, a member of the Taylor & Francis Group.
Japanese translation published by arrangement with Taylor &
Francis Group through The English Agency (Japan) Ltd.

推薦のことば

このたび，本書の監訳者である武井麻子さんから推薦のことばを依頼された。名誉なことであると感じると同時に，本書を出版する意義について私からも一言述べたいと思う。

集団精神療法やグループワークに関する図書の出版は，近年徐々にではあるが増えて来ているように見える。しかし今回翻訳された"The Unconscious at Work: Individual and Organizational Stress in the Human Service"のように組織全体をグループに見立て，問題点の把握，そして治療，援助について書かれた著書は，少なくとも精神医療界ではほとんどなかったと言えよう。

原著者たちの属するタビストッククリニックの最近の活動については，詳しくは知らない。ただ，鈴木龍先生がしばらく前に何回か東京で開いていたタビストッククリニックのスタッフによるセミナーで，その片鱗に触れることができた。

私が英国にいた1960年代の終わりから，70年代の半ば頃の英国の精神医療界は，国民保健医療サービスNHSの組織としての熟成，力動的精神医学の最盛期であり，InstitutionからCommunityへという脱施設化の活動が広く実践されるようになり，それを支える精神医療従事者が多数必要になっていた時期でもあった。そうした人々の教育訓練のセンターとしてタビストッククリニックが果たした役割は高く評価されていたし，それなしにはあの脱精神科病院そしてコミュニティケアは実現されなかったとさえいえるかもしれない。

当時，私自身は3回ほどタビストッククリニックの主催する集団精神療法に関する理論セミナーのシリーズに参加したことがある。何よりも，参加費用，往復のガソリン代は病院から支給されたことがとてもありがたかったことを覚えている。ということは，英国各地から集まっていたあの研修生たち――医師ばかりでなく，ナース，PSW，サイコロジスト――も，同様に国費で研修を受

けられたことになる。

　ビオンは当時すでにいなかったが、ビオンのグループのビデオを見たことがある。彼の理論があらゆる場面で用いられていて、当時無知だった私にとってはすべてが驚きであり、一層の勉強の刺激になったものである。タビストッククリニックの特徴は、実践的、臨床的であることだと思う。セミナーは主として症例についての理解を深めるために構成されており、活発な討論が奨励されていた。この本でも、その伝統は生きており、Organizational Stress の実例の提示とそれについての討論、そして理論化というプロセスが分かりやすく進められていて、タビストックのセミナーに参加しているようにさえ感じることがあった。

　そもそもタビストックでは古くから、小グループ、メディアン（中）グループ、大グループの研究もさることながら、治療共同体の初期から関わっていたビオンを中心に、あらゆるグループのあり方に関心が払われていることは知られていたし、私自身は参加したことがないが、この本でも触れられているアメリカのグループダイナミクスの研究所との長年に亘る共同研究も大きな成果を上げている。

　さて、監訳者である武井麻子さんについてもここで一言、付言しておきたい。彼女は、40年ほど前に千葉県の海上寮療養所で一緒に仕事を始めて以来の畏友であり、以後10余年に亘って精神科病院という不条理について考え、語り合いそして改革して来た仲間でもある。その間の彼女の活躍ぶりはほとんど伝説になっているし、彼女が編纂した本『レトリートとしての精神病院』（ゆみる出版）の中にも語られている。武井さんは、その鋭い観察力と状況の深い理解、そしてこれと思ったことは歯に衣を着せずに発言することから、よく「武井さんはこわい」と言われていた。私たちの共通の友人である David Anderson は、彼女のグループについての観察と指摘は、我々を「つま先立ち」にさせるという。その彼女が、治療共同体という方法の研究と実践を出発点に、グループワーク、集団精神療法の技法を掌中にして、精神科看護の実践や教育の場面で縦横無尽に用いるなかでこの本に出会い、翻訳を思い立ったのは偶然ではなく、彼女のこれまでの思索と実践の延長上にある。新しい分野の翻訳であり、訳語にも苦労されたことと想像する。今後はこの翻訳を土台として、武井さん自身の体験に基づいた日本の組織に働く者のストレスの対処についての研究を本にしてほしいものである。

鈴木　純一
東京集団精神療法研究所

まえがき

　このまえがきを書きながら，本書で展開されたアイデアの孵卵器というべきものとなった「組織コンサルテーションワークショップ」での私自身の経験を思い出していた。それは10年以上前のことで，本書の著者のうち，そのワークショップに参加していたのは1人だけだったが，その時，私が感動した正直さ，率直さ，思いやりの心が同じようにそれ以降もしっかりと生き続けていることが，各章に示されている。

　各章の中心的なテーマは，（とりわけ差し迫ったニードをもつ人々との）援助関係のなかにひそむ強力な原初的感情状態に直面する対人サービス専門職（ヒューマン）に求められるものに関っている。そして，どうすればこうした組織のスタッフが混沌に陥ったり，またはひきこもったりすることなく効果的に機能することができるかを考えていく。もう1つのテーマは，いかに組織のありよう——構造，文化，作業様式——自体が，スタッフの貴重な能力を保護するうえで助けにもなり，妨げにもなるかということである。

　人と環境との複雑な相互作用を探索するために，著者らは精神分析とシステム思考の統合を図ろうとしているタビストッククリニックの先駆的な枠組みを用いている。その焦点は，集団生活や対人サービス組織のなかで個人的に経験される不安，罪悪感そして疑惑の影響を目に見えるものにすることである。また，さまざまなレベル——個人から一次的作業グループや組織全体，さらにより広い環境まで——のケアリングシステムが，いかに互いに深く浸透しあっているのか，いかにあるレベルのダイナミクスが他のレベルのダイナミクスに影響し，映し出されるのかも示す。著者らは，対人サービス専門職にあふれている強力な力を理解するための非常に示唆に富むアプローチをたくさん提案している。私はここで吟味されたことが，こうした考えとあえて格闘したいと考えているあらゆる対人サービス組織の管理者や専門家，あるいは学生にとって価

値あるものとなることを確信している。

　私が「格闘」という言葉を使ったのには，2つの理由がある。1つは，著者らはその考え方をのみ込みやすくするために，水で薄めて表面的なものにしたりはしていないということである。これは，複雑な現実についての複雑な考え方であり，各章は具体的でわかりやすいとはいえ，単純さからはほど遠い。「格闘」という言葉を使うもう1つの理由は，対人サービスの仕事にひろがっている痛みと絶望に向き合う著者らの度量の大きさと率直さである。それはたいていは有効性を損なうという代償を払ってまで避けられていることである。

　各章での洞察の数々は，痛みなくして得られたものではない。私は，著者らが理解し援助しようとした組織のもっとも原初的でやっかいな面に自分自身をさらし，傷つきやすい状態においたことに感銘を受け，時に，謙虚な気持ちになった。彼らが援助しようとしていた施設での組織的機能障害，対立と疎外という症状を生みだすダイナミクスを理解することができたのは，こうしたことに挑戦する個人の経験を通してである。これらの章を読む時，人はこうした組織で一心に働くことの大きな感情的影響を距離をもってだが，直視することになる。

　このようにして，著者らが文字通り，「有言実行」していることがわかるのである。本書に述べられたコンサルテーションでは，ケアの専門家がクライエントと直接的かつ全人的にかかわることができるよう援助しようと努力している。それと同じように，著者らもそのコンサルタントとしての仕事のなかで，母体となる組織のクライエントや働き手をひどく悩ませている同じ苦痛な現実と直面し経験することを率直に示すことによって，あるべき姿勢を例示してみせている。

　こうした努力から介入に関する理論のあれこれが生まれてくるのが見え始める。その理論の構成要素の1つは，スタッフグループが自分の感情経験を理解し，はっきりと言葉で表現することができる場をつくり上げるために組織の資源を使うことの強調である。自分たちの経験をともに理解しようとする作業を通して，サービス提供者がその経験をより「コンテイン[1]」し，そこからより深く学ぶことができ，そしてその見返りとして彼ら自身の有効性を育むことができるという考え方は，本書に記述されたコンサルタントの仕事からだけでなく，本書のもとになった「組織コンサルテーションワークショップ」で起きたことからも裏書きされるだろう。

▶1　コンテイン：ある感情を含みこむこと。第1章 p.20 訳注参照。

まえがきを書くにあたっては，本書が時宜にかなったものであることを言わないわけにはいかない。英国と同様，米国の対人サービス組織も，いくつもの強力な力が合わさって，不安定な立場に置かれているように見える。混乱した社会的プロセスは対人サービス専門職への要求を増す一方，そのニーズを満たすために利用可能な資源はたいてい少なくなっているのである。社会的にも，経済的にも，そして地域生活にも起きている加速度的な変化は，かつてないほど大きな秩序の崩壊とアノミーの感覚をもたらし，人々と家族のための安定したサポートシステムの喪失を引き起こしている。

　また，こうした組織に影響を及ぼすもっとも強力な力のなかでも，対人サービスの提供を統合し，調整する役割を市場に依存することが多くなっている。個人の重要な依存欲求を満たすための組織は，かつては市場の力から大きく守られていたが，現在では，「採算が合うかどうか」についての説明責任をますます押し付けられるようになってきた。これが発展なのか，それとも社会的責任の広範囲にわたる否認なのかは議論の余地がある。議論の余地がないのは，この変化が不確実性と不安定性を著しく増大させたことを含めて，こうした組織で働く人々に重大な影響を及ぼしているということである。

　このような新しい緊張が，大きなニーズをもつ人々をケアするという既存のストレスと結び付くと，ケアを提供する専門職と組織にとって大きな問題となる。そして，そのような仕事に特有の強力な感情のダイナミクスに対する彼らの脆さを悪化させるのである。コーピングと適応への戦略——個人と組織の両方のレベルにおいて——は強化され，発展されなければならない。本書は，こうした問題についての私たちの考えと理解をさらに豊かにしてくれるものである。それは，ケアを提供する組織が生き延びることを助け，つらく落胆することの多い状況に直面しながらも，スタッフが有能さと思いやりをもって働くことができるようにするための，今まさに必要とされている努力への歓迎すべき貢献となるだろう。

James Krantz, Ph.D.
イェール組織経営学部経営学准教授
リーダーシッププログラム副部長
ワートン・スクールオブビジネス
ペンシルバニア大学

序文

 21世紀に向かう世界的な政治情勢は，効率，費用対効果，金銭的価値に，ますます重きを置くようになってきている。それらは国ごとにも，国際的にも違った言い回しがされているが，すべて1つのことを意味している。すなわち，スタッフと組織へのプレッシャーの増大である。同時に，クライエント，患者，その他の対人(ヒューマン)サービスの消費者は，一般市民と同様，経済的，社会的，地政学的な圧力が生み出す増大するストレスにさらされているのである。

 こうしたプロセスのなかで，マネジメントや組織構造がより重視されるようになるのは当然といえる。タスクと役割がはっきりと明示され，十分なリソースに裏打ちされたならば，有能なマネジメントによって確実に創造的な組織の職場風土が創りだされる。しかし，私たちの経験では，どんなにうまくいっている組織でさえ，対人サービスに限らず，他の部門でも，仕事を徐々に蝕む不合理な考えや行動という落とし穴がある。組織全体がそのえじきとなる「アンチタスク」[1]のプロセスが横行する組織は多いのである。

 本書は，組織の機能の影の部分に焦点を当てようとする。それは1980年にタビストッククリニックで始まった「組織コンサルテーションワークショップ」での仕事(ワーク)に由来する。そして，そこにはタビストッククリニック，タビストック人間関係研究所，そしてそれに関連する組織での長い年月にわたる経験が生かされている。使われたモデルは，精神分析，システム理論および社会技術的アプローチ[2]，ビオンのグループに関する業績，グループと組織に適用されたクライン派の理論，そして米国精神保健研究所（NIMH）におけるクルト・レヴィンの研究に端を発するグループ関係トレーニングなどから生まれた洞察と

▶1 第3章参照。
▶2 タビストック人間関係研究所で開発されたアプローチで，技術システムと社会システムが深く連動しあっているという認識に基づく。本書の基本的な考え方の1つ。

理論を結合し，その後，英国国内および国際的にケン・ライスらが発展させたものである。

　本書は，「人間(ヒューマン)の組織」での仕事の根底にあるプロセスを理解しようとするだけでなく，その発展的な考え方をクライエントにも適応して役立てようと奮闘するワークショップのメンバーたちの経験から生まれてきた。確かにそのワークショップは，組織に対する外部のコンサルタントの役割に焦点が当てられていたのだが，私たちに必要だったのはコンサルタントのための本ではなく，時に自分やその仕事の双方にとって有害な組織プロセスに巻き込まれる，対人サービスで働くスタッフとマネジャーにもとっつきやすい本であった。したがってこの本では，広範囲にわたる職場でのこうしたプロセスがさまざまな視点から探られており，読者はいくつかの観点から自身の経験に光を当てることができるだろう。

　いくつかの事例では，記述された組織の構造の変化するスピードが速いため，事例の説明がすでに古くなっているように見えるかもしれない。それでも，基本的なダイナミクスは仕事自体の本質から生じているので，変わらないのである。本書では，さまざまな理論，組織，仕事のやり方を含んでいるため，ある章が他の章より明らかに自分たちの仕事と関連性が強いように見えることがあるかもしれないが，私たちとしてはすべての章が読者の利益になり，その職場にも適用できることを期待している。

Anton Obholzer
Vega Zagier Roberts
1993年12月

謝辞

「職場の無意識 The Unconscious at Work」という原題は，何年か前にジョン・ストークスによって作り出され，使われたもので，その言葉を用いることでは彼に負うものがある。原稿の入力，再入力の責任者であるサンドラ・マスターソン，文章が首尾一貫するように編集作業を行ったヴィッキー・ダヴェンポートのたゆみなく惜しみない手助けなくして本書は書かれなかっただろう。そして，ドン・ザジェとジェニファー・ヒックスの草稿への絶え間ない助言は，私たちが意図する読者層をはっきりと念頭に置いておく助けとなった。彼らのプロジェクトへの支持と熱意は非常に貴重なものであった。

ロッテ・ヒッギンソン，ルース・ソンタク，リンゼー・マクドナルド，マーガレット・ウォーカー，そしてタビストック付属図書館のスタッフ，現在と過去の組織コンサルテーションワークショップのすべてのメンバー，その他大勢の人々に感謝したい。

守秘義務についての注記

　本書で用いられている事例は，対人サービス全般に繰り返し起こる典型的な状況を示すために選ばれたものである。読者は，ここに登場する個人や組織を知っている——あるいは知っていると思う——かもしれない。しかし，名前はすべてフィクションであり，関係する人々の匿名性を保つために，詳細については変更が加えられている。

目次

推薦のことば ——————————————————————— iii
鈴木 純一
まえがき ——————————————————————————— v
James Krantz, Ph.D.
序文 ————————————————————————————— viii
Anton Obholzer + Vega Zagier Roberts
謝辞 ————————————————————————————— x
守秘義務についての注記 ——————————————————— xi

はじめに ——————————————————————————— 3
施設へのコンサルテーションの制度としてのルーツ　　ジェームズ・モス

第 I 部
理論的枠組み

第 1 章　組織生活における無意識の諸相 ————————————— 15
　　　　　精神分析からの寄与　　　　　　　　　　　ウィリアム・ホルトン

第 2 章　グループとチームでの仕事における無意識 ——————— 26
　　　　　ウィルフレッド・ビオンの研究からの寄与　　ジョン・ストークス

第 3 章　職場という組織 ———————————————————— 38
　　　　　開放システム理論からの寄与　　　　　ヴェガ・ザジェ・ロバーツ

第 4 章　権限, 権力, リーダーシップ ————————————————— 53
　　　　　グループ関係トレーニングからの寄与　　アントン・オブホルツァー

第II部
痛みとともにある人々との仕事

第 5 章　伝染の危機 —— 67
　　　　組織における投影同一化のプロセス　　　ディードリー・モイラン

第 6 章　乳児特別ケアユニットにおける感情の問題に向き合う —— 79
　　　　　　　　　　　　　　　　　　　　　　ナンシー・コーン

第 7 章　傷ついた子どもたちとの仕事における不安をコンテインすること —— 88
　　　　　　　　　　　　　　　　　　　　　　クリス・モーソン

第 8 章　死が私たちを分かつまで —— 98
　　　　高齢者ケアにおける思いやりと冷淡さ　　ヴェガ・ザジェ・ロバーツ

第 9 章　身体障害児学校の分裂と統合 —— 111
　　　　　　　　　　　　　　　　　　　　　　アントン・オブホルツァー

第10章　死にゆく人々とともに働く：ほどよい人でいること —— 124
　　　　　　　　　　　　　　　　　　　　　　ピーター・スペック

第11章　天使も踏むを恐れるところ —— 135
　　　　病院看護における理想主義, 失望そして思考停止　アンナ・ダーティントン

第12章　みずからに課した不可能なタスク —— 149
　　　　　　　　　　　　　　　　　　　　　　ヴェガ・ザジェ・ロバーツ

第III部
危機にある組織

第13章　組織の混沌と個人のストレス —— 165
　　　　　　　　　　　　　　　　　　　　　　ジョン・ストークス

第14章　やっかいな人と混乱した施設 —— 176
　　　　　　　　　　　　アントン・オブホルツァー＋ヴェガ・ザジェ・ロバーツ

第15章　不確かな未来に直面する —— 190
　　　　　　　　　　　　　　　　　　　　　　フランチェスカ・カルドーナ

第16章　声を発見する —— 201
　　　　脅威のもとにある組織における差異化, 代表選びとエンパワメント
　　　　　　　　　　　　　　ジェームス・モス＋ヴェガ・ザジェ・ロバーツ

第17章　助けを求める：スタッフサポートと感受性グループ再考 —— 214
　　　　　　　　　　　　ウェンディ・ボルトン＋ヴェガ・ザジェ・ロバーツ

第IV部
より健康な組織へ

第18章　公共機関における社会的不安のマネジメント ——————— 231
　　　　　　　　　　　　　　　　　　　　　　　　アントン・オブホルツァー

第19章　ケアとコントロールのバランスをとる ——————— 245
　　　　組織の健康増進を焦点としたスーパービジョン関係　クリストファー・クルロウ

第20章　対立と協同 ——————— 257
　　　　グループ間の関係のマネジメント　　　　　　　ヴェガ・ザジェ・ロバーツ

第21章　評価 ——————— 271
　　　　経験から学ぶ組織　　　　　　　　　　　　　　　　　　ロブ・ライパー

あとがき ——————— 285
　アントン・オブホルツァー
監訳者あとがき ——————— 291
　武井 麻子
訳者あとがき ——————— 295
　榊 惠子
参考文献 ——————— 297
さらに読みたい方のために ——————— 301
索引 ——————— 302

● 凡例 ── ▷は原注，▶は訳注を示す。

組織のストレスと
コンサルテーション
対人援助サービスと職場の無意識

はじめに
施設へのコンサルテーションの制度としてのルーツ

ジェームズ・モス

　人はたいてい集団の一員として職業生活を送るが，その集団はそれ自体より大きな施設や組織の一部である。本書では，そのような人の集まりには単に直接観察可能な構造や機能があるというだけでなく，精神分析でいう個人の無意識になぞらえることのできる無意識の生活があるという考え方の意味するところについて探究する。私たちは，組織は意識的なタスクと並行して無意識のタスクを遂行していること，そして，そのことが組織の効率にもスタッフが経験するストレスの程度にも影響していることを示す。

　1980年以来，組織コンサルテーションワークショップのメンバーたちはタビストッククリニックにおいて，広範な機関・組織——主として公立のまたは任意団体としてのケア提供機関——における意識的なダイナミクスと無意識的なダイナミクスの相互作用を探究するために会合を開いてきた。そうした組織へのコンサルテーションの仕事を通して，私たちは無意識の力を認めるようになり，そのような力のネガティブな影響を軽減することができるようになった。用いられたコンサルテーションのモデルでは，組織を既成の社会科学的方法を用いて探究することのできる社会システムとしてみるが，無意識の生活については精神分析的に探究する。本書の各章は，このワークショップのかつてのメンバーや現在のメンバーによって書かれたもので，彼らのコンサルテーションの仕事の理論的ルーツと実際的な応用が記述されている。

　もし，構造と無意識の働きが重なり合うところに本当に変化を起こしたいのなら，ソーシャルなものの見方と精神分析的なものの見方は**一緒**に用いられるべきである，というのが私たちのテーマの1つである。もし精神分析的な見方だけを用いるならば，人々の無意識のプロセスに対する気づきと感受性を高めることはできるだろうが，そうした気づきを活用できる状況をつくりだすことはできずに，スタッフはもっと落ち込み，欲求不満に陥るかもしれない。反対

に、もしソーシャルな見方だけを用いるならば、構造的な変化への2次元的な設計図は作れるかもしれないが、組織以前にある心的な決定要素が配慮されないために、新たな構造が提案されても無意識のニーズは満たされず、おそらく失敗に終わるだろう。

歴史的概観

ソーシャルなものと無意識とをつなげることについては、無意識それ自体の精神分析的概念の歴史と同じくらい長い歴史があるが、ここで記述された考えややり方は、タビストック人間関係研究所をルーツとする伝統から生まれたものである。タビストック医学心理学研究所（タビストッククリニックというほうが有名だが）の仕事から育ってきたものもある。そこでまず、この2つの密接にリンクした研究機関とその知的伝統の発展を歴史的に概観してみることにしよう。

タビストッククリニック

タビストッククリニックは大勢の専門家によって1920年に創立された。彼らは、第一次世界大戦の従軍兵士たちにみられた「砲弾ショック」と呼ばれる神経症性の障害は、単に戦争という特定のストレスに関連した一時的現象ではなく、今や現代社会にはびこる風土病のようなものであるという信念から、少なくとも週6時間を自発的に精神力動的治療に提供することにした。当初から、クリニックには4つの目的があった。すなわち、**治療**を提供すること、その一部をそのような困難を**予防**する社会的方法についての**研究**の手段とすること、そしてそれを通してほかの専門家たちに新しく生みだされるスキルを**教育**することであった。この創設者のグループの医療職者には、一般内科医、神経科医、精神科医だけでなく、臨床心理士やソーシャルワーカーが最初から加わっていた。さらに、このうち何人かは文化人類学の教育も受けていたので、常に医学と社会科学の見方がともにあったのである。

1938年に、当時クリニックの医長であったJ.R.リーズが、英国陸軍の精神科コンサルタントに任命された。軍は個人を治療するだけでなく、戦時の軍隊生活でのストレスについての理解と治療を発展させることに関心をもっていた。第二次世界大戦中、31人のタビストックのスタッフが軍に入り、多くは影響力

のある地位のスタッフとして，このプログラムの特定の部門の発展を委ねられた。改革の成果は次のように分類することができる。

- 軍司令精神医学 Command Psychiatry[1]：危機的な問題を見つけるため，フルタイムで勤務する上級精神科医が査察検分を行う。
- 社会精神医学：大規模な社会的問題の予防的介入の発展を追究するための政策科学 policy science。
- 文化精神医学：きわめて大規模な集団（当初は「敵性国家」）の心性のプロファイリングと分析の手段として。
- グループによる精神科治療のポリシーとしての治療共同体
- 社会精神医学から生まれた方針を反映できるような新しい組織を軍隊のなかにつくりだすこと。The War Office Selection Boards（国防局将校選考委員会）は，そのような実践的発展の例である。

終戦直後

戦争の終結により，軍隊生活への社会精神医学の適用という改革の発展に従事した精神科医や社会科学者たちの多くは，戦後の市民世界に自分たちを適合させていくことにした。多くはタビストッククリニックに戻り，社会精神医学をこの種の仕事を続けるための道具として用いることにした。続いて，タビストックが新しい自身の役割を担うための詳細な準備計画が練られた。作成された文書のなかに「英国医学と社会科学におけるタビストッククリニックの立場」がある。その最初の項は，「社会科学と力動心理学の統合――(a) 働く人々の人間関係のレベルでの，(b) 概念レベルでの，(c) 方法論での」である。そこには，「sociatric work」[2]と呼ばれた新しい分野と，それを人々に教育するタビストックの役割についての言及が多く見られた（Dicks 1970）。

多くの社会的アジェンダが提案され，戦前からのボランタリースタッフや非常勤スタッフからなる大きなグループを，より小規模な核となる，有給で常勤あるいは準常勤のスタッフグループに変えていく必要性が感じられるようになった。何人かのスタッフは職を辞するよう迫られ，他の新たなメンバーが採

---

[1] 兵士の任務遂行に影響を及ぼす軍隊内のメンタルヘルスの問題について，精神医学の専門家が指揮官らに助言を行うプロセスを Command consultation という。
[2] Social と Psychiatric の合成語

用された。選考基準には，再定義された（タビストックの）社会的使命に関与することだけでなく，個人精神分析がもし済んでいない場合は，自らすすんで受けることが含まれていた。そこには，精神分析的対象関係論が戦争中，臨床の場と同じく，社会においても重要な意味をもつことが明らかにされたという認識があった。新しいタビストックのスタッフのトレーニングにおけるこの要素は，英国精神分析協会（BPS）の特別計画の主題となり，広まっていた――平和を勝ち取るという――社会変革への楽観的な見方とその推進に果たしたBPSの役割を映し出している。それはすでに走り出した再生タビストックの形成を促し，1945年の労働党の政権奪取の力となった。

　クリニックは学術的にも臨床的にも，できる限り多くの組織・機関との公式の連携を模索した。それは，自分たちのやるべきことをさらに深化させると期待したからである。しかしながら，さまざまな理由から，さしたる反応は返ってこなかった。一方，新しい国民保健医療サービス（NHS）[3]の計画が生まれると，問題が明らかになった。治療的な仕事は論理的にもNHSの一部となることができた。しかし，高度な社会的取り組みと考えられる研究や開発，教育活動は，NHSの範囲外であった。実際，いったんそのなかに組み込まれれば，クリニックは喫緊の課題であったプロジェクトや資金源の多くを受け入れることが不可能になるだろうと思われた。そこで，独立した非営利機関としてタビストック人間関係研究所を立ち上げる準備がなされることになった。研究所は1947年の9月に設立され，1948年7月にはクリニックがNHSに入ることになった。社会的アジェンダの長期的な安定を保証するための同様な戦略の一部として，学術雑誌Human Relationsが米国のクルト・レヴィンのグループダイナミクス研究センターと合同で創刊され，タビストック出版社が新たに設立された。

タビストック人間関係研究所（TIHR）

　1948年，戦後経済における生産性の低下を懸念した英国政府は，産業生産性委員会を設立した。そのなかに，人的資源を有効活用することによる生産性の向上を意図した研究助成の権限をもつヒューマンファクター部があった。誕生

▶3　英国の国民保健医療サービス（NHS: National Health Service）。1948年に創立された原則無料の世界最大の公的医療サービス。現在は，GP（General Practitioner）と呼ばれる一般医のほか，歯科や眼科，薬局や登録・予約不要な診療センター，医療アドバイスを提供するNHSダイレクトによって構成される一次医療と，救急ケア，救急車トラスト，NHS病院を統括するNHSトラスト，精神医療トラスト，ケアトラストの二次医療とから構成されている。

して間もないTIHRは3つのプロジェクトに応募し，助成金を獲得した。1つは，6人の「産業研究員industrial fellow」のグループをトレーニングするプロジェクトであった。産業界から2年間派遣されて，自らの経験から職場における無意識のグループプロセスについて学ぶというものである。各々の研究員は，TIHRの他のプロジェクトにも参加したり，治療グループにも加わったりして，自分自身の無意識のグループ生活(ライフ)について学ぶことになった。その後，彼らは派遣元の組織に戻り，新たに得た経験を応用して職場を有益なやりかたで変革することを助けた。これは，グループ関係トレーニングプログラムの1つの先駆的な試みといえる（第4章参照）。

　助成を受けた初期のプロジェクトのもう1つは，エリック・トリストによる新たに国有化された炭鉱での職場研究である。この研究により，労働者たちは，別々の坑道で同じような仕事をしていると思われていたが，実際にはさまざまなかたちで組織化されており，それが生産性のレベルに大きく影響しているということが明らかになった。ここから，自己調節する職場集団という概念と，集団組織の違いには無意識の動機が反映され仕事の主観的な体験を左右しているという考えが導き出された。このプロジェクトを通して，「社会－技術システムsocio-technical system」というものが，研究にとっての適切なフィールドとして認められるようになった（Trist et al. 1963）。社会－技術システムとしての組織は，仕事のタスク，その仕事特有の技術とテクノロジー，そして従事している職員の社会組織の相互作用の産物と理解することができる。産業における研究から生まれたものであるが，このアプローチは，その後広範囲の組織の研究に適応されてきている。とりわけ，イザベル・メンジーズ（Menzies 1960）の看護教育からの高いドロップアウト率の要因を明らかにした研究は，TIHRの社会－技術モデルが非常に人間的な技術システムをもつ組織にもあてはまることを示した初期の例である。

　この初期のプロジェクトの3つ目は，ある製造業の会社における内部の関係性についての詳細な研究であった。その目的は，すべての階層のスタッフ間の協調性を改善する方法を見つけ，それを実行するように会社を支援するというものであった。このプロジェクトはエリオット・ジャックスがグレーシャー金属会社で行い，会社の文化と組織を大きく変えることになった。しかし，これは広く報告され研究されたにもかかわらず，さほど模倣はされなかった。このプロジェクトから生まれたジャックスのもっとも大きな功績の1つは，職場に

おける社会組織は，その仕事に内在する無意識の不安から働き手を守るように働くという認識であった。そのような防衛の無意識の程度に応じて，その社会システムは硬化し，そのために不快なものになりがちである。しかし，その役割は不安を閉じ込めておくことなので，変化に対しては非常に抵抗を示しもするのである (Jaques 1951, 1953)。

　本書で語られる仕事に与えた核となる理論的影響のほとんどは，この3つのプロジェクトから生まれたものであるが，大きく追加されたものの1つは，開放システムに関する理論である。当初からシステム論は社会科学から輸入されたものの1つであり，社会-心理学的思考の支柱となった。とくに，TIHRの仕事に開放システム理論を適用したのは，A.K.ライスの重要な貢献であり，彼はのちにエリック・ミラーと一緒に働くようになった。本質的に，開放システムの見方では，組織は境界(バウンダリ)を持ち，それを通してインプットがなされ，一次(プライマリ)タスクに応じて変化が起き，アウトプットとして出ていく。これは，何かの製造過程を理解するのに適したモデルのように聞こえるかもしれないが，ミラーとライス (Miller & Rice 1967) は，それをずっと広範囲に適用した。彼らは作業グループが直面する多くの困難を追跡し，それがそのグループの一次タスクを定義することと境界を管理することにまつわる問題であることを突き止めた（第3章参照）。

　TIHRのスタッフは，自分たちのクライエントが事態を改善するためにすべきことをあらかじめ知っているエキスパートとして入っていくことはしなかった。彼らはなんであれそこで見いだしたものを研究したのである。研究はクライエントと合同で，大部分はクライエントによって，行われた。TIHRスタッフはそこで，自分たちの観察や経験を解釈するという方法で貢献しようとした。それが潜在的に変化を助けることになると信じていたのである。いったん変化が始まると，その効果自体がさらなる研究の主題となり，さらなる変化をもたらした。TIHRメンバーの役割は「参加観察者」とされた。そして，作業の全体的なスタイルは「アクションリサーチ」として知られるものであった。これはクリニックの「治療のない研究はなく，研究のない治療はない」という長い歴史をもつ教えにつらなるものであった。ただし，現在は組織よりも個人に適用されるようになっている。

はじめに | 9

コンサルテーションのツール

　1950年代から60年代にかけて政府と慈善団体からの基金を確保することが困難になり，TIHRは，助成研究からクライアントである組織・機関から直接依頼されたコンサルテーションの仕事にその焦点を移すことになった。以来，TIHRスタッフは，社会科学の見方と精神分析の見方を組み合わせた多くの研究とコンサルテーションプロジェクトを引き受けてきた。それは，本書に描かれた介入の多くを形作った理論と実践の根幹である。それはまた，トレーニングや世界中の組織に対するコンサルテーション活動に影響を与えた。また，この2つの観点はともに，コンサルタントとしての役割を果たすためだけでなく，組織の一員としての自分自身の経験を考えるためのツールを提供してくれている。

社会科学から

　クライアント組織にかかわるコンサルタントは，社会システムとかかわることになる。このシステムは，現実世界に存在し，その一次タスクを効果的に果たすよう意図された構造をもつ。そこで，この構造とタスク遂行の技術は，どちらも理解されなければならず，同様に両者の接点も理解されなければならない。それは，組織自らが自分たち自身について語ることと意図された構造を（ともに）理解するということである。しかし，コンサルタントはまた，語られていることとはかかわりなく，実際に起きていることを自分で観察し，そうして見極めたことの意味をよく考えることができなければならない。

　社会的な構造を探究するのは，長らく社会科学の領域であった。本書の著者の何人かは文化人類学や社会学の研究者である。そのほかは，タビストックグループ関係トレーニングカンファレンスに参加することを通じて社会システムについてきちんと考える経験を積んできた（第4章参照）。さらに，私たちはみな，職業生活においても私生活においても，広範囲で多様な組織の一員としての経験をもっている。家族，学校，クラブ，専門家集団，そして雇用企業は，すべてこの意味での組織である。これらすべての経験を生き生きと，いつでも思い出せるようにしておくことができれば，多くのメリットがある。物事はこうある「べき」という共有された思い込みに飲み込まれてしまうのではなく，グ

ループの周辺にとどまることを助けてくれるのも，その1つである。

例えば，私は企業でも，多職種のメンタルヘルスチームでも働いたことがあり，権限の委譲と意思決定について2つのまったく違った信念を経験したことがある。企業では，私は，はやりのコンサルテーションを助言され，「分析麻痺[4]」と称される結果になったという話を聞いた。保健サービスでは，反対に，やり遂げるには「躁的」にならなければいけないような活動や「強迫的」とけなされるほど詳しすぎる計画を見たことがある。意思決定はどうある「べき」かについてのさまざまな見方に折り合いをつけようと私自身努力してきたことは，自分のコンサルタントとしての仕事においてのみならず，さまざまな状況においてかなり役に立ってきた。多様な経験から，どの役割も孤立しては機能しないと信じることができれば，自分もその一員であるグループの組織的な防衛に飲み込まれがちな傾向を減らすことができる。コンサルタントにとっては，それはエキスパート，管理者，あるいはスーパーバイザーといった役割に誘い込まれる危険を減らすことにもなる。

社会科学の目的は，観察可能な社会構造を外的世界におけるその機能と関連づけることである。これらは，少なくとも原則的には，直接的に意識にのぼらせることができる。十分な一体感とコンサルタントを雇う資金をもつどんな組織も，そのような分析を支持するだろう。しかし，それが独自に生み出すことができるのは，2次元の設計図であって3次元の作業モデルではない。無生物のように語られる組織も，無意識と非合理な目的とニーズをもつ生きた人間が作り上げるものであり，同時に組織の合理的な目的に奉仕しなければならないのである。純粋な社会科学者は，この第3の次元を観察するツールも理論的枠組みも持っていないのである。

精神分析から

このツールと理論は，精神分析からもってくることができる。フロイトは，分析家は「自分自身の無意識を受容器官のようにして患者が伝えてくる無意識に向けなければならない」（1924: 115）という。無意識の過程を探究する道具は自分自身であり，共有する状況を自身がどう経験しているか，感じているかなのだというのが公理であり，精神分析を応用した仕事の核心にあるものである。

▶4 analysis paralysis：処理すべき情報が多すぎて結論が出せない状況のこと。

もし自己が,「読み取り」を行う科学的機器だとしたら,この機器はどうやって調整されるのだろう。精神分析の答えは明快である。すなわち,個人分析を通じて。分析家として働きたいと思う人は誰でも,まず自分自身で分析を受けて,自分自身——自身の未解決の葛藤——に由来するものと,患者に属するものとを区別することができるようにならなければならない。彼らはまた,文献にある理論的概念について経験的にも理解できるようにならなければならない。本書で紹介するような組織のコンサルテーションの仕事を引き受けるには,何らかの個人的なセラピーがおそらく必要である。その助けによって,とりわけ無意識の防衛を吟味しようとする際に,グループに流れる強力な無意識の心的うねりに「身をまかせ」,ふたたび自分を立て直すことができる。

　純粋に精神分析的視点だけを組織に適用しようとする際には,主に2つのリスクがある。まず第一は,メンバーの「感受性」を高め,彼ら自身や組織の心理的なプロセスに対する洞察を深めるが,その一方で,仕事に影響を与えるシステムの要因を無視してしまうことである。この場合,有益で必要な変化をもたらす代わりに,感受性が高められたせいでメンバー同士の軋轢が倍加し,組織に否定的効果が表れることがある(Menzies Lyth 1990)。2番目は「性格殺人」とよばれてきたもので,精神分析理論が性格を貶めたり,個人攻撃のための道具として誤用されるリスクである。これは,組織が問題を1人または複数のメンバー個人の病理のせいにしてしまったりする(第14章参照)。また,コンサルタントがその仕事をするうえで,組織が意識的な現実世界でのタスクを遂行しようとしていることの有効性を正しくみずに,組織や個々のメンバーの行動や機能を病理としてみてしまうやり方に陥ることもある。例えば,何か賞を受賞するような新聞を発行しているスタッフたちでも困ることがあり,組織のコンサルタントに助けを求めることがあるかもしれない。しかし,ほとんど個人の行動や経験にしか焦点を当てないようなコンサルタントからは,その組織の現実世界での成功の価値はさほど認められないばかりか,無視されてしまうかもしれない。これは,スタッフの目に見える苦しみへの共感的な反応として悪気はないのかもしれないし,他人の専門性を見下したり価値を認めなかったりする傾向から来るものかもしれない。これは,さまざまな組織に継続的にかかわりをもつことが,クライエントの組織であれ,自分自身が所属するグループであれ,どれか1つの集団に共有された考え方に流されてしまわないための貴重な防波堤となるもう1つの領域である。クライエントは非常に強力に,コン

サルタント自身のグループの考え方に疑問をつきつけてくるものである。

アウトサイダーとしての視点を維持すること

　私たちはみな，数多くの異なる組織にメンバーとして参加しているが，なかでも職場はたいていしっかりとした構造をもち，要求の多いものである。たいてい，私たちは職場のせいで自分が苦しんでいることに突然気づく。そして，「もしあれさえ違っていれば！」とよく叫ぶのだが，何が悪いかを指摘することができない。何らかの理由で，自分たちの観察力やよそでは物事がどうであったかという記憶を用いて，変化をもたらすことがひどく難しいように見える。なぜそれができないのかが，この本の主要テーマである。私たちの中心となる仮説は，組織の一員になると，その組織を観察したり理解したりすることがより難しくなるということである。というのも，私たちは仕事に内在する不安とその不安に対する組織に特徴的な防衛にとらわれてしまうのである。そのためにすぐに共有され習慣化された見方を身につけ，当然のように「聖書」に疑問を抱いたりしなくなる。新人はおそらくもっとクリアにものを見ることができるかもしれないが，それを口にすることは許されない。それができるようになる頃までには，彼らは自分がどのように見ていたかを忘れてしまうか，何もいわないことを学ぶようになる。彼らもまた，不安——とりわけ同僚を動揺させるという不安——に対する防衛が必要なのである。

　定義上，コンサルタントは組織の日常生活の外側に立つ。このことによりコンサルタントは，組織の防衛にとらわれることなく観察することや，自分が観察したものについて考えることが容易になる。また，組織にとってもコンサルタントが見たり聞いたりすることを許可することが容易になる。コンサルタントはまた，自由に自分が見たり感じたりしたことの意味を考える特定のツールをもつ。本書で提供するのは私たちの道具箱である。「ツール」については，第Ⅰ部で説明している。ほかでは，ツールの使い方が示されている。この道具箱は完全というわけではない。ほかの道具箱のツールも，ある状況下ではもっと適切である可能性もある。私たちが望んでいるのは，読者がより効果的に機能し，より苦痛が減るような考え方や自分たちを管理する方法を読者に提供することである。私たちはどのように仕事を進めるかについての専門家ではない。それよりも私たちは，**自分たちのスキルが，読者の専門性を解き放つ**助けになることを望んでいるのである。

第I部
理論的枠組み

はじめに

　人が，仕事に関連した困難への援助や組織のプロセスを理解するトレーニングを求めてタビストックにくる時，彼らはよく「タビストックモデル」というものがあると信じている。大体において，これは神話である。実のところ，タビストック自体は多かれ少なかれ互いに独立したいくつかの部門から成り立っている。これらのうち，タビストッククリニック（これもいくつかの部門からなっている），タビストック人間関係研究所，そしてタビストック夫婦問題研究所はすべて，重なり合ってはいるもののそれぞれ異なる理論に基づいて，さまざまな種類の組織のコンサルテーションとトレーニングを提供している。どれ一つの部門をとっても，スタッフの考え方やアプローチを形作っている理論はさまざまである。そして，組織やそこに働く個人に何が起きているのかを理解しようとする方法があり，それこそが「タビストックらしさ」と言えるだろう。

　本書の著者たちは，彼らの仕事の理論的枠組みとなる数多くの理論が互いに糸のように絡み合っているさまを描いている。歴史的にみると，もとは明らかに異なる2つの知的伝統——精神分析と社会科学——の結びつきにまでさかのぼることができる。それは第二次世界大戦後にタビストック人間関係研究所で起きたことであった。この枠組みの拡大は，この本の「はじめに」で論じられている。そこではまた，この2つの伝統をそれぞれ支持する議論が示されるとともに，いずれかを無視することの危険性が示されている。しかし第I部では，できる限り主要な考え方を明確に示すために，主な理論は「ほどかれて」，別々に論じられる。

　第1章では，精神分析的概念を紹介する。それは，個人，集団そして組織の

なかの，一見非理性的に見えるプロセスを意味づける助けとなるだろう。第2章では，精神分析家ビオンのグループについての業績を論じる。ビオンのグループ行動の理論は広く知られており，しばしば引用されてもいるが，往々にして無意識のグループプロセスについての真の理解をあまり助けないような引用のされ方をしている。この章では，その理論の概略に加えて，それをどのように用いれば，委員会やチームやその他の仕事上の集団のなかで私たちみんなが体験するいらいらや当惑に光を当てることができるかを描き出す。第3章では，開放システム理論の諸概念を紹介する。それらは，仕事がどのように組織化されるか，その結果としてどのように構造が管理されているかを検証するモデルを提供する。

　最初の3章に概要が描かれた理論に加えて，本書の著者のほとんどは，グループ関係カンファレンス[1]のメンバーとして，あるいはスタッフとしての経験から多大な影響を受けている。このカンファレンスは，タビストック人間関係研究所で1957年に始められたもので，常に権威やリーダーシップといったテーマに焦点を当ててきた。多くのカンファレンスのテーマや第Ⅰ部の最後の章のタイトルは，ともにそのテーマからとってきたものである。権限，権力，そしてリーダーシップを理解することは，組織の働きを理解するために不可欠である。それは，職場で私たちが誰かを管理したり，自ら管理されたりする場合だけでなく，自分自身を管理しようとする場合にも直面する困難のあれこれを描き出すことになる。

　また，これら4つの章は，それに続く章の理論的な土台となるものである。読者のなかには，最初はこれらの章をスキップして，本書の後のほうでそれらの概念に出会って興味をもった時に，参考のために戻って読むほうがよいと思う人もいるかもしれない。

▶1　グループ関係カンファレンス group relations conference とは，タビストックで開催されているグループプログラムである。いわゆる体験グループと同じく，実際にグループを体験するなかで，グループに働く無意識のダイナミクスや自らの防衛パターンといったものを理解することができ，グループや組織の運営，コンサルテーションにおける人間関係能力の向上を図る。

第1章

組織生活における無意識の諸相
精神分析からの寄与

ウィリアム・ホルトン

　「今日はジョークはなしね」と言いながら，8歳の子どもが面接室に入ってきた。無意識のプロセスについての解釈は，受ける側からすれば，はっきりと不快とはいわないまでも，しばしば悪い冗談のように思われるようだ。精神分析のいくつかの要素は，日常生活の一部となっているが，個人の情緒的問題に対する治療の1つとしての精神分析は，まだ少数の人が経験しているにすぎない。知識の体系としての精神分析には支持者も懐疑論者もいるが，大多数は無関心に通り過ぎて行く。

　個人と組織とが正確に相似的であるといえないのは事実だが，精神分析は組織のなかで何が起こっているのかについて考えるアプローチの仕方を提供してきた。このアプローチによって，すべてを説明できるとか完全に描きだせるとか主張しているわけではない。しかし，精神分析的概念のスペクトラムを通して組織を見ることは，ある問題を理解したり，解決を図ったりすることへの一助となる創造的な可能性をもつ活動である。コンサルテーションへの精神分析的アプローチを記述することは容易なことではない。それには，個人療法の文脈のなかで発展してきた考え方の理解と同時に，組織を無意識の情動的プロセスとして見る見方が含まれる。これは，受け入れがたいものにさらに受け入れがたいものを組み合わせたように見えるか，あるいは啓発的な組み合わせとなるかのどちらかだろう。

無意識

　フロイトらが見いだしたように，人間の心的生活には隠れた相があり，それは潜在したままでいながら，意識のプロセスに影響を及ぼす。個人を治療するなかで，フロイトは無意識の存在を認めることに対する抵抗がしばしば見られることに気づいた。しかし彼は，私たちがいまだ気づいていないが重要な意味をもつ心的生活の証として夢や失言，ミスなどに注目することによって，無意識の存在を示すことができると信じていた。当時，求められたのは，無意識が象徴的に表現していることについての解釈であった。

　意識レベルにおいて確かな意味をもつ考えが，同時に，無意識のうちに隠された意味をもっていることがある。例えば，配電盤の故障という問題を話し合っているスタッフグループは，同時に各部門間のコミュニケーションの障害について無意識に語り合っているのかもしれない。あるいは，駐車スペースの配分についての苦情は，スタッフに無関心な管理者たちについての象徴的なコミュニケーションなのかもしれない。精神分析的な考えをもつコンサルタントは，意識と無意識の両方の意味の境で話を聞くという立場をとり，両方のレベルで同時にその問題に取り組む。そのグループ自身がいまだ気づいていない問題の隠れた意味をコンサルタントが取り上げ理解するまでには，しばらく時間がかかるかもしれない。

痛みの回避

　個人と同じく組織でも，認めるにはあまりに恐ろしく，あまりにつらいやっかいな感情に対しては防衛が働く。そうした感情は，政策や社会変革のような外的脅威に対する反応のこともある。あるいは，管理者と従業員たちの間，もしくは資源の分配を巡るグループや部門間の内部抗争から生じてくることもある。このことについては，本書の第II部で詳述するが，職務や特定のクライエントの性質からも生じることがある。組織的な防衛のいくつかは，スタッフが組織のなかで働くことを通してストレスに対処し，成長していけるようになるという意味において健康的なものでもある。しかし，なかには，個人におけるいくつかの防衛のように，現実との接触を妨げることによってスタッフにダ

メージを与え、組織がその目的を果たしたり、変化する状況に適応したりすることを妨げる可能性がある。こうした防衛のなかでも中心的なものは**否認**であり、強い不安を引き起こすがゆえに、ある思考や感情、経験を意識化された知覚の外に押しやることを含んでいる。

組織は、もはや自分たちの手では問題を解決することができなくなった時、コンサルタントに依頼する。問題の根底に潜む困難の本質について探索しようとするコンサルタントは、希望と恐怖の両方の対象として見られがちである。その問題が明らかにされることを意識レベルでは希望しているが、それはまさに組織が無意識的に恐れていることでもある。その結果、根底にある無意識のプロセスについてのコンサルタントの解釈は**抵抗**にあうことになりかねない。すなわち、コンサルタントの言うことを受け入れるどころか、耳を貸すことさえ感情的に強く拒否するのである。コンサルタントは、その集団がそれまで避けてきたことに直面する準備ができるまで、そしてその解釈を有効に活用できるようになるまで、解釈を控えながら、すこしずつ集団の防衛の本質を見極めることしかできないかもしれない。

コンサルタントがその集団に潜む意味を理解することと、集団がそれを受け入れる準備ができたことが合致するまさにその時点で、象徴的コミュニケーションが生じることがある。以下に示したのは、外的な脅威という現実を受け入れることができないでいたあるグループ内で起きた象徴的コミュニケーションの例である。

> ストージー病院のマンフレッド摂食障害病棟では、病棟閉鎖に反対する必死の運動をしており、コンサルタントの助けを借りていた。その運動は数ヵ月間にも及び、スタッフは就業時間後も週末も、地域での請願活動や専門職仲間、地方議員、下院議員たちへのロビー活動を行っていた。世論は病棟の存続に賛成しており、病棟閉鎖は問題外のように見えた。その時点でもまだ新規の入院患者を受け入れていたし、現在入院中の患者を転院させる準備もまったくなされていなかった。ただ、コンサルタントだけが病棟の高揚したムードを共有しておらず、毎回のミーティングが終わるたびに憂鬱な感じがしていた。
>
> ある日のミーティングで、安楽死のメリットという明らかに本題から外れたトピックへと話題がそれた。コンサルタントにはこれが、病棟閉鎖が

完了した時に予想される安堵感の間接的な表現のように聞こえ，そのことをグループに伝えた。最初の反応はショックだった。しかし，時間をかけて解釈しているうちに，病棟閉鎖の可能性に対してすこしずつ現実的な態度がみられるようになり，スタッフは患者のために考え始め，計画を立てることができるようになった。

この事例では，スタッフは病棟閉鎖という脅威に対して，怒りと病棟を救うための必死の活動というかたちで反応していた。生き残りをかけた戦いに勝利する可能性だけにしがみつくことによってスタッフは抵抗し，すでにほかの地域の病棟が閉鎖に追い込まれていた財政カットという現実を無視することで病棟閉鎖の可能性を否認していた。この抵抗の背後にあるモチベーションは，患者の利益のためにその病棟を守ろうとする願いだけではなかった。閉鎖は彼らのプライドをも傷つけ，自分たちの仕事の価値に疑問を投げかけ，そしてそのほかの心の痛みを引き起こすものでもあったのだ。しかし，彼らは現実との接触を失っていたために，病棟閉鎖の可能性に向けて患者を準備させるという自分たちの職責を果たすことに失敗していた。一人きりの部外者として，コンサルタントはそのグループに著しく欠如していた「うつ」を感じとっていた。それは，何が回避されているかを知るための重要な手がかりであった。安楽死の議論は，象徴的コミュニケーションとして，これまで否認されていた感情が表面に浮かびあがってきていること，そしてグループはそれを認める準備ができていることを示していたのである。

メラニー・クラインの貢献

遊びにおいて，子どもたちはみずから編み出したり，童話に登場したりするキャラクターや動物などを通して自分のさまざまな感情を表現する。例えば，良い妖精，意地悪な魔女，嫉妬深い姉妹，ずるがしこいキツネ等々である。感情を異なる要素に分けるこのプロセスは，**スプリッティング（分裂）**と呼ばれている。感情をスプリットさせることで，子どもたちは内的な葛藤の苦痛から逃れられる。例えば，母親に対する愛と憎しみの間に生じる葛藤の痛みは，母親イメージを良い妖精と悪い魔女に分裂させることによって緩和することができる。**投影**はしばしばスプリッティングに付随して起こるが，感情を自分自身の内にでは

なく他者に置き換えることを含んでいる。そうすることによって子どもは，ずるさはキツネに，嫉妬深さは姉妹にあると思うことができる。遊びを通して，こうした自分が受け入れることのできない感情と人物が探索され，取り除かれる。

　1920年代初頭，メラニー・クラインは児童精神分析の仕事を通して，無意識の内的世界の概念化を進めた。内的世界は，すべての人のなかに存在し，自己のさまざまな部分や外的世界のさまざまな相を体現する多様なキャラクターによって具現化される。幼児期には，スプリッティングと投影が痛みを回避するための主要な防衛である。クラインはこれを**妄想－分裂態勢**と呼んだ（「妄想」は，悪いことは自分の外部からもたらされたと体験されることから，そして「分裂」はスプリッティングに関連していることから名づけられた）。これは，正常な一発達段階である。これは乳児期に生じ，また一生を通して繰り返し立ち現れる心理状態の1つでもある。遊びや正常な人格の成熟，または精神分析的治療を通して，それ以前に分離させた「愛と憎しみ」「希望と絶望」「悲しみと喜び」「受容と拒絶」といった感情が，より統合された全体へと最終的にまとまっていく。この統合の段階を，クラインは**抑うつ態勢**と呼んだ。なぜならば，自己の理想化という単純で気持ちのよい解決策をあきらめ，内的現実および外的現実の複雑さに直面することは，必然的に罪の意識や思いやり，そして悲しみといった苦痛な感情をかき立てるからである。このような感情は，かつてあった憎しみと攻撃心が引き起こした傷つきに対する償いの欲求を生じさせる。この欲求が，労働や創造性を刺激し，しばしば「援助的」職業へと人を導く要因の1つとなる（第12章を参照）。

妄想－分裂態勢

　1つの体験にはさまざまな，時に矛盾することさえある感情的な側面があり，それはさまざまな人物や「キャラクター」によって別々に表現されることがあるという児童分析からの発見は，組織のコンサルテーションのなかでグループプロセスを理解するためのガイドとして用いられている。遊びにおいては，子どもは投影の発生源であり，遊具はその受け手となる。組織においては，クライエントグループが投影の発生源であり，スタッフグループはその受け手と見なすことができる。スタッフメンバーは，異質な，時には葛藤的でさえあるクライエントグループの心的状態の感情面を代表するようになることがある。例え

ば，思春期病棟では，青年たちのさまざまな，時に対立する要求が，別々のスタッフメンバーに投影される。あるメンバーは，自立したいという青年たちの要求を表す一方で，他のメンバーは限界設定の要求を表すということもあるだろう。妊娠中絶クリニックでは，ある看護師は赤ん坊を失った母親の悲嘆にのみ共感し，一方で，他の看護師は母親の安堵する気持ちにのみ共感するということがある。このような投影プロセスは患者にとっては，子どもにとっての遊びと同じような目的のために役立つ。つまり，対立する要求や対立する感情をコンテイン▶1しようとすることによって生じる不安から解放されるのである。悲嘆と安堵感を同時にコンテインすることは難しく，自立を求める気持ちと限界設定を求める気持ちとを同時に経験するのも難しい。こうした対立する感情を，異なるスタッフグループの異なるメンバーにスプリットし投影することは，組織のプロセスでは避けられない部分である。

統合失調的なスプリッティングは，通常，悪いものと感じられる自己の部分を切り離し外部に投影することと結びついており，そうすることによって憎く恐ろしい人物を作りあげてしまう。援助職者は，クライエントに対する憎しみや拒絶の感情を否認する傾向がある。こうした感情は，他のグループや外部の機関に投影され，外部の人々を非難の的とすることで，対処しやすくなる。悪の感情を自己の外へ投影することで，錯覚としての善と理想化された自己という状態が作りだされる。白黒をはっきりと分けてしまう心性は，複雑な問題を単純化してしまい，硬直した文化をつくりだす。そこでは成長は阻害されてしまう。

> 政府の経費削減の影響に抗議する学生の占拠は，ばかげた，不合理な資源の無駄遣いであるとして，大学当局から糾弾された。報道によれば大学当局は次のように語った。「問題は，誰がこの妨害行為を先導していたかである。我々に届いた学生たちからの訴えによれば，外部者と学生以外の者たちが，集会と占拠行動の先頭に立っており……妨害すること以外にはっきりした方針は何もない」

▶1 コンテインとは，人やグループがある感情を感じながらそれに持ちこたえる働きのことをいう。これは投影同一化の防衛機制が働く時の重要な現象であり，ビオンはこれを中身としての感情を流し込まれる容器の機能に例える「内容‒容器」モデルを提唱した。「抱え込む」，もしくは「含み込む」などと訳されることが多いが，本書に限らず，現代の精神分析理論に関する文献にはしばしば登場する重要な概念であるため，あえて「コンテインする」と原語をそのまま用いることにした。

これが意味するのは，大学の内部には良い学生と良い管理者がおり，破壊を目的として人々を操作し，大学を汚し，崩壊する悪い人間がいるのは，あくまでも大学の外だということである。スプリッティングと投影は，すべての組織が持つ内部と外部を分かつ自然の境界を利用する。この例では，そのために境界の内側で共存する組織の部分同士のつながりが失われてしまい，解体状態になってしまっていた。大学内部にある対立する意見同士の間で可能なはずの対話がなく，そのために変化と成長が阻止されてしまったのである。

往々にして，スプリッティングのプロセスは組織内部のグループ間でも発生する。部門，部署，職種，専門領域などによる構造上の分割は，組織を有効に機能させるうえで必要である。しかし，これらの分割は，否定的なイメージのスプリッティングと投影の温床となる。部署や専門家同士の溝には，さまざまな感情が流し込まれる。例えば，中傷，競争，憎しみ，偏見，妄想などである。それぞれのグループは，自分たちは何か良いものであり，他のグループは自分たちよりも劣ると感じるのである。医師たちは権威主義者であり，ソーシャルワーカーはおしゃべりで，精神療法家は気取っていて，管理者はただお金のことだけを考えている。これらのグループの一人ひとりのメンバーは，子どものゲームや物語でこのような役割を演じる登場人物のようにステレオタイプな型にはめられているのである。他の部門との接触が少なければ少ないほど，この種の投影の余地が広がる。これらの投影にもとづく自己理想化を保持するため，無意識のうちに接触や話し合いを避けてしまうのかもしれない。その結果，組織が妄想－分裂の投影システムにはまってしまうようになる。感情的障害は，組織の機能，とりわけ協同作業や全体的な変化を必要とするタスクにかかわる機能を妨げることになる（これらのプロセスについてのさらに詳しい例は，第8，9，18，20章を参照）。

羨望

時として，協力しあうことの難しさは，理想的なケア提供者，あるいはもっと有能な働き手でありたいという願望からではなく，激しい競争関係のなかで負けを認めざるをえないという感覚から生まれる。市場価値と経費削減という最近の風潮のなかでは，組織の一部門の成功は，他の部門の犠牲のもとにあると感じられるものである。あまり成功していない部門の生き残れるかという不

安は，羨望を刺激して他の部門の成功を台無しにする。この台無しにしようとする羨望は，隠れた障害物のように働き，必要な協力関係を押しとどめるか，積極的に妨害するかのどちらかに働く。

　　ブランストン工科専門学校では，講師たちが資金集めのための短期コースを学期の合間に開講しようということになった。しかし，給食部門の協力を得られないことがわかった。彼らはコースの参加者に紅茶やコーヒーを提供するのを拒否したのである。そして，コースの初日，講師たちが延期を要請したにもかかわらず，トイレの補修工事が始まり，トイレが使えなくなった。給食と施設管理の2部門はともに廃止が決まり，そのサービスは入札によって民間企業に引き継がれることになっていた。彼らが協力しなかったために，コースの参加者たちは大きな不便を強いられることになり，主催者を非難し，学校全体を酷評して去っていった。

　給食と施設管理のスタッフは，自分たちの業務が売却されるという決定によって，自分たちの価値が切り捨てられたと感じていた。そして教員たちの地位が守られていることを羨ましく感じていたのである。このような破壊的な羨望は，しばしば組織の部門間に憎しみに満ちたスプリッティングを引き起こし，組織全体にダメージを与えることになる。

投影同一化と逆転移

　精神分析は，個人の行動は無意識の要因に影響されているという考えに基づいているが，組織の機能についての精神分析的見方は，個人のパーソナルな無意識は単に補助的な役割を果たしているにすぎないと考える。組織のなかでは，スタッフの行動を個人的な問題として片づけてしまうほうが，組織のダイナミクスとつながりがあると考えるよりも容易である。**投影同一化**という精神分析的概念を用いることによって，このつながりを説明することができる。この用語は，人間同士の無意識の相互交流を指している。そこでは，投影された側は投影に対する反応として，自分自身の感情がかき立てられる。つまり，彼らは投影された感情と同一化してしまうのである。例えば，マンフレッド摂食障害病棟のスタッフが病棟閉鎖にまつわる抑うつ感情をコンサルタントに投影し，

コンサルタントはこのうつ的な感情をあたかも自分自身のもののように感じたのである。他者の感情がその人自身のもののように体験されるこの心の状態は，**逆転移**と呼ばれる。

　投影同一化はしばしば投影された側に，投影された感情が生み出す逆転移の行動化を引き起こす。例えば，ある思春期病棟のスタッフは，まるで彼ら自身が思春期の若者かのように振る舞い出すかもしれない。すなわち，規則を破ったり，そうかと思えば権威者に挑戦したりしはじめるのである。その行動は，投影が作動していることを示しているのだが，スタッフが投影プロセスへの逆転移反応に囚われてしまっていることを意識化するまでは，彼らの感情と行動の真の源は曖昧なままである（これは第5章でより詳しく議論され，第7章でもさらに詳述される）。

　あるグループが他のグループの代わりに，あるいはあるメンバーが他のメンバーの代わりに，スタッフグループにあるすべての怒りや抑うつ，あるいは罪悪感を吸い取るある種のスポンジのような役割を果たすのも，また，投影同一化のメカニズムを通してなのである。怒るメンバーはそこで，グループによって管理の対象となるだろうし，抑うつ的なメンバーは，精神的に破たんしたり辞めていくよう無意識のうちに仕向けられるだろう。その人は，グループに代わって何かを表現したり，保持したりするだけではなく，その時，残りのメンバーが自分たちのなかに感じたくない何かを吐き出すために利用されたりする（第14章参照）。同様に，他のグループや施設全体に代わって，あるグループが何かを保持したりもする（第8章参照）。もしそこに，マンフレッド病棟の閉鎖に伴う抑うつのように，そのグループがまったく耐えることのできない何かがある時，そのグループに代わって感情を保持してくれるコンサルタントが招き入れられることになる。

抑うつ態勢

　痛みを伴う感情が投影から来ると認識すれば，そうした感情は元の場所に「戻る」のが自然の反応である。「これは，あなたの感情であり，私のものではない」と。そこで責任の押し付け合いが容易に引き起こされ，グループや組織間で投影の応酬が起きることになる。しかしながら，もし私たちがその感情についてじっくり考えるのに十分な時間耐え，その感情がかき立てる不安をコンテイン

することができれば，変化をもたらすことができるだろう。私たちにそれができない時には，他の人が一時的に私たちの代わりにその感情をコンテインすることになるだろう。この，コンテナ（容器）としての人の概念は，ビオン（Bion 1967）の精神分析的業績から来ている。彼はそれを，母親が赤ん坊の感情を受け取り理解することによって，より耐えうるものにする母親の機能になぞらえた（これは第5, 7章でさらに議論される）。

　たしかに，精神分析家と精神分析的コンサルタントはいずれも職場での投影プロセスを見つけ，投影の元を突き止めようとするが，それだけでは充分ではない。それまでは耐えられなかったもの——それゆえに投影されたもの——が耐えられるものになることが必要である。個人や集団や組織が，以前は他者のものとして経験された自己の，あまり受け入れたくない部分を自分で引き受けなければならないのは苦痛なものである。例えば，まっとうな批判が，悪意ある外部者の侵入によってではなく，大学内部から起こってくるかもしれない。あるいは，どんなに理想的な精神科病棟といえども閉鎖されないということはあり得ない。また，思春期の若者にとって自立への要求と制限の要求は等しく重要であり，それらは相補的な緊張状態を保つべきものである。妊娠中絶は悲嘆とともに安堵を引き起こす。健全な組織作りのためには良い管理者と良いケア提供者がどちらも必要である。また，予算削減を導入する当局とそれに抗議する学生は，どちらも教育システムを気遣っているのである。

　こうした曖昧さによってかき立てられ投影された感情を，そのグループがその解釈を利用する準備ができるまで，コンテインし持ちこたえようとするコンサルタントの意思と能力はきわめて重要である。そうでないと，その解釈はさらなる攻撃と受け止められてしまうだろう。しかし，タイミングがよければ，投影のいくつかは「元に戻され」，スプリッティングは減る。そして，スタッフメンバーたち自身の分極化と対立が軽減される。これによってグループ間の統合や協力——精神分析用語でいえば，妄想－分裂態勢から抑うつ態勢への移行——が促される。

　抑うつ態勢で機能しているグループでは，あらゆる見方が大切にされ，それに対するさまざまな感情的反応がそのメンバーたちから得られる。グループは自分たちが共有している職務上の感情的な複雑さを包含することができ，1人でそうした感情の断片を抱え込まなければならないようなメンバーはいなくなる。さらに，クライエントグループ内のスプリッティングの傾向をコンテインするため

には，スタッフグループは自分たちに投影された相対立する要素を自分たちで行動化してしまうことなく，徹底的に議論したり考えたりすることによって，持ちこたえることができなければならない。そのためには，自分たちの職務上の特有なストレスに気づくことと同時に，その限界を認めることが必要である。スタッフが協同作業の経験を重ねてまとまっていくにつれ，対立が少なくなることで，よりよく職務を実践できる道が開け，より大きな職務上の満足が得られるようになるだろう。しかし，抑うつ態勢は決して終わるということがない。生存や自尊心が脅かされるたびに，妄想−分裂的方向へと戻る傾向があるのである。

結論

　組織の機能を理解するためには，他の概念枠組みからの説明も必要であるが，精神分析的概念は組織のプロセスを考えるうえで特別な助けとなる。精神分析は，分裂と統合のダイナミックなプロセスをもつ内的世界の理解に関心を置いている。その鍵となる概念は，内的・外的現実の否認，スプリッティング，投影，そして理想化である。

　精神分析的立場に立つコンサルタントは，こうした概念を拡大して無意識の組織の不安と，それに対する防衛を理解しようとする。概念だけでなく，彼らは精神分析からある態度あるいは心の枠組みというべきものを持ち込んでいる。すなわち，クライエントあるいは自分自身のいずれに対しても，決めつけることなく理解しようとするのである。こうすることによって，彼らは組織からの自分への投影を受け取り，処理することができる。コンサルタントが体験する感情であれ，組織のいかなるメンバーが体験する感情であれ，相互に影響しあいながら基本的な逆転移反応となっているというのが，組織における無意識のプロセスについての理解の基本である。

　うまくいけば，そのような理解はスタッフが自分たちが巻き込まれている感情のプロセスについて距離をとって考える余地を組織のなかにつくりだすことで，ストレスと葛藤を軽減し，変化と成長を生み出すことが可能になる。本章，およびこれに続く章で論じられる考えは，セルフコンサルテーション能力を高めるために活用できる。つまり無意識的なグループと組織のプロセスが私たちすべてに与える影響や，自分たちがさまざまな役割を引き受けているそのプロセスに自分自身がどのようにかかわっているのかを観察し，考察する能力である。

第2章
グループとチームでの仕事における無意識
ウィルフレッド・ビオンの研究からの寄与

ジョン・ストークス

　グループに所属して働くということは，しばしばパワフルで圧倒的な経験となる。私たちは，仲間になりたいという願望と1人離れていたいという願望との間で，一体感や所属感への欲求と独立したアイデンティティへの欲求との間で，緊張を経験する。グループライフ[1]で起こる困った現象の多くはここから生じている。概して，相互に依存しあうほうが多いという現実を認めることは難しい。島のように孤立した人間はいない。だが私たちは，自分自身の外側であれ内部からであれ，意識できない力から自由であると信じたいのである。時に私たちは，自分たちの内部にあるこうした引力に気づく。またある時には，この2つの引力は私たちを圧倒し，非理性的な集団行動の源となる。その力は，たいていは群衆や大きな会合のなかで明らかに見てとれるが，これと同じ力がチームや委員会といったより小さいグループにもまた影響を及ぼしているのである。本章では，職場におけるグループと，それが無意識のプロセスによってどのように影響を受けているのかに焦点を当てる。

　グループにおける無意識のプロセスについての精神分析的研究は，フロイトの『集団心理学と自我の分析』(Freud 1921) に始まる。フロイトは本質的に，グループメンバー，とりわけ政治的な集会に集まった群衆のような大きなグループはリーダーに従うもので，これはそのリーダーがメンバー自身のある理想を人として具現化しているからであると主張した。リーダーはグループに，目標をどのように設定するか，どのようにしてその目標を実現するかを示す。同時にグループメンバーは，自らの考える能力，決定を下す能力，権威を引き受ける能力をリーダーに投影し，そのことによって自分は無力な存在になってしまうのである。グループメンバーは追随者（フォロワー）の役割をとること

---

[1] グループライフとは，単に集団生活を指すのではなく，グループそのものを生きているものと見なした用語のようである。グループに日常的に起きるダイナミックな現象の総体を指す。

で，個人の権威を発揮するかわりに，むしろ病理的なまでに依存的になり，リーダーという理想化したものに振り回されてしまうことがある。リーダーへの批判や挑戦は健康的なグループライフの本質的な部分でもあるのだが，それが不可能になるのである（このことは，第4章でさらに詳しく述べる）。

ウィルフレド・ビオンとグループの基本的想定

　グループにおける無意識のプロセスについての私たちの理解にもっとも寄与した人物は，精神分析家のウィルフレッド・ビオンである。彼は第二次大戦中に，そして後にはタビストッククリニックで，小グループのプロセスについて詳細な研究を行った。そして，それらの研究をもとに，彼は無意識のグループライフのより非合理的な特徴を分析するための枠組みを開発した。精神疾患や思考，心の発達に関する彼の後の業績（Bion 1967, 1977）もまた，私たちのグループと組織のプロセスの理解に多くの貢献をしており，この本の随所で引用されている（第1, 7, 12, 18章参照）。ビオン自身は，個人の内的世界に集中するほうを好み，グループについてはそれ以上詳しくは書いていない。事実，彼自身，グループと，精神分析家と被分析者のペアは実際のところ，人間の精神生活と行動に関して2つの異なる〈極〉をなすと主張している。おのおのはそれぞれの特徴をもってはいるが，相互に両立できないものではない。ちょうど，例えば物理学と化学が物質世界の理解に異なるレベルを用意したように。実際，個人とグループの関係に関することは，ビオンの仕事と人生を通して中心テーマとなっている（Armstrong 1992; Menzies Lyth 1983; ビオンの業績についてさらに知りたい人は，Anderson 1992; Meltzer 1978; Symington 1986; 第26, 27章参照のこと）。本章は，ビオンの"Experiences in Groups"（Bion 1961）に書かれた考えに基づき，グループとチームの理解につながるいくつかの内容だけに焦点をあてる。

　ビオンは，グループライフにおける2つの主な傾向を指摘している。それは，一次タスク（第3章参照）に沿って作業を進めようとする傾向，すなわち作業グループの心性と，第二の——しばしば無意識の——傾向，つまり一次タスクに沿った作業を避けようとする傾向であり，彼が**基本的想定心性**と呼ぶものである。この相反する傾向は，現実に直面し対処しようとする願望と，グループメンバーの内部，あるいはメンバー間に痛みや心理的な葛藤を引き起こされる

のを回避しようとする願望の2つと考えることができる。

　デイセンターのスタッフは，クライエントがお茶を飲むために電気ケトルを使わせるかどうかについての議論に，延々と時間を費やしていた。ある者は危険すぎると強く主張し，ある者はセンターはできるかぎり普通の環境を用意すべきだと，同じように頑固に主張していた。実際に方針上の争点はあったのだが，一方でその議論はまた，スタッフがクライエントたちに対して怒りと暴力的なまでの感情をもっているという困難さを表してもいた。クライエントたちは，彼らが「よくなるように」と願うスタッフの思いを踏みにじるような振る舞いをしていたのだ。クライエントが火傷をするのではという恐れは，あまり意識されず，言葉にもされないスタッフの，クライエントを罰したいという願望を含んでもいた。しかし，こうした感情に直面することは，スタッフにとって大変苦しいことであった。そこで，そのかわりに，いつも表向きの問題が解決へと近づくたびに，新しい不満が現れてきて，結果，グループは毎週のチームミーティングのすべてを，ケトルの問題に費やしてしまうという危険に陥ったのである。コンサルタントがこのように問題を解釈したことで，そのアンビバレントな感情についての深い議論が可能となり，センターでの人間関係と実践について探求するというグループの作業タスクに戻ることができた。

作業(ワーク)グループの心性においては，メンバーは特定のタスクを成し遂げようとし，それを行うにあたって何が有効かを査定しようとする。対照的に，基本的想定心性においては，グループはメンバーの無意識のニーズにあわせて，不安や内部の葛藤を減らすように行動するようになる。

3つの基本的想定

　これがどのような行動になるかはいろいろである。ビオンによれば，グループにみられる不合理で混沌として見える行動の多くは，そのグループのすべてのメンバーに共通する**基本的想定**から生じるものと見ることができる。ビオンは基本的想定を3つに分類した。いずれもある特定の感情，思考，行動の複合体を生みだす。すなわち，**依存の基本的想定，闘争－逃避の基本的想定**，ペア

リングの基本的想定である。

依存の基本的想定（baD）

　baD が支配するグループは，あたかもグループの一次タスクはひとえにメンバーのニーズや願望を充足させることであるかのような動き方をする。グループのリーダーには，メンバーの面倒をみ，保護し，サポートすること，さらにはメンバーをいい気持ちにさせること，そしてグループの真の目的のために必要なことにメンバーを直面させないことが期待される。リーダーは，成長発達を妨げるような病理的なかたちの依存の中心となる。例えば，委員会は難しい事項を議題として取り上げず，次回のミーティングでと延々と引き延ばしを図ることがある。組織を変えようとする試みはどれも抵抗にあう。なぜなら，それが見捨てられる恐れを引き起こすからである。リーダーが欠席したり，時に死亡したりすれば，リーダーである彼／彼女こそが解決策をもっているという錯覚は維持されるだろう。そんな時組織内での議論は，目の前の困難にいかに取り組むかということよりもむしろ，その不在のリーダーなら何を言い，または何を考えただろうということを巡ってなされるだろう。

闘争−逃避の基本的想定（baF）

　ここで想定されているのは，「危険」または「敵」が存在するというもので，攻撃されるか逃避するかなのである。しかし，ビオンが書いているように，グループはどちらでも構わず，行動する用意ができている。メンバーは，リーダーを見て何か適切なアクションを考え出してくれるものと思う。つまり，メンバーのタスクは，それにただ従うことである。例えば，チームは，仕事をどのように組み立てるのがベストかを考えず，かわりにミーティングのほとんどを組織が変わるという噂について心配することに費やしたりする。これは，偽の連帯感の感覚を与える一方，その仕事そのものの困難さに直面することを回避するのに役立つ。かと思うとグループは，自分たちが提供しているサービスへの脅威になると感じるものに対処する何らかの明確なアクションを実際に計画することをせず，怒りの抗議に時間を費やしたりする。

ペアリングの基本的想定（baP）

　baPは，グループにどのような現実問題やニーズがあったとしても，将来きっとなにかが起きて解決されるだろうという集合的な無意識の確信に基づくものである。グループは，あたかもグループ内のメンバー同士のペアやカップル，時にはグループリーダーと誰か外部の人間のペアやカップルが，グループに救いをもたらしてくれるかのように振る舞う。そのようなグループでは，完全に将来に焦点が当てられるが，それは目の前の困難さに対する防衛の1つなのだ。ビオンが記しているように，そこにはこれからやってくる時季はもっと快適だろうという確信がある。ある職場チームでは，これは次のような発想のかたちをとるかもしれない。設備を改良することがグループの問題に対する答えになるだろうという考えや，次年度の研修が済めばすべてがよくなるだろうといった考えである。グループは本当のところ，こうした将来に向かって実際に働くことには関心はないのだが，今の困難から逃れる方法として，希望というあいまいな感覚を持ち続けようとするのである。典型的には，決定が回避されたり，きわめてあいまいなまま残されたりする。ミーティングの後には，メンバーが失望感と挫折感とともに残されるのは避けられないが，いち早く次回のミーティングはもっとましだろうという希望がとって代わるのである。

基本的想定の行動を認知すること

　　私がコンサルテーションを行った心理学者たちのグループミーティングは，しばしば，決定が実行されないことに対するメンバーのフラストレーションについての議論から始まったものだった。ある日のミーティングで，かなりの時間を費した主な話題は，前回のミーティングが良いミーティングだったか悪いミーティングであったかというもので，それがなにを意味しているのかはまったくわからなかった。このことを私が指摘したところ，いろいろな椅子を取り揃えることのメリット，座席の配置，ついにはミーティングが行われる部屋の良い点悪い点についての論争が長々と続いた。そのミーティングのやり方についてさまざまな改善方法が提案されたが，何の結論にも達しなかった。私は，そこにいるメンバーにほんとうに関心のあることを議論することに対する恐れ，おそらくは葛藤への恐れがある

のではないかと示唆した。この時，ある提案を巡って，ある者はある方法に賛成し，ある者は別の方法に賛成するというかなりな論争が実際にあったことが判明した。結局，ほとんど結論に達しようというところで，チームのある重要なメンバーが欠席しているという理由によって，ひっくり返されてしまった。

1つの基本的想定に振り回されている時，グループはあたかも，自分たちが意図して決めたものでありながら，特定しがたいある目的のためにメンバーが集まっているように見える。グループメンバーは，自らの批判力も個人としての能力も失い，全体としてのグループは，定義づけは間違っているが，見たところは情熱的に使命を果たそうとしているように見える。明らかに取るに足らない内容が，あたかも生きるか死ぬかの問題であるかのように議論されるが，それは彼らが，そのグループのメンバーに対して感じていることであり，その根底にある不安は心理的に生き延びることができるかどうかなのである。

この心的状態においては，グループは時間が経過していることに気づかずにいるように見え，つまらないことにいつまでもこだわり続けたがっているように見える。その一方で，フラストレーションに耐える能力はほとんどなく，素早い解決が好まれる。どちらの場合も，メンバーは現実や現実が要求してくるものとの接触を保つ能力を失っている。他の外的な現実もまた，無視されたり否定されたりする。例えば，グループは情報を探し求めることはせず，そのかわりにグループそのものを外の世界から閉ざし，妄想の世界にひきこもる。疑問を投げかけるような態度は不可能となり，あえてそれをする人間は愚か者か頭がおかしいか，異端の人とみなされてしまう。将来にむかっての1つの道を示すかもしれない新しいアイデアや提案は，恐ろしすぎて考えることもできない。なぜなら，それはこれまで大事にしてきた仮説に疑問を唱え，すっかり馴染んで予測可能となったものを失うことを意味するからであり，それは潜在的に破滅的に感じられるのである。グループは，どのような変化の兆しにもいちいちパニックにとらわれ，理解する努力を避けようとする。こうしたことのすべてが，適応のプロセスも発達も妨げることになる（Turquet 1974）。効果的なワークには，フラストレーションに耐えること，現実に直面すること，グループメンバー間の相違を認識すること，そして体験から学ぶことが含まれているのだが，そうしたことは大きく妨害されてしまうのである。

基本的想定におけるリーダーシップとフォロワーシップ

　真のリーダーシップには，注目しアクションを起こすことが必要な問題を見極めること，そして解決を生み出す活動を推し進めることが求められる。しかし，基本的想定心性において，リーダーとリードされる人との間には，共謀した相互依存関係がある。そこでは，リーダーは彼／彼女がグループの基本的想定を満たす限りにおいてのみ，リーダーとなる。依存の基本的想定（baD）のリーダーは，ケアされたいというメンバーのニーズに応えなければならない。闘争－逃避の基本的想定（baF）のリーダーは，グループの内部か外部かに敵を見つけ，攻撃か逃走かを指示しなければならない。ペアリングの基本的想定（baP）のリーダーは，現実の変化が起きないようにしながら，未来はもっとよくなるという希望を育まなければならない。これに失敗するリーダーは無視され，やがてグループは別のリーダーに向くようになるだろう。こうして基本的想定リーダーは，本質的にグループが創り出すもの，すなわち操り人形なのであり，グループの願望を叶え，困難な現実から逃がすよう操作されるのである。

　基本的想定のリーダーシップに引きずり込まれるリーダーや管理者は，グループの無意識の要求のもつ特定の性質に関連した感情を経験しがちである。baDでは，変化に対する重い感じ，抵抗感がある。そして，決定の根拠として肩書きや地位が優先される。baFでは，敵意や疑心をもったり，規則や手順に細かくこだわったりする。baPでは，別の未来が優先され，グループは結果への根拠のない希望に満ちて，リーダーに外部の権威と会って解決策を見つけるよう求めたりする。

　そのようなグループのメンバーは，幸せでもあり不幸せでもある。彼らが幸せなのは，役割が単純で，不安や責任を引き受けなくてすむからである。同時に不幸せなのは，彼らのスキルや個性や理性的な思考といったものが，効果的に働くことで生まれる満足とともに，犠牲にされているからである。結果として，そのようなグループのメンバーは，そのグループに留まるか去るかの葛藤をつねに感じるようになり，なぜか自分がどうしたいのかをある期間，決めることができずにいることになる。すると，そのグループではメンバーの能力はバラバラに分割され投影されているため，メンバーが去ることは，あたかも自分のものにできなかった一部を失ったように経験される。一方，作業グループ

心性においては、メンバーは自分たちの能力を協働のために活用し、それぞれの異なる貢献の価値を認めることができる。彼らは、リーダーに従うことを自分の個人的なニーズによって考えなく選択するのではなく、グループのタスクを達成するために選択する。

多職種チーム

　ここで、ある特定の状況、すなわち多職種チームで働く作業グループの心理と基本的想定グループ心性との間の相互作用の影響について見てみたい。公的セクターでも、民間のセクターでも、あてはまるチームを見いだすことができる。例えば、保健センター[▶2]には、数名の医師、看護師のチーム、ソーシャルワーカー、カウンセラー、助産師のチーム、そして大勢の事務スタッフが勤務している。産業分野では、マネジメントチームは製造、マーケティング、販売、会計監査、人事などの人々で構成される。大学や学校では、いろいろな科目を教える教員、さまざまな部門の長が、事務局やその他の人々とともにチームを構成している。

　このようなチームは、メンバーがそれぞれ異なる教育背景からさまざまな価値観、優先順位、関心をもつため、一貫した同じ目的を共有することが難しいことが往々にしてある。また、チームメンバーには、何人もの異なる上役がいることもしばしばであり、それもチームの人間ではないことがある（第20章参照）。このことは重要だがしばしば見過ごされがちな事実であり、チームはある方針決定を行う立場にあるかのような錯覚に陥るが、それは事実ではない。かなりの時間が実際の決定権者をどうやって望ましい方向にもっていくかを議論することなく、結論のでない議論に費やされることがある。

　そのようなチームのミーティングは、たいがい「スタッフミーティング」とか「企画会議」といった、かなり曖昧な名称がつけられている。その主な目的は、出席者が仕事のプレッシャーから避難する場として、作り物の仲間意識と一体感を得るために、ただ単に「集まる」ことであったりする。ここで「チーム」という用語を使うのは、ややもすると誤解を招きやすいかもしれない。つまり、

[▶2] 英国では国の保健医療サービス（NHS）により、全国民が地域の一般医 general practitioner（GP）に登録され、全科にわたって医療を受けることはよく知られている。GPは日本の開業医と違って、個人で開業するのではなく、何人かが共同で保健センター health centre に勤務していることが多い。ここではそのようなセンターを指す。（第3章 訳注4参照）

実際には共同して行う日々の作業はほとんどないかもしれないからである。実は，一次タスクが明瞭でないため，そのようなミーティングには混乱やフラストレーション，そして悪感情が生じて仕事を妨害したりする（第3章参照）。職務上の課題に関する真の決定はしばしば余所で行われる。コーヒーを飲みながら，廊下で，プライベートな集まりで，ミーティングのなかでではなく，ミーティングの合間で。おまけに，そのようにしてなされた決定は，グループにそれを実行に移す権限をもつ人がいることはめったにないため，実行されないかもしれない。

タスク中心のチームは，そのタスクからの要請によって決定され定義づけられた共通の目標とメンバーシップをもっている。そこで，多職種チームでは，各々のメンバーがそれ果たす役割は別々だったりする。しばしば現実は，自分たちに都合がいい時だけグループであることを認め，内部抗争が生じた時にはいつでも解散するぞと脅すような個人の集合のようにみえる。それはあたかも，自分たちがタスクを成し遂げるためには協同して働かなければならないわけではなく，参加は自発的な選択であるかのようである。見せかけの一体感の感覚は，こうした問題をあいまいにし，起こりうる葛藤に対する防衛として使われたりする。それどころか，葛藤それ自体も，決定と変化へのかかわりを避けることで，仕事にまつわるより根本的な不安から逃れるために用いられることがある。

異なる専門家たちのなかでの基本的想定

これまでのところ，基本的想定をグループライフの防衛的，あるいは退行的な現れとして述べてきた。しかし，ビオン（Bion 1961）には，彼が**基本的想定の心性の洗練された活用法**と名付けた，彼の理論のなかでも重要だがあまり知られていない部分がある。ここでビオンは，グループは一次タスクを建設的に追求しようとする際に，ある基本的想定の感情を動員することで，基本的想定の心性をより洗練されたやり方で活用できるのではないかと示唆している。

そのような洗練された特別な baD の活用例は，上手く運営されている病院の病棟に見ることができる。能率的で落ち着いた雰囲気は baD を働かせて，患者が看護師や医師を信頼して身をまかせるようにさせる。baF は，軍隊が緊急時に備えて待機し，必要時には自分の安全を考えて能力を発揮できなくなったり

することなく，いつでも戦闘へと向かえるようにしておくために活用される。ソーシャルワークにおいても，baFはクライエントにとって有害な家族や社会的・環境的状況や不公正さと闘ったり，そこから避難したりする任務を助ける。baPの洗練された活用法は治療状況のなかで用いられている。すなわち，スタッフと患者がペアを組むことで，どんな治療であっても避けられない病気の再燃に耐えるための基盤となる希望の感覚をもたらすことができる。

　多職種がかかわる仕事の困難さのいくつかを理解しようとするには，チームを構成するさまざまな職種や分野によって用いられる基本的想定心性の洗練された活用法が異なることを理解することが役に立つ。多職種チームでの優越性をめぐる争いは，3つの基本的想定の洗練された活用法同士の，不可避の心理的衝突としてみることができる。各々は異なる価値観をもち，問題の性質，その治療，経過を左右するもの，そして，専門家とクライエントとの依存，闘争－逃避，ペアリングを含むいずれの関係からベストな結果が得られるのか，といったことについてそれぞれ異なる見方をもっている。さらに，個人はみずからの無意識の傾向あるいはある特定の基本的想定との**結合価（valency）**[▶3]のせいで，あれやこれやの職業に引き付けられる。結果的に，彼らは否応なく多職種のグループプロセスに寄与することになる（第12章参照）。

　言いかえると，異なる職種からなるチームを作る際の困難の1つは，それぞれの職種がそのタスクを進めるために，異なる基本的想定の洗練された活用法を意図的に用いながら働くことにある。感情的な動機づけが職業によってそれぞれ異なるため，それらがぶつかると，結果的に確執が生じる。しかし，そこにもし共有された目標やそれらを達成するための手段を明確化するプロセスがあれば，確執は必ずしも協同作業を妨げるものにはならない。だが，チームの存在理由であるタスクを達成する際の難しさのせいで，さまざまな基本的想定の洗練された活用がうまくいかず，そのかわりにそれぞれの**変質したかたちの**ものが生じることがある。これらをよく調べることによって，チームワークのなかでしばしば遭遇する職場の不安緊張のいくつかを明らかにすることができる。

　例えば，医学教育は，ジュニアドクターにシニアドクターへの制度化された依存を何年にもわたって延々と強いる。そうしてようやくコンサルタント医師

▶3　結合価valencyとは，化学の原子価から来たビオンの造語で，ある心的ダイナミクスに引き付けられやすい個人の傾向をいう。

が生まれると，彼は自分の新しい自立性を守ろうとして，自由のための自由への固執へと堕していく。その医師は，依存に反発する心理状態で仕事をするようになり，チームワークでの相互依存や病院あるいはクリニックといった組織的な場での現実の依存を否定するようになる。これは，他の職種にも拡大することがある。そうなると，各自が自分たち独自の分野を擁護し，ライバル意識と敵意に満ちた抗争によって，チームで共有する全体としての目的を打ち立てようとする考えや作業が妨害される。

　対照的に，セラピストの訓練は——心理療法，作業療法，言語療法，その他のいかんにかかわらず——セラピストとクライエントとのペアリングを，変化を生み出すすぐれた手段として理想化する傾向がある。変質したbaPは治療活動を支える馴れ合いを生み出し，それが実際に助けになっているか否か，それがチームの一次タスクとどのように関連しているかを検討することを拒否することがある。まさに，セラピストとクライエントは，あたかも将来への希望を生み出すこと自体が治療であるかのように，いつまでも「くっつきあった」ままでいるかもしれない。

　ソーシャルワークでは，社会や家族の不公平に対する有益な戦いのなかでのbaFの洗練された活用法が変質して，正義がなされることを求め，「我々の権利を得る」ための好訴的な要求という特有のものになることがある。改善への責任はまったく個人にはなく，もっぱらコミュニティにかかっているように感じられる。このように責任を投影してしまうことで，クライエントとソーシャルワーカーは効果的な活動の方向性を一緒に考えることができなくなる。変わらなければならないのは他者だけなのである。

　これらは，基本的想定の活動の洗練された活用の能力が変質してしまう例であり，専門家の活動と考えは，その変質形によって支配されるようになる。そして，それぞれが特異なグループ文化を創り出す。変質したbaDは**従属の文化**をつくりだす。そこでは権威は完全に階層関係の位置から生まれ，絶対的な服従を要求する。変質したbaPは**馴れ合いの文化**をつくりだし，メンバーのペアが真実を探求するよりもそれを避けることを助ける。グループの使命に注目はするが，それを成し遂げる方法には注目しない。変質したbaFは，結果的に**妄想と攻撃的な競争の文化**となり，グループが外部の敵だけではなく，「内部の敵」に乗っ取られてしまう。規則と規制がはびこり，内的と外的の両方の「悪い対象」をコントロールするようになる。ここではっきりしているのは手段であ

り，目的は曖昧である。

結論

　基本的想定の心性に取り込まれたグループでは，グループの形成と存続それ自体が目的となる。基本的想定の活動に支配されたグループのリーダーとメンバーは，効果的に考えたり，行動したりする能力を失いがちになる。すなわち，メンバーが自分たちの仕事上のタスクよりもグループへの関係に没頭してしまうために，グループの存続それ自体が目的となる。本章では，仕事をするなかでチームの機能がどのように基本的想定の洗練された活用によって促進されるか，あるいはそれらの不適切なまたは変質した活用によってどのように妨害され，誤った方向へ導かれるかということを，私たちは見てきた。
　このようなグループライフの現象への理解は，おそらく第4章で述べられているグループ関係トレーニングプログラムのようなものを通して最もよく得られるだろう。それは，多職種チーム，委員会，その他の仕事上のグループのメンバーと管理者双方にとって大きな支えとなるだろう。

第3章

職場という組織
開放システム理論からの寄与

ヴェガ・ザジェ・ロバーツ

　生命体は，環境と物質を交換すること，すなわち**開放システム**であることによってのみ，生き残ることができる。生命体は，食物や太陽の光や酸素などの物質を取り込み，生き残るために必要な物質へと変形させ，無用なものを排泄物として外に出す。それには，ある特質が必要である。それは，外側に**境界**(バウンダリ)をもつということである。境界とは外側と内側を分ける被膜であり皮膚であり，これを通して物質の交換が行われる。この境界は，中から漏れだすのを防ぎ，組織を崩壊から守るために充分に堅固なものでなければならないが，内と外の双方向へ物質が流れるためには充分な透過性がなければならない。もしこの境界が物質を通過させることができなくなったら，生命体は**閉鎖システム**となり，死んでしまうだろう。さらに，環境との交換は何らかの方法でコントロールされる必要があり，それによってある特定の物質だけが入り，その他の特定の物質だけが外部へと戻される。

　複雑な組織体では，そのような開放システムが数多く同時に作動しており，各々がそれ自体特化された機能を果たしている。これらのさまざまな**下位システム**(サブ)の活動は，全体としての組織のニーズに沿うように調整される必要がある。そして複雑な上位システムがこの調整機能を提供するようになり，危機の際にはあるサブシステムの活動が他のサブシステムの活動より優先するようになる。例えば人間の身体では，酸素の供給量が足りなくなると，四肢への血流が抑制されて脳への血流が保たれる。

　こうした考えを人間のシステムに応用しようとしたクルト・レヴィン (Lewin 1947) の業績は，主にライスとミラーによって1950年代にタビストック人間関係研究所に伝えられ，発展していった。彼らの組織モデルは，組織の部分と全体，そしてまた組織と環境との関係を研究するための枠組みを提供している (Miller & Rice 1967)。

開放システムとしての組織

開放システムとしての組織は，図3.1のような模式図で示すことができる。図の中央のボックスは，インプットされたものをアウトプットへと変えるというタスクを行うのに必要な活動システムを示している。その周囲には，外側から内側を分ける境界があり，これを通して組織は外界と交換を行う。これらの交換は，そのシステムがそのタスクを達成できるような方法で調整される必要があり，そこで図中にMで示された**境界の管理**が必要となる。例えば，自動車工場は鋼鉄のような原材料を輸入するなどして取り込み，そしてそれを製品に変え，輸出というかたちで排出する。このプロセスがタスクとして定義されるのであり，この場合は，車の生産ということになる。

明らかに，たいていの企業には多くの異なるインプットとアウトプットや，多様なタスクシステムがあり，図3.1で示したよりもずっと複雑である。例えば，自動車工場はまた外界から情報を取り込み，財務計画やマーケティング戦略のためにそれを使う。工場は，生産，マーケティング，人事など，異なる部門をもつが，それらのすべてが協調して働く必要がある。さらに，これらのサブシステムのタスクは，時として対立したり競合したりすることがある。組織内のさまざまな活動のなかで，どのように資源を割り振り，優先順位を決めるかは，ライス（Rice 1963）が生き残るために不可欠のタスクと定義づけた，**一次タスク**（プライマリ）によって決定される。

一次タスクは，一目でわかるほど単純ではない。組織内のそれぞれのグループは，その一次タスクについて異なる定義づけをしている。例えば，自動車工

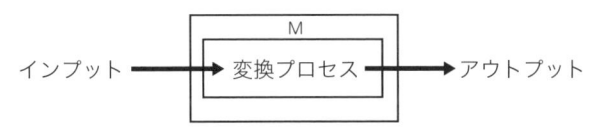

図 3.1　開放システムとしての組織の模式図[▷1]

[▷1] 本章の図は，ミラーとライス（Miller & Rice 1967）を改変したものである。

場の一次タスクは、自動車の生産のように見え、組み立てラインの工員たちはおそらくそのように定義づけるだろう。他の部門のメンバーは、最新技術の先端を行くことがタスクだと見たり、販売実績という見方で考えることもあるだろう。その結果、性能の良い車の生産を中止したり、他社が製造した部品を使用するというような決定がなされた場合、その受け止め方は組織のメンバーによって異なるだろう。もしその工場が地域の主要な雇用先であるなら、一次タスクは雇用を提供することと見なされている可能性があり、労働力を削減するという決定がされるとしたら、手に負えない激しい対立を引き起こしかねない。一次タスクが、あまりに狭く定義づけられていたり、あるいはメンバーのニーズという枠で規定されているところでは、組織の生き残りはあやういだろう。

対人(ヒューマン)サービスにおけるタスクとアンチタスク

　人々の変化を促し支援するための施設では、一次タスクを明確にかつ現実的に定義づけることはより難しくなる。そうした施設には通常複数のタスクがあり、どれもが重要かつ不可欠なものである。例えば、教育病院は患者を治療し、スタッフを訓練し、研究を行わなければならない。また、刑務所には収容し罰を与えるという面が必要であるが、同時にリハビリテーションという面も必要である。組織の外側でも内側でも、どのタスクを優先すべきかをめぐって対立がたびたび起こり、目標とするものが折り合わないこともある。さらに、その目的を健康、教育、福祉といった一般的な用語以外で定義づけることはもともと難しいものである。最近の社会の劇的な変化や、それに伴いこうした用語の前提が変化してきたことにより、この問題はますます深刻になっている。

　一次タスクという概念は、多くの組織が取り組まなければならない複雑さを考えると、きわめて単純に過ぎるように見える。しかし、それはグループや組織内に何が起こっているのかを考えるための出発点としては、計り知れない価値がある。ミラーとライスは、それを「自ら発見していく概念 heuristic concept」と述べた。すなわち、「私たちが複数の活動の優先順位を考える道具であり、［そして］さまざまに定義づけられた一次タスクをもつ企業の異なる組織モデルを創り出したり比較したりする」道具となる（Miller & Rice 1967: 62）。企業は一次タスクをもたなければならないと言っているわけではない。むしろ、企業が生き残るとすれば、そこにはいつも**遂行しなければならないことがある**とい

うことなのである。状況が変化するにつれて一次タスクも、危機に直面した時などには、一時的にせよ、永続的にせよ、変化していく。状況の変化により一次タスクに、目に見えるかたちであれ、目に見えないかたちであれ、永続的変化が起きる時には、それによって複数の活動の優先順位に影響が及び、それにかかわっている人々すべてにとって重大なことになりかねない。

　ゴードン・ローレンス（Lawrence 1977）は、組織内の行動を検証する道具としての一次タスクという考えを発展させ、企業のなかにいる人々はそれぞれ異なる一次タスクを追求しているとした。**規範的一次タスク normative primary task** は、その組織の一般的な目的に沿った正式の、ないしは公式のタスクであり、たいてい、出資者のトップによって定められる。**実存的一次タスク existential primary task** は、その企業内の人々が、自分たちが実践していると信じているタスクで、自分たちで考えている役割や行動の意味であり解釈である。**現象的一次タスク phenomenal primary task** とは、人々の行動から推察できるタスクであり、意識されていないこともある。こうした用語を用いて一次タスクを分析すると、組織やグループがやっていると主張していることと実際に起きていることとが食い違っていることが明らかになる。こうして、企業のなかの個人やグループだけでなく、コンサルタントにとっても、個人やサブシステムの行動、役割、経験が互いに、そして全体としての企業に、どのように関連しあっているかを明らかにし、理解するための道具とすることができる。

　対人援助機関や社会の一次タスクは何か（何であるべきか）ということについての混乱は、往々にしてそのタスクの定義づけを不十分なものにしてしまい、スタッフや管理者が何を、どのようにすべきか、あるいは効果的に実行できているのかどうかがほとんどわからなくなる（Menzies Lyth 1979, 第21章参照）。これは、本書で記述されている個人、グループ、組織の困難を引き起こす主要な原因である。テュルケ（Turquet 1974）は、グループがその一次タスクについて、その定義や実現性の両面から知ろうとしないと、グループに分断が起きたり、当初の一次タスクとは関係のない別の一次タスクが出現しがちになると警告している。これが第2章で述べた基本的想定に支配されたグループに特有の**アンチタスク**である。一方、一次タスクはビオンのいう洗練された作業グループ（ワーク）の表向きの作業志向的な目的と合致している。どちらも生き残ろうとしてはいるのだ。一次タスクは、外的世界からの要求とかかわりながら生き残ろうとしているのであり、一方、基本的想定の活動は心理的に生き残ろうとする内的

世界からの要求と不安に突き動かされているのである。以下の例では，タスクの定義づけや実現性，あるいはその両方が欠けた場合，不安に対する防衛としてアンチタスクが活動しだすさまを見ることができる。

曖昧なタスクの定義づけ

　上で述べた問題に対処するための，最もありふれた方法の1つは，組織の目標をきわめておおざっぱに一般的な言葉で定義づけることである。

　　タッペンリー薬物依存病棟は，もともと患者がヘロインの乱用を減らし，最終的には依存しなくなるのを支援するためのメサドンクリニック[1]として設立され，看護師と医師が配置された。1970年代，心理学者とソーシャルワーカーがチームに加わり，アディクション患者の医学的なニーズだけでなく心理的なニーズにも注目するようになり，より全人的なアプローチへと方針がシフトしていった。1980年代，HIV（後天性免疫不全ウィルス）の感染という問題から，全国の薬物対策の中心は断薬そのものから「ハームリダクション（害の軽減）」へとシフトしていった。カウンセラーたちが多職種チームに雇い入れられ，クライエントの安定したライフスタイルを支援するための長期にわたるサポートが治療の主流となっていった。この病棟の公式の目標は，薬物関連の問題をもつタッペンリーのレジデント[2]たちに，包括的なサービスを提供することとなった。

　　2年間でチームの規模はほぼ2倍になったが，順番待ちの患者リストは長くなっていった。スタッフは，さらに多くのスタッフを補充することが唯一の解決方法だと感じていた。だが，それは一時的に順番待ちの患者を減らすことにしかならず，いずれ新人スタッフも患者で手一杯になることは明らかだった。そこで管理者たちは，スタッフを増やす代わりに，チームが仕事のやり方を見直して工夫することによって，クライエントへのカウンセリングの時間を減らすことを提案した。このことは，チームには自

▶1　メサドンとは，「麻薬依存症を治療する麻薬」として欧米で広く用いられている医療用合成麻薬。ヘロイン常用者の死亡率が高く，多くのHIV感染者を生み出しており，麻薬を手に入れるために犯罪も増加していることから，安価で安全性が高く，効果の持続時間が長いメサドンを投与し漸次減量していく方法が採られるようになった。この方法で薬物による害を低減させていこうとするが，「ハームリダクション」である。

▶2　ホーリスティックな治療観から，こうした施設では患者やクライエントではなく，ユーザー（利用者）やレジデント（居住者）などと呼ばれる。

分たちの仕事の良さを評価せず，妨害しようとする提案のように受け取られた。彼らは可能な限り多くのクライエントに，求められるままカウンセリングを行おうと奮闘し続けた。順番待ちをする間，サポートをまったく受けられずにいる人々への不安は抑圧されていた。病院の管理部門がついにこの危機に対して，クライエント 1 人あたりのカウンセリングの回数を制限するという介入を行ったところ，チームメンバーは憤慨し，裏切られたように感じ，意気阻喪してしまった。

組織の目的について書かれた文書には，チームの活動についてあれやこれや説明がされていたが，タッペンリーの薬物問題に対処するための最良の方法を決定する助けにはならなかった。チームは，あたかもケアを必要としているすべての人々に必要なだけ支援をすることが自分たちのタスクであるかのように振る舞っていた。病棟に求められるものがその範囲においても人数においても増大していくにつれ，それは不可能になっていった。それどころか，スタッフには大きなストレスが生じた。すなわち，取り扱い件数が増えすぎたことによる意識的なストレスと，順番待ちの多くの嗜癖患者を助けられずにいることによる無意識のストレスの両方である。彼らが唯一頼みにしたのは，自分たちの提供するサービスの不十分さを，経営陣が十分な人材を補給することを拒んだせいにすることだった。

目標ではなく方法を定義づける

対人援助機関の目的を定義づけることの難しさを解消するためによく使われるもう 1 つの方法は，何を達成しようとするのかという目標ではなく，その方法を定義づけることである。

都心のスラムに住む 16 歳から 24 歳までの青少年のためのサービス機関であるパスウェイズの目標は，「困難を抱えた青少年，とくに社会的剥奪や偏見がもたらすものに苦しんでいる人々へ情報や助言，カウンセリングを無料で提供すること」とされていた。ここでのサービスは 2 つに分かれていた。1 つは住居や手当てを手に入れる権利，機会均等，職業訓練，そして他の地域資源についてのソーシャルワーカーによる助言と情報の提供，もう 1 つは，ボランティアのカウンセラーやセラピストによる心の問題へ

の支援だった。

　この2つのグループの間には，この施設の利用の仕方をめぐってあからさまな対立があった。ソーシャルワーカーは，「ドロップインセンター」[3]のように助言と情報を提供し，クライエントがそこで過ごすなかで互いに非公式に出会うことを奨励していた。そのため騒々しく，時には混雑のあまりドアを通り抜けることさえ難しいことがあった。一方，カウンセリングサービスは予約制をとっており，クライエントは定刻に到着し，速やかに去るよう促されていた。また，カウンセラーたちは，うるさすぎて，静かで心休まる落ち着いた雰囲気が必要な仕事の邪魔になると文句を言った。スタッフが全員集まるミーティングがなかったので，このような不満は非公式にしか扱われなかった。

　組織の見直しに手を貸してほしいと頼まれたコンサルタントたちは，それぞれのグループがお互いにけなしあう様子に気づいた。しかし実際のところ，他のグループがどのようなトレーニングを受けており，どのような技術をもち仕事の仕方をするのかについてまったく無知で，間違った情報をもっていることさえあった。ソーシャルワーカーたちは，カウンセラーがつまらない独りよがりのものの見方を教え込み，クライエントが自らの権利のために闘う能力を駄目にしていると考えていた。一方，カウンセラーは，社会的不公正と戦うことを強調するのは若者たちが自分の生活に責任をもつことを妨げ，甘えを助長してしまうと考えていた。その結果，この2つのサービス部門間でクライエントを照会し合うことはなかった。最初にドロップインセンターにやってきたクライエントは，ソーシャルワーカーと会うことになった。一方，最初に電話でコンタクトをとったクライエントは，たいていカウンセラーに回されるのだった。

　コンサルタントたちには，どちらの考え方も的確とは言えず，2つのグループはもしかすると互いに補い合っているのではないかと思えた。そこで彼らは，組織が全体として，両方の活動がともに貢献しあえるような自分たちの一次タスクを定義づけていく作業を行うことにした。スタッフが1つのグループになって話し合うことで，お互いの仕事への理解と尊敬をより深めることができた。そしてどちらの仕事のやり方が優れているかと

---

[3] 駆け込み寺のように，困った時にいつでも相談に来られる施設。クリニックより身近で，セルフヘルプグループ的機能をもつことが多い。

いうことよりも，組織が何を達成しようとしているのかという問題に焦点を当てることができた。これはスタッフ間の関係を改善しただけではなく，クライエントの利益にもなった。つまり，クライエントたちは，必要に応じてもう1つのサービス部門に照会されるようになったので，彼らが必要とする特定の支援を受けやすくなったのだった。

若者たちが社会で大人として必要とされる内面的・外面的な資質を伸ばしていくことを支援するというタスクを専門職別に分割し，その目標ではなく方法を定義づけることによって，パスウェイズはクライエントが抱えている問題の改善に失敗するのではないかという不安を防衛していた。そのかわり，スタッフ間の葛藤や対立が，職務のスムースな遂行を妨げることになった。さらに，最初に掲げた目標は，クライエントの抱えている困難の原因についての仮説の対立を解消するには何の役にも立たなかったのである。

優先順位をめぐる葛藤を回避する

組織内の不一致に対処することを回避するもう1つのやり方は，活動のどれか1つのシステムだけを優先することを避けるというやり方でタスクを定義づけることである。

　　アーリーデイズこども園は，そのタスクを「5歳以下の幼児に質の高いケアと教育を提供すること」としていた。そこは，保育士と幼稚園教諭の両方を配置していたので，園児に対するスタッフの比率が高く，とくに教育のレベルが高いと評判も良かった。突然，予算が大幅に削減された時，現状の限られた財源をどう利用するかの見通しがまったく立たず，葛藤が生じた。高給の教諭を辞めさせて，保育士の数を増やすか？　園児に対するスタッフ比率を減らすべきか？　あるいは設備予算を減らすべきか？　それともどんな犠牲を払っても教育のレベルを維持するために，もっと小さい建物に移転すべきか？　人によって優先すべきと考えることがまったく異なり，質の高いケアと教育とはどのようなものか，そのためにはどのような資源が必要かといったことについての潜在的な意見の不一致が，痛烈な個人攻撃となって噴き出した。

ここでは，チームの「目標」と「一次タスク」を区別することが有効のようにみえる。本章と後の章では，この2つはある程度互換性があるものとして扱われている。より正確に言うと，目標は事業が意図する方向性の大枠を示したものであり，一次タスクは，そのシステムがこの目標に向かって取り組む方法を述べたものである。とするならば，アーリーデイズこども園の目標は，5歳以下の幼児に成長の機会を提供することと言えるだろう。そのための方法の1つは，子どもたちの家庭から小学校への移行を促すことである。開放システムの用語では，この場合のインプットはまだ就学の準備ができていない5歳以下の幼児であり，アウトプットは就学の準備ができた5歳児となるだろう。こう考えることによって，アーリーデイズこども園にとって就学準備に最も大切なものは何かということについて重要な議論を内部で始めることができるようになり，翻って，「複数の活動の整理」について決定する助けとなるだろう。

変化する環境への対応に失敗する

組織が生産物を送り出す外部環境が変化する時，一次タスクを変更する必要が生じる。これを怠ると，ストレスが生じ，組織の実効性を損なうことになるだろう。

　　　　パットレイク高校は，職場体験，個人カウンセリングや職業カウンセリング，個人指導システムといった革新的なプログラムで評判の，優れた高校とずっと見なされていた。州の教育システムの予算削減と再編により，これらのプログラムが危うくなった時，スタッフの志気は極端に下がり，この最近の変化にどのように対応すればよいかを教員とともに考えるために，外部のコンサルタントが招かれることになった。

　　　　はじめてコンサルタントが学校を訪れた時，彼女は校内のどこもかしこも静かなことに驚かされた。授業以外で教師と生徒が接触しているようすはほとんどなく，職員室には電話もなかった。実際，話をする相手を見つけることも，電話で職員をつかまえることも難しかった。教師たちへの個別面接から，彼らが卒業後の生徒たちの行く末に大きな不安を抱いていることがわかった。そして，地元は失業率が高いので，自分たちがせっかく技術を身につけさせても何の役にも立たないという絶望感があった。教師たちは，自分たちのタスクは「生徒たちがホームレスにならないよう1，2

年引き留めておくこと」か、「失業率を低下させること」だなどとシニカルな見方をしていた。

　この高校では、教師は生徒たちが職業世界に旅発つ準備をするという、今や時代遅れのタスクとなった仕事をし続けていた。自分たちの罪悪感と不安に対処するために、教員は学生や外部との接触を避け、自分たちだけで寄り集まっては管理者への不満をひそひそと話していた。ほとんどの教師は、10年以上その学校で教えていた。その学校の一次タスクは、まるで外部から切り離され、学校外の恐ろしい世界から守られた要塞のなかで、職員に安定した職を提供することのようであった。それは閉鎖システムとなり、主として構成員のニーズを満たすために存在していたのである。生徒を将来雇用しようと考えている人たちや卒業生、親たちとの境界を超えてのやりとりは最小限のものとなっていた。内部の、とりわけ職員と管理者、そして職員と生徒の間の境界もまた堅固なものとなり、もはや自分たちではどうすることもできないのではないかという不安や情報から職員を守っていたのである。

タスクとアンチタスクの境界

　一次タスクの定義づけに問題があるところでは、境界(バウンダリ)にも問題が起こりがちである。境界はタスクの遂行を推進する代わりに、防衛の機能を働かせるようになる。前述した例では、パットレイク高校の境界は以前に比べて透過性がなくなっており、もはや必要な環境とのやりとりも起きなくなっていた。次の例では、境界は各部門同士、そして組織全体をつなぎあわせることができないようなやり方で機能していた。

　　レクサム北西部にある、キャノンフィールズ地域精神保健センター（CMHC）は、レクサム精神科病院の病棟閉鎖計画の一環として、レクサムの北東部と南部にある他のセンターとともに、地域に精神保健サービスを提供するために設立された3つのセンターのうちの1つであった。チームのほとんどは、前は病院に勤務していた者たちであり、患者のQOLを高めて、再発や入院を予防するため、社会で自立した生活を送るためのスキルを向上させ、元気に暮らしていけるようなサービスを作りあげようと懸

命だった。彼らは，病院は柔軟性がなく，個別性を無視したり抑圧したりするものと捉え，自分たちのセンターをできるだけ病院とは違ったものにするという意図のもとでプログラムを立案していた。患者は自由に出入りでき，公式の治療活動に参加するかどうかを選択することができた。同様に，スタッフも個人かグループか，慢性期患者か急性期患者かを選んで仕事をすることができた。個人の自由を制限することは，病棟での「悪しき過去」という亡霊を呼びさますようで，そういうことが起きないよう，どんな制限を課すことも，決定を強いることも難しかった。

キャノンフィールズの目的は，「情緒的，精神的な問題を抱えるレクサム北西部の住民に対して，地域に根ざした包括的な精神保健サービスを提供すること，そして入院を予防すること」とされていた。その結果，誰であれ管轄区域の住民がレクサム病院に入院するということは，スタッフにとっては失敗と受け止められ，マネジメントがまずかったとか，GP[4]や救急スタッフ，もしくは他の専門職が不十分だ，能力不足だといって非難する傾向があった。

センターと病院のC病棟との関係は，最悪だった。C病棟は，入院治療が必要になったレクサム北西部の住民が入院する病棟である。キャノンフィールズのスタッフは，病棟回診[5]に参加することを不快な雑用と考えており，回診が終わるとすぐ，まるで接触するとこれまで幸いにも逃れることができていた何かに感染してしまうかのように，そこから去った。彼らは病棟スタッフのことを，軽蔑を込めてかわいそうな奴らと言った。一方，病棟スタッフはセンターのスタッフを，傍観者的で助けにならない奴とみなしていた。

▶4 GP（General Practitioner の略）とは，英国の国民保健医療サービス（NHS）で地域住民のプライマリケアに当たる医師のことをいう。家庭医（Family Doctor）とも呼ばれ，地域ごとに保健センター（Health Center）と呼ばれる診療所で精神科も含め，あらゆる疾患の初期診察，治療，検査（処方薬，歯科，眼科検診を除く）を行う。専門治療を受ける際にはGPからの紹介が必要である。GPを利用するには，近隣のGPに患者登録をする必要があるが，新規患者を受け入れるかどうかはそれぞれの保健センターに一任されている。また，地域ごとに予算が決まっているので，受診までに時間がかかったり，必要が認められないと希望する治療や検査を受けられないこともある。

▶5 病棟回診 ward round といっても，日本の病院のように医療者が病棟を回っていくとは限らず，スタッフが集まって入院中の患者について話し合うミーティングをこう呼ぶこともある。

```
┌─────────────────────────────────────────────────────────────┐
│                            M                                │
│              レクサム地域精神保健サービス                       │
│  ┌──────────┐    ┌──────────┐    ┌──────────┐            │
│  │    m     │    │    m     │    │    m     │            │
│  │  レクサム  │    │  レクサム  │    │  レクサム  │          │
│  │  北東部   │    │   南部    │    │  北西部   │           │
│  │  地域精神  │    │  地域精神  │    │  地域精神  │          │
│  │ 保健センター│    │ 保健センター│    │ 保健センター│        │
│  └──────────┘    └──────────┘    └──────────┘            │
└─────────────────────────────────────────────────────────────┘

┌─────────────────────────────────────────────────────────────┐
│                            M                                │
│                   レクサム精神科病院                          │
│  ┌──────────┐    ┌──────────┐    ┌──────────┐            │
│  │    m     │    │    m     │    │    m     │            │
│  │  A病棟   │    │  B病棟   │    │  C病棟   │             │
│  └──────────┘    └──────────┘    └──────────┘            │
└─────────────────────────────────────────────────────────────┘
```

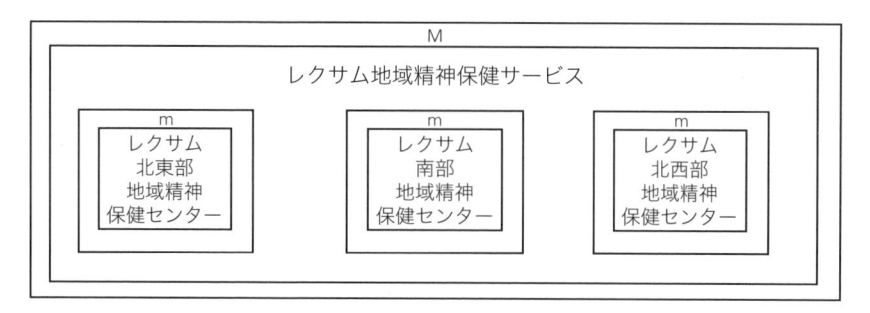

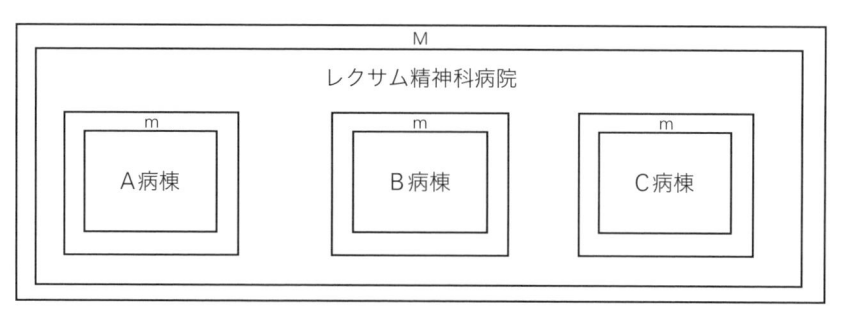

図 3.2（a）　改革前のレクサム精神保健サービス組織図

　キャノンフィールズの目的に記された言葉は，センターと病院の間に境界をつくってしまっていた。前半部分は，キャノンフィールズが何をしようとしているのかを示すというよりは，病院とは異なり，地域に基盤を置くということを述べていた。後半部分の「入院を予防すること」という記述は，一方では狭すぎる定義であり，もう一方で不可能なタスクを設けたことになる。この2つの部分はともに，できる限り病院とは異なるかけ離れた存在であり，入院治療に代わる優れたものであるとするスタッフの理想を支えるものであった。チームは，あたかもセンターがなし遂げるべきタスクは病院の必要性をすっかりなくしてしまうことであるかのように振る舞っていた。
　この見せかけのタスク as-if task は，マネジメント構造によって支えられていた。地域精神医療は，病院に基盤を置く精神科サービスとはかけ離れた，ともすると競合さえするようなシステムとして管理運営されていた（図3.2 (a) 参照）。その後，3つの管轄区域に対応するようにマネジメント構造が変更された（図3.2 (b) 参照）。新しい境界により，それぞれの管轄区域の入院治療と地域

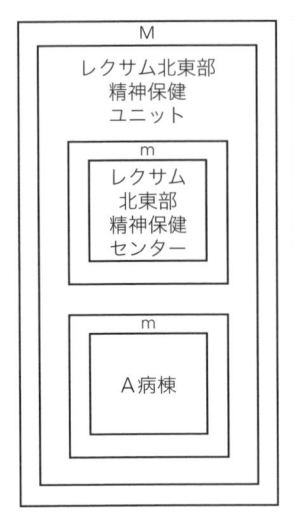

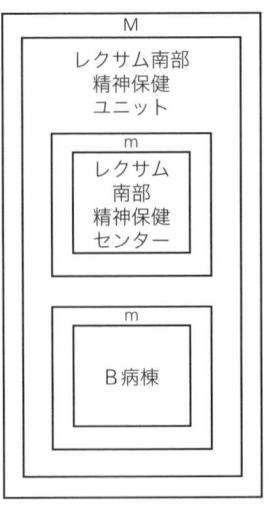

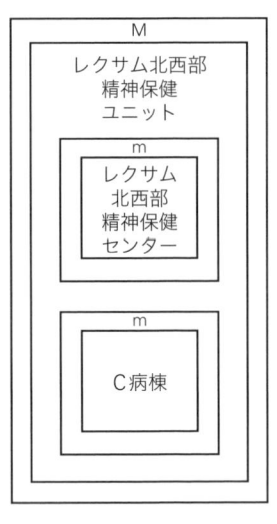

```
┌─────────────────┐  ┌─────────────────┐  ┌─────────────────┐
│ M               │  │ M               │  │ M               │
│ レクサム北東部  │  │ レクサム南部    │  │ レクサム北西部  │
│ 精神保健        │  │ 精神保健        │  │ 精神保健        │
│ ユニット        │  │ ユニット        │  │ ユニット        │
│  ┌───────────┐  │  │  ┌───────────┐  │  │  ┌───────────┐  │
│  │ m         │  │  │  │ m         │  │  │  │ m         │  │
│  │ レクサム  │  │  │  │ レクサム  │  │  │  │ レクサム  │  │
│  │ 北東部    │  │  │  │ 南部      │  │  │  │ 北西部    │  │
│  │ 精神保健  │  │  │  │ 精神保健  │  │  │  │ 精神保健  │  │
│  │ センター  │  │  │  │ センター  │  │  │  │ センター  │  │
│  └───────────┘  │  │  └───────────┘  │  │  └───────────┘  │
│  ┌───────────┐  │  │  ┌───────────┐  │  │  ┌───────────┐  │
│  │ m         │  │  │  │ m         │  │  │  │ m         │  │
│  │ A病棟     │  │  │  │ B病棟     │  │  │  │ C病棟     │  │
│  └───────────┘  │  │  └───────────┘  │  │  └───────────┘  │
└─────────────────┘  └─────────────────┘  └─────────────────┘
```

図 3.2（b） 改革後のレクサム精神保健サービス組織図

サービスの両方が連携して，包括的な精神保健サービスを提供するというタスクに適した，それに応えるシステムが構成されることになったのである。それからは，患者は病院でも地域でも，共有された責任の下で，いつでもすぐに診てもらえるようになった。また，病院と地域の競合も少なくなった。彼らが共にかかわる患者のニーズを一緒にアセスメントする病棟回診は，C病棟のスタッフ同様，キャノンフィールズのスタッフにとっても中心的な活動となった。

境界での管理

　境界を管理することは，組織を効果的に機能させるためには絶対に重要である。境界は，内側と外側にあるものを分離すると同時に，関連づける必要がある。企業が複合的なタスクシステムから成り立っている場合，全体としてのシステムを取り囲む境界があり，同時に個々のサブシステムのまわりに境界がある。そして，これらの境界は，全体的な一次タスクとの関連においてすべての部分が互いに協力して機能を働かせるように，管理される必要がある（Miller & Rice 1967）。

　ほとんどの組織図では，管理される者の上に管理者を置いているが，開放シ

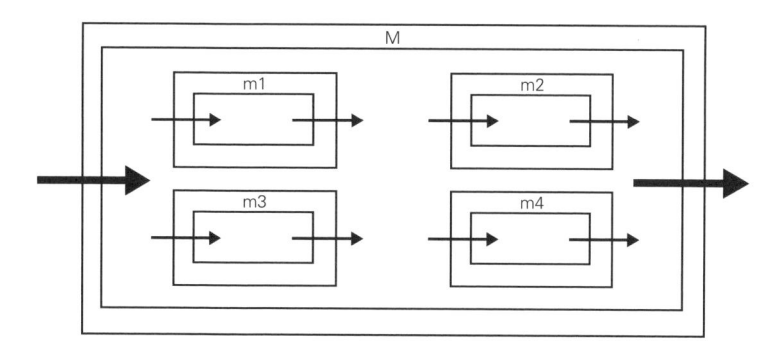

図3.3 組織における活動の複合的システムマネジメント
注▶小さいボックスは，別々のタスクシステムを表し，それぞれは m1，m2 などによって管理される境界をもつ。大きなボックスは企業全体を表しており，M によって管理されている。伝統的な組織用語を用いれば，M は 4 人の m のライン管理者(マネジャー)である。

ステムモデルでは，彼らが管理する**システムの境界**に管理者を位置づけている（図3.3 参照）。この位置にあることによってはじめて，システムの内側にあるものを外側にあるものと関連づけるという機能をうまく働かせることができるのである。その機能には，一次タスクをはっきりと認識すること，境界を通した情報の流れに注意を払うこと，システムがタスクを遂行するために必要な資源があるかどうかを確認すること，そしてこのタスクがより大きなシステムからの要求に沿っているか，また外的な環境とつながりを保ち続けているかを監視することを含んでいる。

この境界としての立ち位置を失った管理者，つまりシステムのなかに入り込みすぎた管理者やシステムから切り離された管理者は，もはや効果的なマネジメントを行うことができない。これは組織における，一人ひとりにも当てはまる。管理者の役割を担っていなくても，自分の役割を遂行するためには，自分の期待やニーズ，リソースといった内的世界と外的現実の境界を管理する必要がある（Grubb Institute 1991）。

結論

組織においてしばしば生じる大きな混乱のプロセスを理解しようとするには，次の問いから始めてみるとよいだろう。「一次タスクは何か？」。これに答える

ことは，この章の多くの事例が示しているように，驚くほど難しいものである。しかし，図3.1 (p.39) に描かれたモデルを用いると，処理量（スループット）が最も多いものは何かを見つけだす助けとなる。対人サービス業においては，一番のスループットはおそらく人間であろう。人々はある状態でシステムに入り――そのなかでの「改造」や「変化」のプロセスを経て――，別の状態となって出ていくのである。このようにして，一次タスクを定義づけるにはまず，意図したあるいは期待された「別の状態」とはどのようなものかを考え，次にシステム（グループ，部門あるいは組織）が，それをどのようにして実現すると提案していくのかを考えるのである。

　次の問いは，「自分たちの仕事の仕方は，このタスクとどのように関連しているか？」というものである。もし関連していないとすれば，次の問いが役立つ。「私たちは，ここで何をしようとしているように振る舞っているだろうか？」。この見せかけのタスクをはっきりさせることは，機能しないタスクの定義づけやそれに伴い機能不全の境界を生み出す，内在する不安や防衛，葛藤についての手がかりを提供してくれる。こうした問いは，管理者やコンサルタントだけではなく，個々の従業員にも向けられている。自分の仕事上の役割を一人ひとりが実際に果たすためには，私たちは自分がしなければならないタスクを明確にすること，それを実現するために内的にも外的にも充分なリソースを利用することができること，そして自分自身のタスクが，自分が働いているシステムのタスクや全体としての組織のタスクとどのように関連しているのかを理解しておくことが必要である。こうした問いは，「自分たちは今，どの程度うまくやっているか」という問いに道を開く。（第21章参照）。そして，目の前のタスクに今とは違ったように取り組むにはどうすればよいかについて考える糸口となるだろう。

　私たちはこの章で，一次タスクの定義づけや実行可能性，あるいはその両方が欠如しているグループや組織の多くの例を見てきた。管理者が境界での自分の立場を維持することに失敗すると，彼らはグループや組織の無意識のプロセスに飲み込まれてしまいがちとなり，必要な問いかけをすることができなくなる。そうして，実質的な仕事をするシステムの能力を回復させるためにすべきことができなくなってしまうのである。

第4章

権限, 権力, リーダーシップ
グループ関係トレーニングからの寄与

アントン・オブホルツァー

　どのような組織であれしっかり機能するためには，権限，リーダーシップそして組織構造に関する事柄をはっきりさせておくことがきわめて重要であることは，自明なことである。にもかかわらず，どこも混乱に満ちている。なぜなのだろうか？　このような状態を永続させている要因は何なのだろうか？　本章では，私たちはこれらの核となる概念，その派生物および相互関係，そして通常，組織にアンチタスクanti-task現象を出現させ持続させる個人と組織の要因について考察する。本書全体を通してのこれらの概念の用い方は，この章の終わりに述べられているグループ関係トレーニングのモデルに基づいている。

権限

　権限authority[1]とは，最終決定を行う権利のことであり，組織のなかでは，その決定は他の人々を拘束することになる。

「上」から与えられる権限

　公式の権限は，あるシステムにおける個人の役割から派生する特質であり，その役割のために行使される。例えば，社長は会社の取締役会から権限を得る。取締役会は社長を任命して，結果に対する責任を負わせ，そしてまた彼／彼女を解雇する力をもつ。一方，取締役会は会社の株主によって選ばれ，そこから権限を得る。こうして，会社の場合は，株主から取締役会へ，そして取締役会から社長へというふうに，権限は委譲というシステムから生まれてくる。ふつ

▶1　Authorityには，権威という訳が一般的であるが，ここではより具体的な意味をもつ権限と訳した。だが，文脈上，権威と訳すのが適切と思われる箇所もあり，そのニュアンスを伝える適切な日本語が見当たらない。

うは，権限を委譲する職の任期やその他の条件を定めた規約やその他の公式のシステムが存在する。これらは人間によって作られたシステムで，総意によって認められたものである。もしシステムが時代遅れになり，もはや総意によるとは言えなくなれば，新しい要素を重視するシステムに変更されなければならない。

しかし，すべてのシステムがそれほど明確な階層性をもっているわけではない。例えば，ボランティア組織では，しばしば資金提供者，運営委員，クライエント，スタッフ，専門職グループ，関係機関などの「利害関係者」(ステークホルダー)が大勢いて，皆それぞれ違ったかたちで組織の所有権を主張することがある。人によって，最終的な権限はどこにあるのか（またはあるべきか），そしてそれが誰に，どの程度まで委譲されるかに関して，異なる見解をもつだろう。

「下」から与えられる権限

組織に自発的に参加しているメンバーは，定義上そのシステムを認めていることになる。参加するという行為によって，少なくとも暗黙の裡に自分の個人的な権限の一部を権限をもつ者に委譲し，そうすることでシステムを承認しているのである。

しかし，権限は，上に述べた外的な構造だけから生まれるものではない。権限にはまた，明確で意識的な，もしくは無意識の，それゆえ取り扱うことができない内的構成要素がある。これらの内的構成要素には，アンビバレンスの性質とその程度が含まれており，責任者への権限の委譲に影響を与える。例えば，トップの社長が彼／彼女に権限を委譲する権限をもつ母体から全権を委任されたとしても，その任命に関して組織の従業員との対話や相談がなされていないことがある。この場合，後者（従業員）は管理者の考え方を受け入れて，その役職のもつ権限を承認するかもしれない。しかし役職についたその人の権限を承認したわけではない。承認しないというかたちで下からの権限が与えられないと，完全な権限が得られず，土台が崩壊したり妨害行為が起きたりする危険が大きくなる。

もちろん，「全権」というのは神話である。必要なのは，「ほどよい full-enough」権限と呼ばれるような権限であるが，これはウィニコット（Winnicot 1971）の「ほどよい good-enough」母親の概念からの造語である。これは，権限をもつ人（必ずしも公式にではなく，主観的に）から，その権限だけでなく，同じように

その権限の限界についても，つねに認められているような権限のありようを意味している。これに不可欠なのは，組織内で権限が強化されたり弱体化されたりするプロセスを継続して監視していることであろう。

　　ある校長が，放課後に校内で非公式の会議が招集されていることを知った。教員たちはそこで新しいカリキュラムを検討しようと計画していた。カリキュラムについては以前に校長が議長を務める方針検討会議で決定されていたので，彼はその時困難な問題に直面することになった。これは，スタッフが自発性を発揮した証，議論を拡げるための権限を手に入れて校長のねらいをさらに高めようとしている表れと解釈すべきだろうか？　それとも，権限と公式の意志決定構造をゆるがすものと解釈すべきだろうか？

　会議の呼びかけの意味を校長がどう理解するかは，おそらく彼の次の行動だけでなく，その結果をも決定することになるだろう。

内からの権限

　上からの権限の委譲と下からの権限の承認のほかにも，個人の内面からの権限の付与と承認という重要な問題がある。これには個人の内的世界に存在する人物（第1章参照），とくに過去の権威的人物との関係の性質に大きく左右される。そのような「心の内なる」権威的な人物の態度は，外なる組織の役割をどのように，どの程度，どのような能力を使って果たすのかに決定的な影響を与える。例えば，ある人が権限をもつ地位に任命され，下からも承認されたにもかかわらず，自己の内的世界の人物によって役割自己が損なわれ，しっかりと権限を行使することができないというようなことがある。このような内的世界の人物による「横やり」は，自分に対する疑いを生み出す重大な要素であり，しかも，もしこれが繰り返しはっきりと起きるようなことがあれば，まずもって外の権限の委譲はうまくいかないだろう。

　　同僚からも上司からも非常に有能だと思われていたある会計士がすべての正当な手続きを経て財務部長に昇進し，その昇任人事は同僚も認めていた。昇進したとたん，彼の仕事ぶりはおかしくなったようだった。彼は社内親睦団体の会員の地位を失い，そして自分自身もその仕事に向いていな

いと感じ，今ではかつての同僚たちが皮肉を言っているように感じるようになった。こうしたことが実際に起きているという証拠はなかった。しかし，皮肉な言い方は，彼の父親との関係につきものであった。子どもの頃，彼は皮肉を言ったり言われたりしてきたのであった。

これとは逆のダイナミクスも存在する。内的世界の人物が精神病理学的な万能感の状態に入り込み，権限をもつことに関して自己像が大きく膨れあがると，権威主義的な態度や振る舞いになりがちとなる。

　　ある医師が，若くしてコンサルタント医[2]のポストに任命され，ますます尊大で横柄になり，スタッフにも患者にも同じように耐えがたい存在になってしまった。彼は聞く耳をもたず，自分自身や他人の経験から学ぶ能力がなく，それゆえ自分の行為を正す能力もなかった。それは，彼の内的世界の布置[3]から生じたものであった。彼は一人っ子の母親っ子で，間違ったことをするはずのない，母親が崇拝してやまない伴侶だったのである。それが外的世界の行為へと転移された時，その結果は悲惨なものとなった。

「権限をもつauthoritative」という言葉と「権威主義的authoritarian」という言葉には重要な違いがある。「権限をもつ」とは抑うつ態勢の心の状態（第1章参照）で，そこで権限を手にしている人は，権限の源と権限の承認の両方とつながりがあり，限界も知っている。対照的に，「権威主義的」とは，権限の源と権限の承認のプロセスから切り離されることによって表れる妄想－分裂態勢の心的状態で，すべてが万能的な内的世界のプロセスによってあおられている。一方は，自分自身とも周囲の環境とも接点をもっているが，もう一方は，そのどちらとも接点をもたないまま，自らの目的を達成するために権力を増強して，この認識されていない欠点に対処しようとするのである。

ほどよい権限とは，支援母体である組織からの権限付与と組織内での権限の承認，そして内的世界の権威的な人物とのつながりがいつも混じりあった心の状態なのである。

▶2　英国では上級専門医のことをコンサルタントと呼ぶ。
▶3　布置（constellation）とはユング心理学の用語で，一見すると何の意味もなさないようなバラバラなものごとが，全体としてみると1つの意味ある形をなしていることをいう。

権力

　権力 power とは，他者あるいは組織構造に働きかける能力を指す。権限とは違い，役割というよりも人間がもつ特質であり，内的，外的両方のリソースから生じるものである。外的には，権力は，例えば，金銭，特権，推薦状，昇進といった，個人が自由にできるものや，個人が他者に対して承認を与えることができる力から生じる。それはまた，個人の社会的政治的なコネクションの質からも派生する。役割の助力者として，どれだけ多くの重要人物を呼び寄せることができるかといったことである。内的には，個人の知識や経験，人格の強さ，役割に対する心の状態から生じる。自分はどれくらい力をもっていると感じるか，その結果他人に対して自分自身をどのように見せるかといったことである。

　これらすべてにおいて，権力をもっていると認識するか，もっていないと認識するかは，現実にもっているかどうか以上に重要である。前述したように，どちらも内的世界とのつながりによるからである。例えば，力がないと感じるのは，たいてい権限をもつことをめぐる問題に関連した心の状態である。時には，この心の状態と，そうでなければ権力を強めるために利用される外的リソースが現実に不足していることとの間に相互作用が働くこともある。しかし，意気阻喪した，あるいは抑うつ的な状態にある人は，変化をもたらすのに役立つ十分な外的リソースをもっていても，弱気な心理状態のせいでそれができないと感じることがある。この場合，権力は投影されて，自己の外側に存在するものと知覚され，その人は無力感に陥ってしまう。これとは対照的に，投影された権力を引き寄せることができる人は，リーダーシップの役割を担うことがずっとたやすく，また担うことを許されやすくもなる。どのような投影が生じるかは，その人物が嫌われ怖れられるか，あるいは愛され尊敬されるかということに影響するだろう（Grubb Institute 1991）。

権力，権限と言葉

　権限と権力という言葉は，しばしば互換性をもって使われて，混乱を招く。それらは関連してはいても異なるものであり，組織においては両方とも必要である。権力のない権限は弱体化し管理を混乱させる。権限のない権力は権威主

義的管理体制を招く。うまくいっている組織で現場の効果的な管理を可能にするのは、この2つが思慮深くミックスされバランスが取れていることである。

　組織のなかで権限をもつ人に与えられる肩書きは、たいてい権限と権力の比率を示している。つまり、「司令官」という肩書きは、主要な構成要素が権力であることをはっきりと示している。「所長」「マネジャー」あるいは「議長」は、通例、権限と権力の混淆を示している。対照的に、「コーディネーター」という肩書きは、たいていボランティアセクターで最も上位の管理者に与えられるが、その人は全員が同意した場合にのみ——ありそうもない現象だが——決断を下すことができ、ほとんど承認する権限も能力ももっていない。そうした肩書きを選択することは、その組織を担う職員に全体として、どれだけの権限と権力を与えればよいかということについての組織のアンビバレンスをよく表しているといえる。そのうえ、任命のタイプと任期は、そのポストが権力と権限に関してどのように認められているかに根本的に影響する。例えば、ゼネラルマネジャーに任命されるかマネジャー代理に任命されるか、あるいは期限付き雇用か終身雇用かでは、かなりの違いがある。

　構造と定款の明確さによって、権限委譲のシステムが機能しているかどうか、もし決定しなければならないとして、権限委譲を取りやめるにはどんな手順が必要か、を査定することができる。これはもちろん権威主義的体制では不可能である。そこでは、定款は存在しないかなし崩しにされているかであり、また規則や管理運営は法律よりもむしろ権力に基づいているのである。さらに、権限や権力は、責任と適合している必要がある。結果に対する責任には、組織内の人間、あるいは内的世界の価値システムの一部としての自らの内なる誰かに対して答え、説明する責任が含まれている。結果を達成するための十分な権限や権力をもたずに責任を感じていると、得てして仕事に関連したストレスに陥り、やがてバーンアウトを引き起こす。

　組織のメンバーとしてであれ、あるいは外部のコンサルタントとしてであれ、組織の性質と機能を査定するには、権限の性質や源、そして権限が発揮される手順、実質的な権力、そしてさまざまな組織機能を説明する名称を明確にすることに、かなりの時間が費やされる。

リーダーシップ

　リーダーシップとマネジメントもしばしば互換的に使われる言葉である。それらは，共通して「長としてのheadship」機能をもつのは事実である。しかし，マネジメントは通常，組織が機能し，タスクを果たすことを意図した，権限をもつ人々のある種の行為を指し，一方でリーダーシップには，将来に向け理念や目標を追求するという意味も含まれている。さらに，リーダーシップの定義には，フォロワーシップの定義も含まれるが，マネジメントにはそれほど含まれない。

　聖書外典のユディトとホロフェルネスの物語[4]は，結果的にフォロワーに危険を及ぼすリーダーシップの究極の例である。ユディトがアッシリア人の司令官ホロフェルネスの首をはね，それをアッシリア軍に見せつけたところ，兵士たちはみな，あたかも自分たち自身が頭を失ってしまったかのように行動し，そのためやすやすとイスラエル人に完敗してしまったのである。もしアッシリア軍のリーダーシップへの信仰がそれほど強くなく，もっとマネジメントを重視していれば，迅速にホロフェルネスに代わる司令官が指名され，結末はまったく異なるものになっていただろう。現代の組織でも，カリスマ的リーダーがいなくなった後に同様な困難がよく見られる。部下は混乱のなかに取り残され，同時に後任として任命された人物に対してフォロワーシップを発揮せず，指導力も管理する力もなくさせてしまうのである。

リーダーシップ，フォロワーシップそして羨望

　タスクの遂行には，リーダーと同様にフォロワーにも積極的な参加が求められる。フォロワーシップの受身的，受容的な**基本的想定**（第3章参照）の状態は，混乱した組織で見られるもので，タスクに関連したフォロワーシップの役割を果たすために自分自身の権限を行使する心の状態とはまったく異なるものである。後者では，組織のタスクについても，自分の役割をどこで他者の役割にあわせるかについても，はっきりとしている。

▶4　ベトリアの街に住む美しく強い信仰を持つユダヤ人寡婦のユディトは，討伐のために街を包囲したアッシリア軍の司令官ホロフェルネスを泥酔させ，首をはねた。これを機にユダヤ人はアッシリア軍を打ち破ったと伝えられる。

自分自身を役割に合わせて管理する際の基本的な問いは、「タスクに寄与するために、自分のリソースや潜在力をどのように生かすことができるか」ということである。これには、自分の役割がどこまでで、他の人の役割はどこからかということについての認識、自分の権限の範囲と限界、そして他者の権限をすすんで承認することが必要である。競争心や嫉妬、羨望がしばしばリーダーシップ役割、あるいはフォロワーシップ役割のどちらかを引き受けるプロセスを妨害する。スタッフのライバル争いは至る所にみられる現象である。競争心や羨望をかき立てないための見当違いの試みとして、管理者が平等な立場、あるいはしばしば「民主主義」のように見える偽りの平等の立場で管理しようとすることがよくある。民主主義という言葉は、まるで誰もが平等に権限をもっているかのように使われる。そこには競争心、嫉妬、羨望が回避されるという希望があるのだが、現実には管理者の権限や全体を見通す力、そして指導力が弱まってしまっている。

　個人の内界や対人関係における羨望に関する研究は多くあるが、組織のなかでそれがどのように表われるかについて書かれたものはほとんどない。しかし、組織のプロセスのなかでは、とりわけ権威的人物との関係において、羨望が重要な破壊的現象の１つであることは明らかである。羨望は、権限をもつ人物に対する破壊的な攻撃となり、結果的にその人物のもつ権限の管轄のもとでなされる仕事を台無しにしてしまう。典型的には、リーダーに対するねたみ深い攻撃が、自然にわき起こる競争心や羨望を最も強くもつスタッフメンバーによって引き起こされる。この人物は、彼／彼女自身の破壊的羨望だけではなく、投影同一化（第１章と第４章参照）を通して他のグループメンバーの破壊的羨望をも表出するように、無意識のうちに仕組まれてしまうのである。その時、組織のダイナミクスは、リーダーと攻撃者を行き詰まるしかない闘いのなかに押し込める一方、残りのスタッフを落ち込ませ、無力な傍観者の役割を負わせる。

　専門職の場合は、羨望による攻撃は「一般原則」あるいは「専門的問題」や「技法」に関する議論といったかたちを取ることがあり、究極の真実を追求するとはいわないまでも、あたかも前進しようとしているかのように見えることがある。このプロセスの羨望的、攻撃的、そして破壊的な性質があらわになるのは、たいてい時間の問題にすぎない。この特有の防衛的、組織的布置の美しさは、無意識の願望を満足させるだけではなく、一次タスク（プライマリ）の遂行を攻撃し、これによって組織の仕事から生じる苦痛の量を減らすことにある。そうしたアンチタスク現象はたいてい、組織の仕事に関する最も進歩的な、反階級制度的、

反権威主義的, 反性差別的, 反年齢差別的, 反人種差別的なやり方として現れてくる。時に, こうしたイデオロギー的な論争は, 羨望と結びついた防衛プロセスの合理化にすぎないか, 組織が緊急に改善する必要があることを告げる現場からの重要な証言のいずれかである。組織にこのいずれであるかをはっきりさせ, 結果としてどうすべきかを理解しようと考える十分な余裕があることが不可欠である。

職務上のリーダーシップ

　リーダーシップとマネジメントは, 境界(バウンダリ)を統制する機能(第3章参照)を分かちもち, 組織の内部と外部を関連づける必要がある。2つの顔をもつローマの神ヤヌス[▶5]のように, リーダーはいつも内と外の両方を見ていなければならず, どちらかの利害を無視すればその報いとして, システムの内と外にいる人々から批判されるリスクを負う難しい立場にいる。こちらかあちらかのいずれか一方だけに集中するほうが気楽ではあるが, リーダーの役割を損ない, 外の世界での組織の代表としての力をも損ってしまう。

　境界のマネジメント機能に加えて, リーダーシップは組織の目的と一次タスクの遂行に直接関連している(目的と一次タスクの違いはp.46で論議されている)。一次タスクと呼ぼうが, 何か別の名称で(組織の用語に従って)呼ぼうが, この概念なくしては, 組織の方向性と機能をモニターする指標をもつことも, あるいはその方向へ進んだり機能するために必要な調整を行うこともできない。このようなモニタリングと調整は, リーダーシップに欠かすことのできない機能である。そしてそれらを遂行するためのリーダーの権限は, 究極のところ一次タスクから派生するのである。一次タスクを一貫してモニタリングすることによってのみ, 職務上のリーダーシップを展開し維持すること, 権力の乱用を回避すること, そして組織の基本的想定の活動の発生と拡大とを比較的最小限に保つことができる(第3章参照)。これは, 一次タスクが変われば, リーダーシップとフォロワーシップの役割もまた変わる必要があることをも意味している。例えば, 手術チームでは普通は外科医の長がリーダーであるが, もし患者が手術中に呼吸停止を起こしたら, 呼吸が回復するまで麻酔科医がリーダーシップを引き継ぐ必要がある(Turquet 1974)。

▶5　出口と入口をつかさどる神であり, 前と後ろで違う顔をしている。

グループ関係トレーニングモデル

　この章で述べた主要概念の多くは，グループ関係カンファレンスでのグループと組織プロセスについての経験的研究から生まれ，発展し，また洗練されてきたものである。その中心は1957年にタビストック人間関係研究所がレスター大学と共同で初めて運営した「レスターカンファレンス」である。以来，40回を超えるレスターカンファレンスのほかにも，英国や米国，その他多くの国々で，オリジナルモデルを改変し，さらにその適用範囲を拡大して，さまざまな期間とデザインのグループ関係トレーニングのイベントが数多く行われてきた。レスターモデルの基本的な概念枠組みは，前の3つの章で述べた，開放システム理論とビオンのグループに関する研究，そして後に精神分析から発展したもの（Miller 1990a, 1990b）とを組み合わせたものである。しかし，こうしたカンファレンスが集団や組織の行動に関する理解や，組織へのコンサルテーションの実践に与えた影響は，理論よりもカンファレンスでの経験そのものから学んだことによっている。

　あらゆるグループ関係トレーニングモデルのコアとなるのは，個々の参加者は今ここでの経験から学ぶという考え方である。カンファレンスは，一時的に学習のための組織となるようにデザインされ，参加者が自分自身の経験からグループや組織のプロセス，そしてそのなかでの自分自身の役割について学ぶ機会を提供するのである。個人的変化が「副作用」として生じる可能性はあるが，イベントは治療的ではなく教育的であるように計画されている。このワークの基本原理はビオンの**結合価** valencyの概念——すなわち，個人がその人自身に固有のやり方でグループと関わり，グループの圧力に反応する内的傾向——である（第3章参照）。グループ状況のなかに結果として表われるその人の強さと弱さの両方に備えるために，個人が自分の結合価の質を知ること——自分自身を知ることのグループと組織バージョン——は重要である。

　デザインの性質，そしてイベントの焦点に応じて，各個人は異なるサイズのグループでグループ内プロセス intragroup processの性質を探究したり，グループ間活動 intergroup activityに参加してグループ間のプロセスについて学んだりする機会をもつ。すべてのイベントで，メンバーはさまざまな役割をとることができ，そこから権限を与えたり譲ったり，タスクや役割に取り組んだり，

リーダーシップを確立しようと頑張ったり行使したり，といったさまざまなプロセスを学ぶことができるのである。

　あるイベントから別のイベントへと移る（つまりあるグループから異なるメンバーやタスクをもつグループへと移動する）ことによって，メンバーはまた，さまざまな役割をもつメンバー仲間が，その役割や自分たちが巻き込まれているグループプロセスによって，まったく違ったふうに行動することを体験する機会をもつことができる。同様に，彼らは新たな役割や状況のもとでカンファレンススタッフが違った行動をとることを経験する。こうして彼らは役割とタスクについて，これらが行動や感情にどう影響するかについて学ぶことができる。メンバーがある集まりやイベントから別の集まりやイベントに移動する際の，境界を越えるプロセスは，組織の場や変化と複合的役割のマネジメントにも適用可能な学習に役立つ。

　熟達したカンファレンススタッフによるコンサルテーションが，通常，何が起こっているかについてメンバーが考えるのに役立てられる。ほとんどのモデルにおいて，参加者がさまざまなカンファレンスイベントでの経験を振り返り，そしてそこで学習したことを「帰宅後の」状況にどう応用するかを検討するための時間が設けられている（Rice 1965）。こうした「応用編」のイベントに参加するのは，たいていさまざまな組織や専門的な背景をもった参加者や，さらには異なる国や文化から来た参加者たちである。ここでメンバーたちは，リーダーシップの観点からであれ，フォロワーシップの観点からであれ，問題に気づき取り組むのにはさまざまなスタイルがあることを示す証人となる機会を与えられる。

　学習プロセスの中心となるのは，自分自身やグループ，タスクと役割を意識的合理的なやり方で管理しようとする試みを妨害する，不合理で無意識的なプロセスが存在するということを繰り返し発見することである。そうした洞察は，トレーニングイベントという純粋な文化のなかで経験されることで，経験から強力な学習へと導く。そこには，無意識のプロセスやそのなかでの自分自身の役割をよりはっきりと自覚するようになったメンバーたちは，「帰宅後の」職場状況に戻っても，自分の権限を行使することや役割をもつ自分を管理することがもっとうまくできるようになるだろうという希望がある。

結論

　権限の源を明確にしておくことは重要であるが，危機的状況においてはなおさら，付与される権力と権限のさらなる確認が求められるだろう。同様に，下から承認されることの重要性に気づくことによって，管理者と働き手の間にもっと多くの対話が生まれてくるだろう。最終的には，「自ら墓穴を掘る」ことを回避したり，せめて最小限に食い止めようとするには，自分と自らの内的世界の権威的な人物とのつながりを注意深くモニターすることもまた重要である。

　有効なリーダーシップには，一次タスクの基準に反する組織の機能をモニターするしっかりした心の状態が必要なだけではない。リーダーはまた，社会的，組織的状況の変化に必要な変化を主導し実行する力，あるいはさらに，これらの要因に照らして，組織の一次タスクでさえも変化させる力を必要とする。このプロセスの一部として，説明責任のシステムが存在することが必要であり，同様に権限委譲の仕組みや，権威とフィードバック双方の流れを可能にする組織内のネットワークも必要である。そのような手段を通して，組織内の個人あるいはチームに一次タスクのいくつかの面を委託し，そして組織全体としてのタスクに関連した彼らの働きの質について責任をもたせることが可能となる。

第II部
痛みとともにある人々との仕事

はじめに

　援助職者として働くスタッフの主なストレスの原因は，身体的であれ感情的であれ，あるいはその両方であれ，ひどい苦痛のさなかにいる人々のそばに絶えず居ることである。このストレスは，例えば，大きなリスクにさらされているクライエントについての心配や，あるいは自分が起こしたミスについての懸念のような，意識された不安と関連しているかもしれない。過剰な仕事量は，自分が提供する援助の質についてスタッフを不安な思いにさせることで，意識されるストレスのもう1つの原因となる。しかし，個人の防衛だけでなく集合的な防衛によって意識から切り離される無意識の不安もある。この不安は，仕事自体の性質によってかき立てられるもので，それが引き起こす防衛はストレスを緩和するよりもむしろ悪化させることがある。
　第5章では，クライエントがどのように自分自身から苦痛な感情を取り除くのか，そしてまた，彼らが言葉にできない経験のある側面をスタッフのなかに投影することによってどのように伝えてくるかについて述べる。これは，スタッフグループに深刻な影響をもたらすことがある。スタッフもまた苦しみ，投影によってこれに対処するようになる。その時組織全体が，奉仕すべきクライエントと同じような心の状態にとらわれる可能性がある。その一方で，もし個人と組織の両方のレベルで私たちに影響を与える無意識のプロセスを理解することができれば，成長発展を妨げるのではなく，むしろ促すようなやり方でそれに対処することができるだろう。
　続く6つの章では，さまざまなクライエントグループとの仕事に焦点を当て，スタッフの関係や仕事の実践が，職務につきものの不安から守るために作り上

げられていくありようを例証する。それぞれの章では，別の場において異なるクライエントを対象として働いている読者たちでも，自身の経験から思い当たりそうなテーマが展開されている。コンサルテーションが求められる困難状況と，こうした組織へのコンサルテーションを行う時に実際に経験することや考えることの両方を描き出すことによって，著者らは仕事での自分たちの痛みを伴う経験を振り返る新しい方法を読者に提供したいと願っている。

　第12章では，仕事の性質がどのように働き手に影響するのかを考えることから，個人が仕事に何を持ち込むかという問題を探求することへと焦点を移していく。すなわち，これまでの章で述べてきたプロセスに対してとくに働き手を傷つきやすくする，過去に由来する彼らの無意識のニーズや未解決の問題といったものである。なぜ私たちは，自分たちが従事しているほかならぬその仕事を選択してきたのだろうか？　このことについて，一人ひとりが仲間とともに考えてみることは，自分たちの不安とストレスをうまく扱っていくための重要な第一歩となるだろう。

第5章

伝染の危機
組織における投影同一化のプロセス

ディードリー・モイラン

　苦しんでいる人々にとって，助けてほしいと思う自分の経験を言葉にすることは，往々にして難しいものである。彼ら自身，苦しいことだけはわかっても，自分が何に苦しんでいるのかあまりわかっていないことがある。彼らはセラピストの診察室に現れて，「気分が悪い。落ち込んでいる。何かおかしい」と言う。同じように組織も，「ここでは何かがおかしい。だけど，私たちにはそれが何だかわからない。もう，ここでは働きたくない」とでもいうように，コンサルテーションを求めてくることがある。問題の本質を明らかにしようとするコンサルタントの試みは，激しい抵抗にあうかもしれない。個人のクライエントの治療でしばしば起きるように，彼らの望みは問題を取り除いてもらうことであり，問題をはっきりさせることではないのだ。個人もしくは組織が苦しんでいることは明らかなのだが，では，何に苦しんでいるのだろうか？　もっと情報が必要である。
　何がおかしいのかを見いだすためには，彼らの物語に注意深く耳を傾ける必要がある。情報を提供するのは，そこで明かされた内容だけではない。明かされ方やその情報が伝えてくる雰囲気も，なのだ。

　ジョアンナという若い女性が，私に子ども時代の外傷体験を語った。ある時は，恐怖や狼狽，そして嫌悪の雰囲気が漂った。私は，何が起こっているかわからず怯えた小さな女の子と一緒にいるように感じた。またある時には，ふたたび同じ物語がかなり違った感情的なトーンで語られた。そこには虐待者に対して勝ち誇ったような空気と侮蔑があった。その時私は，小さな女の子を前にしているというより，裁判官の前にいるように感じた。3回目には，その物語の詳細がかなり興奮に満ちて語られ，私は特権的にこの情報を与えられているように感じた。

同じ言葉，同じ物語であっても，その経験は違っている。物語の語られ方の違いは，ジョアンナにとってこの特別な出来事がさまざまなレベルの意味をもっていることをかいま見せてくれている。その意味は，彼女が口にした言葉によって伝えられるのではなく，同じ言葉であってもその時々で，ある体験を創り出すことによって伝えられる。それゆえ，初回は，私は彼女の苦痛に対して恐怖と絶望的な悲しみを感じた。2回目には，同情はほとんど沸かず，逆にまるで私がその罪を犯したかのような罪悪感をもった。私は，汚れたように感じて不快で，その場からいなくなりたかった。対照的に3回目は，私はむしろ何か特別な存在になったように感じ，もっと聞きたいと思った。この3つの非常に異なった聞き手としての体験は，そのままジョアンナの体験に3つの異なる面があり，それぞれが理解されたがっていることをはっきりと映し出しているのである。もし，怯えた少女だけに注目するなら，汚れたように感じて罪悪感と不快感を抱えた少女，あるいは何か特別な存在のように感じて高揚している少女が理解されるまで，何度も何度も物語は語られなければならないだろう。しかし，初めのうちジョアンナは，こうした複雑で難しい感情を言葉にすることができなかった。そのかわりに彼女は，そこでの状況がどのようなものだったのかを，その経験を再創造することで正確に伝えたのである。私たちは2人でセッションのなかで再びそれを生き，痛みとともにそれらを何とかつなぎ合わせて，それが何であるのかを考えることができるような言葉にしていった。ジョアンナにとってそれは非常に複雑なものであったが，そうすることでその経験の全体が理解されたのだった。

　このようにして体験を再創造する能力は，コミュニケーションの重要な方法^{メソッド}である。これは決して精神療法の場合に限られるものではなく，人間の体験の一部として，私たちが日常使うコミュニケーションの一形態でもある。例えば，小さな赤ん坊にとって，それは自分のニーズを伝えるために彼らが自由に使える唯一の手段である。大人たちは，赤ん坊が泣くと動揺しがちである。自分もまた苦痛を経験するので，泣いている赤ん坊に何か苦痛があるということがわかるからである。そこで，大人たちは子どもを静かにさせたいと思ったり，その苦痛を和らげようとしたりするだろう。精神分析の用語では，このコミュニケーションのプロセスは**投影同一化**とよばれる（第1章を参照）。赤ん坊は，自分が取り扱うことができない感情を母親に投影し，母親は自分がそれを感じることを通して，赤ん坊に代わってその感情を処理することができるのである。

聴くことを学ぶ

　とはいえ，単にメッセージを送るだけでは十分ではない。コミュニケーションは，そのメッセージを聞いて，正確に理解してくれることのできる誰かを必要とする。私たちは聞きたいことしか聞かないことがあまりにも多い。反対に，私たちは心地よいと思うことだけを聞き，それ以外のものを排除してしまうのである。例えば，ジョアンナの物語を聞く時，私たちはいたずらされた子どもの苦しみだけを聞き，一方の興奮や優越感は伝わってこないかもしれない。あまりにも当惑させられるからである。それゆえ痛ましい物語は，どちらか一方では十分には理解されず，果てしなく繰り返し語られるようになるのである。注目すべきは，物語が語られた時の聞き手**自身**の体験，すなわち**逆転移**（第1章参照）である。これはトラウマの本質，そこにいることがいかにつらかったかを伝え，そして痛みの正確な特質を見いだすことを可能にする。メッセージを正確に聞きとる能力は，自分の体験のあらゆる側面に注意を払う能力を必要とし，多くのものに左右される。例えば，泣いている赤ん坊の母親は，食べ物を欲しがっているのか，怖がっているのか寂しがっているのかの違いを聞き分けて，そのコミュニケーションに正確に反応できたり，できなかったりする。もし母親が疲れていたり，別のことに気を取られていたりすると，彼女の聞く能力――そして適切に反応し，赤ん坊の苦しみを「コンテインする」能力が発揮できないことがある。

　他の多くの状況においても，同じようなプロセスが生じているのを見ることができる。しばしば，他者との接触によって思考や感情がかき立てられる。ある時には，おそらくあまりにも心がかき乱されるために，それは無視されてしまう。またある時には，注意を向け，その後の行動が大きく左右されてしまったりする。例えば，魅力的なセールスマンの話を聞きながら，それを買おうと考えていた人の脳裏に，そのセールスマンがオフィスに戻って仲間と笑いあっているちょっとしたイメージが湧いてくる。そのイメージがその人に警戒心を抱かせ，もしかするとだまされやすい客だと笑われているかもしれないと思い，セールスマンと商品の両方の信頼性を再度確認しようとするかもしれない。一方，自分が自信たっぷりの詐欺師の被害者になるという考えがあまりにも不安をかき立てるとしたら，逆にその厄介なイメージは無視されるかもしれない。

精神分析的精神療法家のトレーニングの基本的な部分は，自分自身のなかに引き起こされる感情に留意することを含めて，患者が持ち込んでくるさまざまなレベルの素材に注目することを学ぶことである。このことは，グループや組織を対象として働く時も同様に重要である。つまり，私たちは，実際に語られたことだけに注目するのではなく，その時の雰囲気や自分の感情に注目することができれば，非常に多くのことを聞き，そして学ぶことができるのである。

　　ダニエル・フィンチ薬物依存クリニックのスタッフが，職場がとても働きにくくなってしまったので，私にコンサルテーションしてくれないかと聞いてきた。彼らが何を援助してほしいと思っているのかをはっきりさせるために，私は最初にスタッフと会う約束をした。最初の出会いで私がもっとも強烈に記憶しているのは，恐怖である。というのも，その部屋に何十人もの人たちがいて，全員がじっと私を見つめ，私が彼らの抱えている問題に対して何かしてくれるものと見ているような感じがしたからである。このような大勢の人に私は何ができるというのか？　ドアが開き，また何人かなかに入ってきた。そしてさらにまた何人か。あと何人いるのか？　私はいすの上で凍り付いていた。私はこっそり頭数を数えた。16人。私は同時に２つのことを思った。１つは，「おや，これで全部？　16人ならなんとかなる」という思い。もう１つは，「私１人でどうやって16人もの人とやっていけるだろうか？」という思いだった。しかし，私は自分が一人ぼっちではないことを思い出した。ここは豊富な経験をもつクリニックなのだから。こうして，私はこれまでの経緯を思い返し，自分の役割を思い出すようにした。また，自分がかつてこれよりもっと大きなグループを相手に仕事をしたことがあることを思い出し，数で圧倒された感じがしたのは，おそらくスタッフの体験について何か重要なことを私に伝えているのだと気がついた。このことによって，私は自分がそれをやるために来た仕事に取りかかることができた。つまり，彼らがいったい何を求めて私にコンサルテーションを頼むことにしたのかを見つけ出すという仕事である。

　こうした最初の時のことについて語るのは，それを体験するよりもずっと時間がかかるが，注目するだけの価値はある。それは，組織についての膨大な量の情報を提供してくれ，効率よくコンサルテーションの最初の導入へとつな

がっていった。一群の人びとの雰囲気は，このクリニックで働くとはどういうことなのかについての1つの側面をまざまざと伝えていた。つまり私が経験していたものは，治療を待つ大勢の人々によって押しつぶされそうになっているスタッフが経験していたものを映し出していたのである。彼らは，人員配分は減り，需要は増える一方という状況下で，要求の多い大勢のクライエントたちに対処しようとしていた。AIDSやHIVに関連した問題のために，患者数は何倍にも増え，プレッシャーは増大し続けていたのである。

　ずっと後になって，クライエントに呑み込まれそうになっているという最初の印象を裏付ける数字が明らかになった。その前の年，チームは毎月約30名もの照会患者を診ていた。常勤スタッフの週平均担当患者数は26人だった。おのおのの職員にのしかかるプレッシャーの量，覚えなければならないケースヒストリーの数，目の当たりにした痛みのレベル，扱わなければならない投影や逆転移といった現実のすべてが加わり，途方もない仕事となっていた。実際，圧倒されたという感覚は，このクリニックで働くことの主要なストレスの1つだったのである。

　人は，新しいグループと出会う最初の瞬間には多かれ少なかれこの種の不安をいつも抱くと思うかもしれない。そこで，別の始まりを紹介して比べてみよう。

　　　ある病棟で働く看護師の何人かが，自分たちの仕事の困難さについて考えるためにグループをしてほしいと依頼してきた。それはシーハン病棟という，特別ながん治療を提供するので有名な専門ユニットの一部であった。私が最初のミーティングのために病棟に到着した時，前もってじゅうぶん打ち合わせていたにもかかわらず，誰も私を期待して待っていてはくれなかった。私が名乗ると当惑した様子で，それからようやくわかってもらえたようだった。そして，小さな部屋に案内され，担当のグループの看護師たちがすぐに来ますからと言われた。テレビが大音響でがなり立て，黒板には「本日2時30分，ディドリー・メイブラーのサポートグループ」と大きく書かれていた。時間だけが正しかったが，それさえも誰も現れなかったところをみると，ほとんど意味がないことが明らかだった。私はとても居心地が悪かった。前もって打ち合わせをしていたにもかかわらず，誰も私が何者か，何のためにここにいるかを知らないようだったからである。ようやく，数人の看護師たちがやってきて，彼女たちだけでおしゃべりし

ていた。彼女たちはコーヒーを入れ，まるで私が目に入らないかのように，私と大音響のテレビを無視した。私は腹が立ってきて，無力に感じはじめたが，何と言えばいいのかわからなかった。この最初の数分間のドラマティックでつらい私の体験は，のちに，このグループの主な関心事の1つを反映していたことが判明した。セッションを何度かやったあとで初めて，物語が語られるようになり，私にもそれが理解できるようになったのである。

　メアリという1人の看護師が，ウルリッチという英語がほとんど話せない患者の部屋に行く時のつらさと申し訳ない気持ちについて，感情を込めて語った。彼のような患者はこの病棟では珍しくなかった。彼女は，明らかに怯えて怖がっている若い青年を無視して治療の手順を進めていることを，とてもひどいと感じていると語った。というのも，彼に治療について説明することができなかったのである。ウルリッチが自分にいったい何が起きているのかわからず，怯えて孤独であることに気づきながら，彼女は素早く仕事をすませて彼の部屋から立ち去り，できる限り彼を避けようとした。彼女は，患者に説明したり，患者を安心させたりする，ふだん使っているスキルを使えないために，無力感を体験していた。ウルリッチと同様，メアリもコミュニケーションをとることができず，彼と同じく彼女もまた怯え無力と感じており，予期せずこのようなつらい体験を耐えなければならないことに，時として怒りを感じていた。また，ケアと思いやりについての自分自身の高い基準に自分が適っていないことに，罪悪感も抱いていた。

　メアリの体験は，ウルリッチの体験に非常に近いものであったはずである。彼は，共通言語をもたなかったために，投影同一化という原初的な無意識の言語によってしかコミュニケーションをとることができなかったのだ。ウルリッチが自分の感情をメアリに投影したために，彼女は彼とかかわるたびに無力感や恐怖，怒り，罪悪感といったつらく強烈な感情に対処しなければならなかったのである。メアリが自分のもてる能力の最善を尽くして仕事をしたいという希望をもち，ウルリッチと意志を伝えあいたいと強く望んでいたために，とりわけこうした体験をしやすかった。実際にこの状況でメアリは納得のいく仕事をしており，医療面での彼女の仕事の質は落ちていなかった。彼女と患者の間の無意識のコミュニケーションを理解することによって，彼女はウルリッチと

いても強い感情に圧倒されずにすむようになり、その病棟の患者でいるという体験、すなわち、がんを患うことへの怒りと無力感、そこから逃げ出したいという強い思い、を自分が体験していることが理解できるようになった。このような理解によって、つらい感情をかき立てる状況を避けるのではなく、もっと耐えられるようになるのである。

　このコンサルテーションの始まりを振り返ってみると、私自身の体験――とりわけ、ここで私が感じた孤独や無力感、言葉にできない感じ、誰も私が何者かを知らず、私とコミュニケートしたいとも思わないという感じ――が、どのようにこの病棟のスタッフもしくは患者でいることの苦痛な面を映し出していたかがわかる。英語をほとんど話せない患者とのかかわりの難しさが強調されていたが、同じ言語を話す患者との間にも同じ困難があった。結局、病いや苦痛、あるいは早すぎる死、あるいは化学療法の後に15歳の少女の髪が抜け落ちることなど、どんな言葉で説明したらじゅうぶんといえるだろうか？　その病棟のスタッフが、致命的な病いに直面して無力感を抱いたり、悪い知らせを伝える際に困難を感じたりするのは、避けられないことだったのである。

　それゆえ、私のこうした最初の感情体験がとても強烈だったとしても、驚くにあたらない。私自身の体験を思い出すことによって、一刻も早くウルリッヒから離れたい、これ以上彼と接触したくないというメアリの衝動を私は理解することができた。こうした不快な感情を避けずにとどまることで、スタッフは自分たちが何をしているのかを理解できるようになり、徐々にがん患者の病棟で働くという現実に耐えることができるようになった。その病棟では、治療に成功するという喜びも時にはあったが、死にゆく患者を見る時の悲惨な無力感もあったのである。

投影同一化と組織のストレス

　これまでの事例は、以下の2つのポイントを描き出すためであった。1つ目は、もし投影同一化がコミュニケーションとして理解されれば、それは有用な性質を持つということである。組織コンサルタントの1つの任務は、スタッフがこのコミュニケーションを理解し解釈することを学ぶよう援助することである。2つ目は、とりわけ少なからず常にクライエントの投影にさらされるために、スタッフが対処しなければならない困難さを強調することである。スタッ

フは，適切で役に立つ自分の防衛をもつ必要がある。さもなければ，絶望や病気，ひきこもりなどに屈してしまい，理解できないがゆえにどうすることもできない投影同一化のプロセスにクライエントとともに巻き込まれてしまうだろう。クライエントグループの苦しみが深ければ深いほど，こうした無意識のコミュニケーションが支配しがちになる。メアリや泣いている赤ん坊の例に見たように，そこに多くの痛みがある時は，それを避けようとするのが自然な反応である。スタッフグループは，このように自分たちに投影されたものを理解したり対処したりするのを避けようとする傾向があり，また，痛みを取り除く方法として，彼ら自身が投影同一化に頼ることによって自らの処理されない感情に対処しようとするのである。これが支配的になる時には，グループが他の対処方法を見つけることはたいへん難しくなる。明解に考えることも，問題の根源を突き止めることも，適切で創造的な解決方法を見つけることも，ほとんど不可能に近い。こうした状況では，スタッフのバーンアウトもまた大きな問題となりやすい。

　私がダニエル・フィンチ薬物依存クリニックでコンサルテーションを求められたのは，スタッフがやる気をなくしていた時であった。リストラの脅威もあったが，多くはそのクリニックを支配する絶望感ゆえに辞めようとしていた。彼らが骨の折れる仕事を引き受けるうえで適切かつ有用な防衛策を見つけることは困難であった。なぜ彼らの仕事はそんなにも大変なのだろうか？　1つの理由は，仕事の日常として，そのクリニックでのコンサルテーション初日に私自身に起こったことに似たつらい逆転移感情をスタッフが体験しており，それを処理しなくてはならないことであった。しかもたいてい，これが今起こっていることであるときちんと意識されることはなかった。非常な苦しみにあるクライエントが絶えず，その苦痛に満ちた体験をスタッフに投影していた。なぜ自分たちがこんなにも絶望しやる気をなくしているのかを理解することができなければ，スタッフに残された唯一の手立ては，クリニックを辞めること，すなわち自らのなかにある痛みを知ろうとしないことで，痛みをどこかへ追いやろうとすることだった。そのいくつかの例を次に述べる。

　薬物依存者は，混沌と不確かさに満ちた内的世界と共に生きていることが多い。薬物は，しばしばこの恐ろしい混乱の体験から逃れるために使われる。現実は歪められ，例えば薬物は自分たちの生活に非常に有益な効果があるとか，孤独や絶望などから救い出してくれるものだとか，自分で自分を信じこませる

ようになる。薬物依存を維持するために必要な有害なライフスタイルに加えて，薬物がもたらすダメージという現実には長く耐えられるものではない。真実と現実に対する攻撃によって，内的外的な混沌を認めることから防衛され，それがまた，内的混乱を悪化させることになる。薬物依存者をケアする者もまた，この真実と現実に対する攻撃にさらされる。つまり，現実に何が起こっているのかについて不確かな世界に生きつつ，専門家として決定をしなければならないのだ。例えば，患者が違法なドラッグを手に入れるという犯罪の世界から離れて，より健康なライフスタイルを構築するために，ヘロイン代わりのメサドンを繰り返し処方することについて意思決定をしなければいけなかったりする。

　　　ダニエル・フィンチクリニックに最近照会されてきたジョナサンが，担当ワーカーのポールに，誰かに襲われてメサドンの処方箋を盗まれてしまったので，追加でメサドンを処方してほしいと言ってきた。これはすべて本当のことなのか，真実が歪められているのだろうか？　ジョナサンは襲われたのか，それともガールフレンドがメサドンをポケットに入れてしまったのに目をつむったのか？　それとも，すでに処方箋を使ってメサドンを手に入れ，ブラックマーケットで売りさばいたのだろうか？　もしポールが新しい処方箋を与えたら，彼は騙されたことになるのだろうか？　もし与えなかったら，すでに苦しんでいる人をさらに傷つけることになるのだろうか？　もし，ジョナサンがそう言って脅かしたように，メサドンがないせいで，彼がヘロインを買う金を手に入れるために犯罪を犯したとしたら，それはポールの責任だろうか？　今やポールは，疑惑と不確かさ，罪悪感，怒り，そして内的な混沌を体験していた。事実，その時の彼の心の状態は，クライエントの心の状態を映し出していたのだ。

この心の状態を意識し続け，理解しようとし，同時に専門職として機能しようとすることはとても難しい。スタッフが対処するために防衛を発展させるのはすこしも不思議ではない。いくつかの防衛は必要であり，進歩や創造性，成長に役立つことがある。しかし，こうした状況では，クライエントと同じ防衛を用いる方向に強く引っ張られる。クライエントとの投影同一化にはまって，ワーカーも同じようなやり方で動いてしまう可能性があり，また実際やってしまうのである。

グループのメンバーであるハリーはあるミーティングで，その病棟の将来と彼が翌年やろうとしているプロジェクトについて長々と語った。他のメンバーもディスカッションに参加し，ディスカッションは生き生きと刺激的であった。一方，私自身は困惑していた。すでにハリーは退職届を出し，まもなくこの職場を離れることになっていると思ったからだ。私は疑いでいっぱいになった。彼がいなくなるというのは私の想像なのか，もしそうだとしたら，なぜ私はそう考えたのだろうか？　私は何も言う気がせず，ディスカッションが進むままにしていた。しかし何かおかしいと感じ，私は自分の疑いを口にしてみようと決めた。

私の心の状態が，前に述べた不確かさと混乱に似ていることに注意してほしい。スタッフと同様，私は自分の記憶や何かがおかしいという勘が信じられるかどうか自問自答した。それは，ちょうど彼らが自分の記憶や勘を信用できるかどうか，絶えず自問自答しているのと同じだった。患者の心の状態はスタッフに映しだされ，それからコンサルタントに映しだされたのである。

私はハリーにまもなくクリニックを辞めるのではないかと尋ねた。彼は驚いたようだったが，実際，2週間以内に辞めることを認めた。彼は，それから自分や他のメンバーの話しぶりについて振り返った。彼は自分が辞めることは忘れてはいなかったが，ずっと先のことのように感じていたと言った。まるで時間の現実感を失っていたかのようだった。それから彼は，長い間みていた患者の1人，イアンのことを思い出した。ハリーが辞めると聞いた時，イアンはとても動揺した。やっと，いつハリーが辞めるのかと聞くことができ，3カ月と聞かされた。「3カ月！」とイアンは言った。「でも，ず～っと先じゃん！」。そして彼の動揺は吹っ飛んでしまった。イアンは，時間は過ぎ去るものであり，3カ月経つとハリーがいなくなってしまうという現実がまったく見えなくなってしまっていた。

スタッフグループでは，ハリーとグループは，あたかも決してハリーは辞めないかのように仕事の計画を立てることで，同じ防衛を用いて生き延びようとしたのだ。みんなが，患者との投影同一化にとらわれ，現実の否認という防衛を用いていた。何がそこで起きているかを理解することで，私たちはこの否認

が差し迫った別れと喪失の痛みからグループを守るためであったことに気づくことができたのだった。しかし現実には，別れはやってくるし，チームはとても重要な仲間を失うことへの準備をしなければならなかったのだ。ハリーもまた仕事と楽しい仲間たちを失うことの準備をしなければならなかった。現実に直面して初めて，将来を考えることができるようになるものである。例えば，ハリーのちゃんとした後任をどのようにして見つけだすかという問題をようやく考えられるようになった。ハリーもまた，ここを去るというつらい現実に向き合うことに，自分自身ためらいがあることをよりはっきりと自覚することによって，担当ワーカーを失うという現実に直面することの痛みに自分は耐えられないのではないかというクライエントの恐れをもっと理解することができたのだった。今ようやくイアンもまた，これから起こるであろうことへの心の準備をし，今後の治療に向けてより現実的に計画を立てていくための作業を始めることができるようになった。

　ここでは，耐えがたい現実と直面することへの防衛として，どのように投影同一化が用いられることがあるかがわかる。同じ防衛が患者と治療者の両方に使われており，しばらくの間，問題を避けたいという気になっていた私にもまた生じていた。このような場合，システム全体が感染性のある何かに冒されているようになる。その心の状態は1人の人から別の人へと急速に広がっていき，やがて全員が感染して，誰も現実という痛みに向き合う能力を維持することができなくなるのだ。

　コンサルタントの任務の1つは，スタッフの体験を理解するために，彼／彼女自身の感情を使うことであり，スタッフがどのようにクライエントの投影同一化にはまってしまっているのかに気づけるように援助することである。彼ら自身の体験から目を逸らすのではなく，それに気づき，そして振り返ることによって，スタッフはどうしたら自分の仕事を適切に遂行できるようになるかというタスクについて考えを巡らすゆとりを持つことができるのだ。

　例えば，私がダニエル・フィンチクリニックでコンサルテーションを始めた時，スタッフは自分たちの困難のすべてを無能なマネジメントのせいにしていたが，彼らは怒りながら当の管理者に依存しているように見えた。スタッフは，それほどの不満をもっている管理者に直接対峙することも，自分たちで決断することもできず，仕事そのものから生じる自分たちの無力感や無能感を病棟外の管理職集団へ投影していた。このことにスタッフが気づき始めると，彼らは，

薬物依存のクライエントの感情的反応と自分たち自身の感情的反応とを区別できるようになり、管理者への不適切な依存が著しく減っていった。管理者への不満や疑問は積極的に取り上げられ、ほったらかしにされたままスタッフの孤立無援感や恨みの源となることもなくなった。ワーカーたちは自分たちのサービス向上のために、自分たち同士で、また職場の別の部署とも交渉するなどして、自ら管理責任を引き受けるようにもなった。クライエントとの投影同一化へのとらわれが薄れていくにつれて、彼らはより創造的で満足のいく、効率的なやり方で機能することができるようになったのである。

結論

　この種の理解はコンサルタントのためだけではない。管理者や他のチームメンバーも、距離をもって自分の体験を振り返り、何が起こっているのかを理解するために自分の感情を使うことを学ぶことができる。組織が特定のクライエントグループの困難さや防衛に「感染する」仕方を知ることにより、スタッフはそれが起きた時に気づきやすくなり、回避したり絶望的になったりするのではなく、直接的かつ適切な方法で自分たちの問題に取り組むために自身の感情を使うようになる。

　本章の事例は、重症の患者を扱う組織の例であったが、ここで描かれたプロセスは、タスクが何であれ、どんなクライエントグループが対象であれ、あらゆる組織で見いだされるものである。第Ⅱ部の他の章では、これとは異なる場での、スタッフにかかる特定の無意識のプレッシャーと、組織の無意識の防衛システムについて述べる。こうしたことに気づくことは、選択の可能性を広げる。否認や投影のかわりに、組織の問題に対して思慮深く創造的な関心を抱く余地ができ、健康的な成長と発達をサポートする意識的な方略を開発する可能性が開ける。

第6章
乳児特別ケアユニットにおける感情の問題に向き合う

ナンシー・コーン

　ロンドン郊外の広域を担当する小児サイコセラピストとして，私はある乳児特別ケアユニットSCBU[▶1]の責任者であるコンサルタント小児科医と話したことがきっかけで，その病棟にかかわるようになった。彼女はその病棟のスタッフが，その仕事の特性から特有のストレスにさらされていると感じており，私に力になってもらえないかと言った。スタッフの力になりたいと思うことはさておき，私にはその病棟で働きたい個人的理由があった。私が働いていた児童相談クリニックに照会されてくる多くの子どもたちが，このような病棟で人生のスタートを切っていたことをずっと見てきており，彼らの人生初期の体験はどのようなものだったのかを理解したいと思ったのである。

疑いを克服するということ

　コンサルタント小児科医は私に，その考えについてラーキン看護部長に会って話し合うよう助言した。看護部長と会った後，私は小児病棟の看護師長に会うように言われ，師長はこの病棟にはたいへんなストレスがあることを認めた。彼女は，私を病棟に連れていき，主任看護師のウェンディに何かの助けになるかもしれないと手短に説明をしながら私を紹介し，そして去った。私のその病棟への入り方は，幾分ぎこちなく唐突な感じだった。ウェンディとスタッフにとって私の到来は，歓迎されざる侵入ではないのか？　私がいまここにこうしていることは，私がこれから助けになろうとしている人々への相談もなしに，管理者たちが進めたものなのか？　そうであれば，彼らの目に私がもともとど

[▶1] 英国では，乳児特別ケアユニットSCBUは，看護師1名につき4名の乳児のケアを担当する第一次レベルの乳児病棟である。第二次レベルは，看護師1名が2名の乳幼児を担当する新生児高度ケアユニットNHDUであり，第三次レベルは，1名の看護師につき1名の乳児か，時には2名の看護師が1名の乳児をケアする新生児集中治療室NICUである。

う映っているかが違ってくるだろうし，それによって私が対処しなければならない疑心暗鬼の程度にも影響するだろう。

　はじめ，私は毎週決まった曜日の決まった時間に病棟に行った。毎回何度も自己紹介をし，なぜ私がここに居るのかの説明を繰り返しする必要があった。交代制のために，誰に会うことになるのかがいつも不確かで，最初の頃は，ほとんどがまったく知らないスタッフの集団だったこともよくあった。その都度，このような病棟で働くことはスタッフにとってとてもストレスが大きいと考えられていること，そのことについて話すことは助けになるだろうと，スタッフによく話したものだった。何人かのスタッフはそうだと答え，とてつもないストレスにさらされていると言った。しかし私の存在に戸惑っているのは明らかだった。他のスタッフは，あからさまに敵意を示し，意地悪な反応をした。私が病棟に入っていくと，彼らはまるで私には近づかないでというように背を向けた。彼らは，忙しそうにみえるようにふるまったり，私が歓迎されていないことがわかるような話し方でスタッフ同士でしゃべっていた。彼らは，おそらく私が国民保健医療サービス（NHS）という同じ組織の一員で同じ機関に雇用されているためか，私が何らかの方法で自分たちの欠陥を見つけるのではないか，あるいは管理者に告げ口をするのではないかとさえ恐れているようであった。別の要因は，看護師や，おそらくすべての医療スタッフの感情にあった。つまり，スタッフは自分の感情に対処できなければならないはずなのに，感情について話し合うこと（あるいは感情をもつことさえも）は，対処できていないことを意味すると感じていたのである。その意味では私の存在は批判と受け取られていた。

　看護師でもない私は，その病棟の仕事に入っていくこともできず，看護師たちが何をしているのかを詳細に知ることさえできないからこそ，かえって役に立つことがあるとわかった。そうであるがゆえに私は基本的な質問をすることができ，それまで気づかれないできた仕事の側面についてスタッフが考えるようになったのである。例えば，ある日私は，看護師が痰を喀出しやすくするために，電動歯ブラシを加工したものを使って赤ちゃんの胸のマッサージを行っているのを見た。私が赤ちゃんはそれを気に入っているかと尋ねたことから，その看護師は実際に赤ちゃんがそれを喜んでいることをより意識するようになり，そうすることによって，看護師自身もその手技を楽しんで行えるようになったようだった。看護師は自分たちが赤ちゃんとともに，赤ちゃんに対して，赤

ちゃんのためにしていることについて，いろいろと考え感じていた。私の興味は，彼らにそうした考えや感情を探求する機会を提供したようだった。

　この段階では，私は自分の存在がとくに歓迎されているとは感じていなかったが，かといって疎まれているとも思わなかった。私たちは，しばらくの間，このようなカジュアルなやり方で会話を続けた。ある時は，ナースステーションで座って話したり，ある時は病棟を歩き回り，ケアしている看護師たちに近づいて，「どう？」とか「何をしているの？」とか尋ねた。私は多くの時間，彼らが働いているのを観察しながら，話をしたいと思う人が話しかけやすいように距離を意識しながら過ごした。

　そして，転機が訪れた。私はウェンディにコンサルタント小児科医に会いたいと伝えていた。その約8週間後，ウェンディはミラー医師が病棟回診に来るので，その時に私を紹介しようと言った。ミラー医師一行が通り過ぎようとしたところをウェンディが止めて，私を「病棟に来ている小児サイコセラピスト」ですと紹介した。ミラー医師はいくぶん驚いたように，この病棟の赤ん坊はサイコセラピーにはちょっと若すぎるんじゃないかといった。ウェンディはすかさず「ああ，彼女は**子どもたちのためではなく**，**私たちのためにここにいるん**ですよ。私たちの仕事はストレスフルなので」と答えた。これは，ウェンディが，つづいてスタッフが，私を受け入れてくれたしるしのようだった。

何もしないことによって何かをするということ

　その病棟での決まった活動に比べて，看護師たちが猫の手も借りたいと思っている時に，私がそばに立っていることが彼女たちの助けになっていないようなのは確かだった。私はしばしば，何か実際的なことをしたいという誘惑に駆られた。そして看護師たちもそう感じているのではないか，つまり，両親や赤ちゃんの情緒的・心理的なニーズの面倒をみることは，どちらにとっても「本当の」仕事ではないように看護師たちが感じているのではないか，と考えるようになった。「何かをする」のではなく，赤ちゃんや母親のそばにただいることに彼らが罪悪感を抱いているように見えたのだ。フォローしなければならない緊急かつ実際的な必要処置が非常に多かったため，情緒的なニーズがほとんど重要でないものと見なされてしまうのもうなずけることだった。この病棟の一次（プライマリ）タスクは，結局のところ，子どもたちが生き延びることだったのである。

赤ちゃんの親と座って話したり，赤ちゃんを抱きしめたり，言葉で親たちを抱きしめたりしたいと思っている看護師は多いようだったが，こうした自然な衝動はたいてい潰されてしまっていた。しかし，身体のレベルと同じく情緒的レベルでも家族と接触がもてない時は，看護師はより機械的になり，非情にみえる時もあった。

　この1つの例が，死にゆく赤ちゃんとかかわる時であった。重篤な状態の赤ちゃんはたいていロンドンに送られるので，この病棟での死は他と比べてそう多くはなかった。それでもかならずそれは起きた。ある日，私が病棟に行くと，最近亡くなった1人の赤ちゃんの話になった。看護師の1人が，それは特別につらい出来事だったと話した。彼女は，両親がその死に耐えられるようにできるだけのことはしたいと思っていたが，それができなかったと感じていた。私がその赤ちゃんが病棟で亡くなった時に何があったのかと聞くと，その後は処置に関する話になった。赤ちゃんは，最初，汚物室に一旦置かれ，それから霊安室に下ろされて，そこで両親が赤ちゃんと会った。霊安室では子ども用のベッドがあったのだが，赤ちゃんには大きすぎた。

　どのスタッフも，個人的にはこの処置をいいとは思っていなかったことがわかった。だが，それまでは一度もそのことを話し合っていなかったのだ。彼らは，赤ちゃんが（霊安室に）移される前に，両親が病棟で赤ちゃんとゆっくり過ごせるような時間を作ってあげたかったと言った。この話し合いの後，スタッフは携帯用ゆりかごの購入を決めた。これで，両親が控え室でゆっくりと座って必要なだけ赤ちゃんと過ごすことができるだろう。2週間後に私がその病棟に戻った時，彼らはかわいらしい寝具の入ったゆりかごを誇らしげに私に見せてくれた。彼らは，この次は今回とは異なったやり方で死に対応することができるだろうと感じていたし，実際にそうした。看護師たちは，今では悲嘆を排除するのではなく，悲嘆にくれる場を病棟に作ることについてもっと考えることができるようになった。

　しばらくして，数人の看護師たちが，赤ちゃんが亡くなった後に両親にはほとんど何もしてあげてこなかったけれども，これからは病棟でかかわってきた傷心の彼らにカウンセリングをしたいと私に言ってきた。ウェンディもそのことに同意したので，私はディスカッションとロールプレイを用いて死別に関す

▶2　汚物室 sluice room は，汚れた医療器具の洗浄や汚れたシーツの洗濯などに使われる部屋であるが，英国では赤ん坊の遺体がここに一時的に置かれることがかつてはあったようである。

る一連のセッションができるように計らった。結果として，その病棟に入院していた赤ちゃんが亡くなった後の両親をサポートするための新しいシステムが作られた。それまで行ってきたお悔やみのカードを送ることや赤ちゃんのお葬式に出席することに加えて，スタッフは赤ちゃんが亡くなって3週後と6週後に両親に手紙を書いたり，訪問やカウンセリングを提供したり，病院の教会にメモリアルブックが置いてあることを両親に伝えたりするようになった。私自身も，両親を訪問した後のスタッフと話し合いをもつようにした。

個人のストレス

スタッフと親しくなるにつれ，彼らはより気安く私に特定の問題や困難な感情を話してくるようになった。ある日，私が病棟に着いた時，サリーが私のところにやってきて，午前2時に目が覚めて横になったまま，「神様，ありがとう。明日になったらナンシーが来るわ」と考えていたと言った。これには，私は本当に驚いたものだった。というのも，私はそこまで私が彼らにとって重要な存在になっていると思っていなかったし，彼らが抱える困難について考えることを助けてくれるかもしれない誰かとして見られるまでになっているとは思っていなかったからである。

サリーは，途方もない緊張にさらされ，病棟での自分の実践にとても不安を抱えていた。おそらくは不妊治療を受けていたこともあって，彼女は非常に感情的になりやすく，しばしば涙もろくなった。彼女は自分がミスを犯すようになり，その結果どうなるかをとても心配していると語った。彼女と話し合った後，サリーは師長と話し，小さな赤ちゃん相手の仕事をする時ではないと決断し，別の病棟に異動することになった。また，彼女は数週間休暇を取り，家庭医を通してカウンセリングを受けることにした。

彼女の同僚の多くは，赤ちゃんたちのそばにいることが彼女にとって良いことだと思い，彼女に病棟にとどまるように励ました。彼女が子どもを出産したばかりの母親たちに，そして赤ちゃん自身にさえも，怒りや憎しみ，嫉妬を感じていることに，本人は気づいていたのだが，同僚たちは気づいていなかった。しかし，彼女はそんな自分をよくわかっていたので，それが病棟での仕事に悪影響を及ぼすのではないかと心配し，ケアしている赤ちゃんを危険にさらす可能性があると悟っていた。私と話をした後，彼女は仕事を短期間休み，それか

ら仕事で気持ちをかき乱されることが少ない病棟に移ることで，自分が赤ちゃんのケアをあきらめるとはあまり思わなくなり，自分は自分自身と同じように赤ちゃんたちをもケアしているのだと感じるようになった。後になって彼女は，自分でも苦しんでいることに気づかないでいたつらい問題と向き合うのを助けてもらううえで，いかにカウンセリングが貴重だったかを私に語った。この後，治療も受けずに彼女は妊娠した。

人間関係のストレス

　スタッフ同士の関係——看護師同士の関係と看護師と医師の関係の両方——にかかわることが長年にわたる大きな関心事となっていた。スタッフは，赤ちゃんを救おうとする試みにおいて望みを失い，無力感を抱く時は，たいてい凄まじい怒りとフラストレーションを経験していた。このことはたいてい意識されずに否認され，また自分たちの患者は守らなければならなかったので，スタッフの否定的な感情は代わりにお互いの関係のなかで噴出した。また，たいていは意識されることはないが，彼女たちの行う仕事に内在する葛藤もあった。すなわち，赤ちゃんに対してつらい痛みを伴う処置をしなければならないことと，心優しく親切な人でありたいと願うことの両方と折り合いをつけることである。赤ちゃんにつらい処置をしなければならない時，看護師はその指示を出すだけで自分ではそれをしないですむ医師を無意識のうちに責めることがあった。そうして，仕事上のフラストレーションや怒り，痛みは，別の問題を巡る葛藤に置き換えられる傾向があった。

　私がスタッフに受け入れられるようになるにつれ，このような葛藤のいくつかについて援助を求められた。例えば，しばらく，すべての怒りは主任看護師のウェンディに向けられていたようだった。不満があらゆる方向に飛び火するようになり，ウェンディは自分がひどい目にあっていると感じ，不安になった。そこで彼女は私に連絡を取り，状況を説明し，助けてくれないかと頼んだ。彼女は，自分が何をしてこのような悪感情をすっかりかき立ててしまったのか理解したがっていた。そして私はこれについて彼女が考えていけるように援助することに同意した。私は，問題はおそらく少なくとも一部は彼女が負っている役割の性質に関係していると思うと説明し，何が起こっているかを探求するために，彼女と何回か個人面接を行うことにした。同じ週の後半に，看護部長が

私に電話をしてきて，乳児特別ケアユニットの問題について何かしてくれないかと言った。彼女は，この病棟の雰囲気はとても否定的で，葛藤や不満がたくさんあると言った。私がすでにウェンディから直接相談を受けて，すでにこの問題に取りかかり始めていると聞いて，彼女は驚いていた。

　ウェンディと話し合った結果，私はスタッフが自分たちの耐えられない感情を彼女に投影しているのではないかと感じた。それは，苦しんでいる赤ちゃんや，時には失望し，怒りを露わにしている両親と接する仕事によってかき立てられる感情で，とりわけ罪悪感や自分が満足に働けていないという感情であった。そこで私は，病棟で彼女のすぐ下の地位にいる中堅看護師たちと会って，この問題について話し合い，責任を共有してはどうかと提案した。誰かしらに向けられた感情は，その人物と関係しているかもしれないが，往々にしてもっと別の問題，つまり仕事そのもの，医療保健当局に対するフラストレーション，自分の両親やあるいは権威者との関係の問題などと，どのように関連しているかを誰もが理解できるようになった。中堅看護師たちが結束するようになったところで，私たちはスタッフ全員と会って，彼らが抱えているお互いの関係やウェンディとの関係の問題について話し合うことにした。私とウェンディは2人とも，以前は後輩の看護師と結びついていた先輩看護師も，今はなんとかウェンディのサポートをしてくれるだろうと確信をもっていた。先輩看護師たちは，病棟で何が起こっているのかをよく理解し，今や責めたり不満を言い合ったりするのではなく，思慮深く話し合う方向にグループを推し進める助けとなった。

　こうした話し合いは，はじめのうちは感情の表出の機会として利用された。誰かの陰口を言い合うのは，病棟の円滑な運営に役に立たないことが明らかになってきた。多くのスタッフが気分悪く帰宅すると語った。そしてある感情が生じたら，直接，そしてできるだけ早く，お互いに言い合い，こうした感情にひきずられたり，それを患者や家族や他の人たちに向けるような危険を冒したりするのは止めようということで同意した。

　私たちは，医師との関係の難しさについても話した。医師たちは話し合いには出席せず，別の方法で私を利用することもなかった。これは不幸なことだった。とりわけ病棟に来るたびに大きなプレッシャーにさらされる若い医師にとっては。彼らはたいてい小さな赤ちゃんの治療経験はほとんどあるいはまったくなかったが，それでも何をすべきか知っていてうまくやっていくことを期待さ

れていた。この状況全体が，若い医師たちにとっても看護師たちにとっても，もちろん赤ちゃんたちにとっても，大きな不安をはらんでいた。看護師たちは経験の乏しい医師が複雑な処置を行うのを見なくてはいけないことについて語った。それは時には数分どころか，何時間も続くというのだった。医師と看護師の関係の構造から，ベテランの看護師が特殊な処置をするための最良の方法を医師にアドバイスすることが許されないために，法外な時間，「処置を受けさせられて」いる赤ちゃんは言うに及ばず，関係者全員が強いストレスにさらされるはめになった。私は医師と直接話し合う方法を見つけられず，看護師たちが彼らの怒りや苦しみをコンテインすること，そして若い医師をもっとうまくサポートする方法について考える援助をすることしかできなかった。

つながりを作り出すこと

児童相談クリニックでの仕事柄，私はとくに，出生直後に母と子が一緒にいられなくなった時，母子の絆にどのような問題が生じるのかを理解したいと思っていた。母親と赤ちゃんのよりよい関係を促すために何かできることがあるかもしれない。ある患者を照会されたおかげで，この病棟の1人のお母さんとその赤ちゃんの経験について生きた事例を学ぶことができた。

ピアース夫人は，彼女と2カ月の娘エイミーとの絆が築けていないことをひどく心配した訪問看護師に照会されてきた。ピアース夫人はエイミーをいつも叩いていることを認めており，現実に子どもの安全が危惧された。夫人もまた必死に援助を求めていた。その母子はSCBUに入院していたが，当時私は会ったことも，彼女たちの話を聞いたこともなかった。私は，ピアース夫人のエイミーに対する感情と母娘関係上の深刻な問題が入院中ははっきりと問題になっていなかったことが気がかりだった。スタッフは彼女を能力があって対処できる母親と記憶しており，彼女について特別心配していることはなかった。ピアース夫人の相談に乗っているうちに，今は危険な状態ではなくなったのだが，エイミーが死にかけたことで，ピアース夫人がひどく怒っていることにどうやら大きな問題がありそうだということがわかった。

それでも，入院中にスタッフが何か見つけたり，もっと違うことができたりしたのではないかという疑問が残った。私たちは病棟でこの機会を用いて，どこで母子間の問題が生じたのかを明らかにする方途を話し合うことにした。も

し私が組織内の2カ所の異なる部署で働いていなければ，エイミーが退院した後に何が起こったかをスタッフが聞くこともなかっただろうし，この話し合いもなされなかっただろう。まさにこの話は，大きな組織の異なる部門で起こっていることや知られていることをつなぐ方法がなければ，物事がいかに間違った方向に進むのかを示すわかりやすい例である。

結論

　私は，もともと仕事のストレスのことで病棟に招かれた。それは，未熟で傷つきやすい赤ちゃんのために働くことによって必然的に引き起こされるものについての控えめな表現であることは確かである。スタッフは，仕事をこなしていくために，ある程度は赤ちゃんや自分自身の心の痛みにも距離を取らなければならない。このような乳児にさらされることによって引き起こされる強烈な感情は，過小評価されてはならない。感情表出が可能であることやその必要性を，管理者やスタッフが受け入れることが不可欠である。

　約8年間にわたるこの病棟での私の仕事を振り返ると，こうした感情を扱うために，私が実にさまざまな方法で使われたことがわかる。時に，私は個別にかかわったが，そこでは，彼らが自分の問題と職業上の問題とを区別すること，もしそうすることが適切ならば彼らを指導すること，そして，正しい援助法を見いだすことなどを助けるのが私の役目だった。別の機会には，グループとしてのスタッフにかかわり，彼らの関係性とそれがどのように彼らの仕事の助けになったり，妨害したりするかを探求することもあった。私の機能はいつも，病棟での感情面での問題，すなわち，避けられない悲嘆，痛み，無力感や時に絶望感などへの気づきを促進することであった。こうした感情への気づきと理解が増せば増すほど，仕事ぶりはよくなり，幸せな病棟になった。

第7章
傷ついた子どもたちとの仕事における
不安をコンテインすること

クリス・モーソン

　どのような職務であれ，仕事をする際には精神的な苦痛を伴うものであり，不安や痛み，恐怖や抑うつの状況をなんとか乗り越えたり，逃れたりする方法を発達させてきた個人史をもつ人間として，私たちは個々にそうした苦痛に対処しなければならない。組織においてもまた，私たちは仕事というつらい現実に対する防衛をタスクやルール，手順を調整する方法に組み込むことで，集団として苦痛に対処することを学んできた。私たちの対処法が自分たちの努力を大きく妨害したり，台無しにしたり，ゆがめたりすることがないように，自分たちの仕事の実践のこうした側面を，いかなる方法であれ可能な方法で探求しようとすることは，私たちの義務である。

　自分や他の人々が従事している仕事の世界を理解するためには，仕事の場で日々出くわす特定の痛みや困難に気づく必要がある。オブホルツァーが見てきたように，「組織のプロセスを見る時には，組織での仕事に内在する不安が何であるかの手がかりをつかむことはとても有効である。……（中略）あらかじめ，組織のタスクと仕事の本質についての知識があれば，たとえ『その組織固有の』防衛の本質を知らなかったとしても，そこにどのような不安が潜んでいそうか，かなり正確で役立つ理解を得ることができるだろう（Obholzer 1987 ; 203）。

傷ついた子どもたちとの仕事

　というわけで，大きな教育病院の小児保健チームへのコンサルテーションを求められた時，私はある困難を予期した。彼らが，出生後すぐ，あるいは間もない時期に身体的，精神的にダメージを受けた幼い子どもたちのアセスメントや長期的治療や支援に携わっていることを私は知っていたし，私自身もチームメンバーも，傷ついた子どもたちと日常接する仕事柄，かなりの心理的苦痛と

遭遇するだろうという予想は初めからあった。まさにこれは事実だったのだが，ワーカーたちは子どもたちの生活に何の影響も与えられないことに絶望し，しょっちゅう落ち込んでいるのではないかと，私は予想した。私はまた，彼らが時に子どもたち自身に敵意さえ感じるほど，こうした感情にひどく苦しめられていると感じているだろうと予測していた。強い罪悪感を引き起こしがちなこのような感情は，得てしてその仕事から逸らされて，組織の他の部分へと向かい，そこで仕事の調整や他職種との関係に悪影響をもたらしやすい。

彼らの仕事にまつわるチームの経験を真に理解するためには，定期的なミーティングのなかで彼らが私やほかのメンバーとその経験を共有し，私自身が長期間この経験に身を浸す必要があるだろうということがわかっていた。次の場面は，チームとの初期の集まりからとったものだが，こうした問題についてのいくばくかを示している。

　　ウォールシンガム子ども保健チームの若い理学療法士マリーは，手に障害のある小さな子どもの自宅への訪問について語った。彼女は訪問するたびに自分の治療が子どもにひどい痛みを強いることを知っていた。彼女が子どもの家に足を踏み入れるやいなや，子どもが凍り付き，逃げていくのを見るのは，マリーにとっては悲しいことだった。彼女は，子どもにも母親にも無愛想で事務的な態度をとるようになった。自分が冷たく人を寄せ付けないような態度でいることをはっきりと意識している時もあったが，訪問するたびにたいていは迫害と恐怖という重苦しい感覚だけを意識していた。チームの他のメンバーとその子どもや治療について話す時はいつでも，彼女はやましさを感じて防衛的になり，このケースが自分の仕事の喜びに影を落としていると感じるようになった。罪悪感から自分を守るために，マリーは自分が子どもと適切な職業的な距離をおこうとしているだけであり，時折子どもの母親が文句をいうのは，母親が実際はマリーと近づきたいと思っている証拠で，それは不適切なことなのだと自分自身に言い聞かせようとした。

　　チームと私の最初の頃のミーティングでこのことが検討された時，職業的な距離という問題を公にすることに対する強い反応があり，それが仕事でのつらい感情に対する防衛として使われているという考えに非常な抵抗があった。あたかもグループ全体が，私から攻撃されたと感じているかの

ようで，会合のほとんどの間，私はまるで自分が彼らに望んでもいないつらい治療を強いているサディスティックな人間であるかのように感じていた。彼らは私に，たとえ一時的にせよ，自分たちの仕事のつらさをもっと悪化させるようなことをしてほしくないと，語気を強めた。

マリーを見て怖がる子ども，つまり彼女を癒し手や援助者として認識せず，痛めつけるためだけに家にやってくる残虐でサディスティックな人物だと思っている子どもを前にした時のマリーの傷つき拒絶された感じを，他の職種の同僚，とくにその子どもと身体的な接触のない役割の同僚にわかってもらえたと感じることがマリーにとって重要であることは，はっきりしていた。はじめのうち，とても恥ずかしく申し訳ないと感じさせられる経験について語ることは，マリーにとって非常につらいことだった。チームの望みは，それをマリーの問題として扱うことであったが，そのために彼女のストレスは倍加し，彼女の経験からチーム全体が学ぶことが妨げられた。

無能感に対する強い不安や罪悪感がコンテインされ理解された場で，チームがこの種の経験について話し合えるようになるや，防衛的に冷たく超然とした態度をとることで，子どもはその理学療法士をサディスティックな人と見てしまうという悲しい皮肉を私たちは理解できるようになった。このような子どもたちとうまく仕事をしていくためには，また子どもの親や家族に対してわかりやすくサポーティブであろうとするためには，専門職者はこの種のバリアをめぐらして自分を防御するわけにはいかないのである。

安全な話し合いの場を提供すること

グループでこのような難しい感情をオープンに話し合えるようになるまでは，とくにメンバーが毎日一緒に仕事をしているような場合は，不安や脅かされる感じがコンテインされ，建設的に検討されるために，安全感や敬意，寛容さを提供する必要がある。参加者がふだん他の仕事上の活動でよりも多くの感情を持ち込んでも大丈夫であると思える境界(バウンダリ)のある空間をつくり出すことが必要で，そこには，オープンさや自己を探究するような雰囲気が欠かせない。毎週の同じ曜日の同じ時間にグループミーティングをもち，そして同じように時間通りに終わることがコンテインするという感覚を強くする。時

間厳守それ自体が重要なのではなく、グループメンバーが自分たちの感情によって、話し合いの雰囲気や内容と同じように、「かたち」や構造まで決まると感じるのはつねに不安なものなのである。

　コンサルタントの基本的な傾向もまた重要である。グループの安全感は、コンサルタントが決めつけたり、責めたり、あまりにもすぐに多くのことを「わかって」しまったり、あるいは、簡単な解決策があると信じているように見えたりしないことで大きく促進される。また、グループのメンバーがころころと変わらないことも大事である。グループは、不快な感情を取り除くために具体的な問題の解決に走るよりも、理解を求めて努力することに価値を置くコンサルタントを頼りにするものである。こうした話し合いには組織の一員でないコンサルタントがいてくれると効果的だとグループメンバーはよく思うものだが、いつもそうとは限らない。

　外部のコンサルタントがいてもいなくても、メンバーはミーティングに持ち込まれた内容に耳を傾けることを学ぶだけではなく、コミュニケーションが引き起こす感情が自分たちに、あるいは自分の内面にインパクトを与えるがままにしておくことを学ぶ必要がある。原初的な不安がかき立てられると、不快で望まない考えや感情を自分たちから取り除こうとするのは自然な傾向であり、第5章で述べたようにそうした考えや感情をグループ内外の他者のせいにしようとするものである。例えば、この章で前述した、問題を詳しく見ていこうとしたところ、私が一時的にグループに望まないつらい体験を強いる残酷な人とみなされてしまったことを思い出してもらいたい。仕事のつらさがもっと悪化するような痛い「治療」を自分たちが望んでいるかどうかわからないという私に対して発せられた言葉は、ほとんど両親がマリーに言ったことと一言一句同じだった。しばらくの間、自分の仕事がスタッフから残虐だと思われて、逆に私がスタッフとの間で抱いた悲しみや申し訳ないという感情は、マリーが若い親との間で感じたはずの感情と同じだった。私は、なんとなく責められたような気分でミーティングから立ち去り、彼らの非難からひきこもったり、何かでバリアを張りめぐらしたりして自分を守りたい気分になっていた。そして、このような対応は、専門職としての適切な自己抑制にすぎないと自分に言い聞かせようとしていた。このようにして私は自分自身の感情に耳を傾けていたおかげで、これがマリーの苦境とまったくそっくりであることに気づくことができた。そうして、彼女の感情に耳を傾けることができただけでなく、その感情が彼女

自身によってだけでなく，組織のグループ全体によって防衛されるさまを，自分自身の経験から認識することが可能になった。このようにして得られた理解は，時にはグループに返され，あるいはワーカーからクライエントに返された。そして注意深くタイミングを計って伝えられれば，この理解は強い説得力をもつものである。

　困難な職場状況について話す時，グループメンバーは単に情報を伝えるだけでなく，たいていとても混乱したつらい心の状態をも伝えている。私たちは幼児期から，痛みの感情やそれを経験している自分の一部の「容器(コンテナ)」を得ることができれば，その圧力をいくらか取り除くことができるだろうという期待を育んできている。部分的には私たちは，自分たちの痛みを無意識に取り除こうとする一方で，投影された苦悩の受け手が，自分が耐えることができないものに耐えることができるかもしれないという希望や，自分たちが考えることもできない考えをはっきりと言葉にして，考えたり不安を持ちこたえたりする能力を自分のなかに育ててくれるのではないかという希望をもってもいる。（投影同一化と名づけられたこれらの複雑なプロセスは，第5章で詳述されている。Bion (1967)，Klein (1959) も参照のこと）

不全感を背負うこと

　多くの職場で，コンテインされる必要のあるもっとも重要な不安は，（自分がじゅうぶん役割を果たせていないという）不全感として経験されているものである。次の例は，トムソーヤー思春期病棟のスタッフへのコンサルテーションからの例である。彼らは難しい患者のグループについて訴えていた。

>　自分がこの追い詰められたグループのニーズに合っておらず，まったく無能で，コンサルタントとして役に立っていないという感じがだんだんと募り始めて数週間経った頃，私はメンバーの1人から威丈高に，私（コンサルタント）がいないほうがうまくいくだろうと言われた。自分たちは組合の会合でも，エンカウンターグループでも，もっとましにできるだろうと。私は，あざけられ，馬鹿にされ，幾分挑発されたように感じた。チームの別のメンバーは，私がいつも彼らを本来のタスクから逸らそうとばかりしていると文句を言った。3人目は，わざとらしく気遣った口調で眉間

にしわを寄せ，なぜ私のような人間がいつも物事を深く探って混乱をまねくような真似をするのかと尋ねた。結局のところ，彼らは困難な仕事をやり遂げるために，放っておいてほしいと願う実直なワーカーだったのだ。別のメンバーは，なぜ私が彼らのことで悩んでいるのか不思議で，一種のマゾヒストではないかと思っていた。

　私が怒りを爆発させる限界まで来た時，それまで沈黙していた１人のスタッフメンバーが，最近，どれほど自分の仕事に絶望しているか，みじめに感じているかを語った。彼女は努力して働いても，何人かの思春期の患者やその家族から攻撃されてしまうと感じていた。それから別のメンバーが，自分たちをサポートするはずの管理職がしょっちゅう仕事の邪魔をするように見えると付け加えた。そこで，最近チーム全体が，困難で微妙な状況にある病棟の運営に関して管理職から批判されていたことがわかった。

　この時，私は自分の抱いた感情の意味と，グループからそう感じさせられた仕組みを理解することができた。そして，自分たち自身とその仕事が攻撃にさらされているという，チームの深いところにある感覚を私は言葉にすることができた。そのせいで，一部は彼ら自身の感情を取り除くために，また私に自分たちがどう感じているかを示すために，私が彼らとかかわることを諦めるか，さもなければ報復するまで，自分が必要とされず，役に立たず，攻撃されていると私に感じさせることが彼らには必要だったのである。それが，私に理解してもらえる唯一の方法だったのだろう。彼らがよく，仕事を辞めるべきか，翌日は休もうかと考えながら帰宅していると語っていたように，彼らは１カ月の間，自分たちのもとに来つづけることができるほど私が粘り強いか（はたまたマゾヒストか）を試していたのである。沈黙していた例のメンバーは，私が諦めずに来つづけ，「さっさとけりをつけ」たりしないことを密かに期待していたといった。彼女はまた，事の成り行きがいよいよ難しくなった時に私が相談できる人がいるのだろうかと思っていたと話した。

　こうして，話し合いの空気が変わった。この部屋で起きていることをふり返り，それとチーム内の最近の問題やより広い組織内の問題とをつなげて考えることができるようになったのである。例えば，ひどい苦しみのなかにいる患者や家族がその不安を和らげるために，チームが私に対して用いたのと同じような投影同一化をスタッフに対して用いるせいで，困難な状況が引き起こされる

のだと考えられるようになった。スタッフの感情は，繰り返し，役立たずで無能だと感じさせられてきた親たちの感情を映し出したものであった。親たちがそのような不適格感に耐えられなくなった時，「さっさとけりをつけたい」という誘惑が強くなりすぎて抵抗できなくなることがあった。そして，それはまさに病棟の多くの子どもたちに起きていたことであった。子どもたち（そして彼らの親たち）にとって精神科病棟に入院するということは，彼らの親の役割を果たすという仕事が厄介すぎて，「けりをつけ」られてしまった証拠と感じられていた。子どもたちは，親が抱かされているのと同じ感情をスタッフにも味あわせていたのである。その次に，スタッフはこの暴力的で，やる気をなくすような感情のインパクトに私が耐えるように強いた。さらに，私が自分自身のサポートのための資源をもっているかどうかという（あるスタッフが抱いた）疑問が，患者からのそうした投影を受けながらも，チームがマゾヒストにもならず，「けりをつけて」辞めてしまったりもせずにいるために，サポートと理解を必死に求めている感情とつながっていることもわかった。

　グループは，私が自分たちを職務から逸らそうとしていたのではなく，自分たちが無意識に私に仕事をさせないようにしていたと感じられるようになってきた。私に対して集団で不愉快なことをしたと気づいて，彼らは罪悪感をもったが，それは私たちがともに困難を切り抜けて発見した現実でもあった。これはいかなる抽象的な議論や講義よりも遥かに価値があった。講義は，フリーディスカッションがよくない，意味がないと思われた時に彼らが提案したものであった。スタッフは，はっきりと自分たちの攻撃にさらされながらも，報復したり，自分たちを見捨てたりすることなしに感情をコンテインしてくれる誰かを経験することができた。リフレクションを用いて感情を管理し理解に至ることが実際に示されたことで，彼らはその必要性を確信するようになり，前に進むことができるようになった。次のミーティングでは，私が彼らにお手上げの状態になってしまうのではないかというスタッフの恐れと，自分たちがあまりにもネガティブでちゃんと応えようとしないでいるとスタッフが面倒を見てくれなくなってしまうのではないかという患者たちの不安とをつなげて考えることができるようになった。スタッフは，自分があまりの傷つきと怒りで仕事が続けられなくなるのではないかと恐れていること，そして実際に，外傷体験をすでにもつ患者たちを見捨ててしまいかねない状態にあったことを認めることができた。このことは，爆発するか彼らのもとを去るかしたくなった私の衝

動に映し出されていたが，行動に移す前に何とか自分でコンテインすることができたのだった。

病院で働いている人々がよく出会うもう1つの不安は，死に直面した時の無能感と関連している。とくにつらいのは，子どもや赤ちゃんが亡くなった時である。死そのものに対する悲嘆の上に，命を救うことに失敗したという感覚がある。次の例は，ウォールシンガム子ども保健チームへの私が行ったコンサルテーションからとったものである。

> 椅子を円形に並べていた時，ドアのすぐ外から，「集会 séance はここ？」という大きな声がとどろき渡った。コンサルテーションの開始時間までは5分あったので，まだドアが開いていた。その声は，上級コンサルタント小児科医であるロイス医師のものだった。ロイス医師には，このミーティングに何回も参加を求めていたのだが，今まで出席したことはなかった。まるで誰もこの声を聞かなかったかのように，目に見える反応は何もなかった。しかし，ミーティングが始まると，私にはいつもと違ってぐずぐずして，気乗りしない様子が見てとれた。チームメンバーはお互いちらちらと顔を見合わせたかと思うと，さっと視線をそらせた。それから仲間の医師たちが参加しないことについての不満の声がちらほら上がり，どうして先生たちはこのミーティングを軽視するのだろうという声もあった。
>
> それを聞きながら，私は自分たちの仕事に対するどのような否定的な感情が，その場にいないスタッフのせいにされているのだろうかと思った。私は過去の，医師が出席しないことについての同じような発言を思い出した。病棟でよく見られた態度は，会議に出席しない人は多忙で，それはそれで立派であり，出席する人は時間がたっぷりあるというものであった。さらに私は，その週は何人かの子どもが急変し，赤ちゃんが1人亡くなった週であったことを思い出した。全員が椅子に着くまでかなり沈んだ雰囲気があり，いつもと違って誰もコーヒーを入れようとしなかった。私はロイス医師の冗談ぽいけなす調子で発した言葉についてふたたび考えている自分に気づいた。集会 séance には，死者とコンタクトを取ろうとする降霊会の意味があり，メンバーたちは喪失に直面したくないと感じているのではないだろうか。こうしたことを考えながら，私はロイス医師の言葉を取り上げる決心をし，だれもその言葉に返事をしなかっただけでなく，ま

るで何も言われなかったかのように一緒になってふるまおうとしているように見えることに驚いていると言った。私は，自分たちの痛みと喪失は簡単に軽視されてしまうと感じているのだろうかと尋ねた。

すると，ほかの誰よりも子どもたちと感情的に近くなる傾向のある理学療法士のアリソンが，病院で悲嘆の感情を表現することの難しさについて語った。作業療法士のジョアンは，上級小児科医が子どものベッドサイドで泣いていたのを見て，ほっとしたと語った。アリソンは，看護師たちは，悲しんでいると「感情的に巻き込まれすぎ」とレッテルを貼られると言い，それに呼応するように，別のメンバーが「何事も我慢する」文化について不満を言った。そこにはたくさんの問題があったが，私が選んだのは，グループがその時，この抑圧的な文化を自分たち自身の内部にあるものとしてよりも，看護師に特有のものとして考えるほうを好んだということであった。彼らが，自分たち自身の「何事も我慢する」傾向，そして自分たちの内にある意識的・無意識的なレベルでロイス医師のからかいに相当するものに向き合うことができた時に初めて，亡くなった赤ちゃんを悼み，その喪失が意味する自分たちの失敗や限界を悲しむという，今必要な喪の仕事をやりとげることができるだろう。

これは感動的で生産的な話し合いだったし，明らかに安堵が共有されたにもかかわらず，私にはここで学んだ教訓が一般化され，どこか別のところで活かされるかどうか，疑問のままだった。おそらく，職業的な防衛を下ろすことができ，あのような痛みを伴う体験を探求できたのは，このような特別な場だったからこそ，だろう。

結論：成長と発展の条件

このことから，グループにおける成長と発展の可能性とどうすればそれをサポートできるのかという問題が浮かび上がってくる。例えば本章や他の章で述べたように，つらい職場状況が繰り返し何度もワークスルー[1]される時，ある程度個人の変化が生じることが可能になる。組織の実践を綿密に吟味し，時に変化

▶1 ワークスルーとは，精神分析用語で「徹底操作」とも訳される。分析中に表れるクライエントの抵抗を，解釈を重ねることによって乗り越えていく作業のことをいう。

を生じさせることもできるが、それは困難や抵抗なしには成しとげられない。上に述べた「空気の変化」とは、グループのなかで、自分自身を守ろうとする努力が、いかに他者をひどく扱うことになるかに気づいたことで、非常に防衛的な疑心暗鬼の態度が抑うつに似た後悔の態度に変わったことを指している。私がこの章で述べた体験は、私にとっての不愉快さのみならず、**妄想－分裂態勢**から**抑うつ不安**が優位の状態への変化を如実に表した例として際立っている（第1章参照）。以前の妄想－分裂態勢においては、攻撃と絶滅、非難と罰に対する恐怖があった。妄想的な不安に対する原始的な防衛が、激しく感情的に暴力的なまでに大きくなりすぎれば、現実との接触が断たれてしまう。例えば、ウォールシンガムチームが、重度の障害をもつ子どもたちに期待しうる改善の程度について、偽りの希望をもたなくてはというプレッシャーにさらされていると感じていたように、スタッフはダメージの大きさと自分たちが提供できるものの限界という現実を否認することがある。

　しかしながら、情緒的な空気の変化は、不安からの解放をもたらすわけではない。そのかわりに、他者が自分たちにしていることへの恐れは、自分たちが他者にしてきたことへの恐れにとって代わられる。これは、真の思いやりの基礎となるが、罪の意識と自身の無力に向き合うことは耐えがたい痛みを引き起こす。もし、こうした不安がコンテインされなければ——したがって耐えることができなければ——より原始的な防衛に戻ってしまい、仕事や精神の健康を損なうことになりやすい。例えば、赤ちゃんの死を悼むスタッフの場合、グループディスカッションで感情がワークスルーされるまで、悲しみや喪失は否認やからかいにとって代わられていた。

　私は、痛みやストレスの多い仕事に従事するスタッフにとって、仕事が引き起こす不安とその影響について考えるスペースが与えられることが、どれほど重要であるかを示してきた。こういう場をもたないことの代償は、クライエントにとっても、働き手にとっても、たいへん大きい。コンサルテーションは切実に必要とされているサポートを提供するだけでなく、もし、痛みや困難に耐えることができればであるが、グループやより広範な組織の人々に洞察と変化の機会を提供することができる。

第8章

死が私たちを分かつまで
高齢者ケアにおける思いやりと冷淡さ

ヴェガ・ザジェ・ロバーツ

　老化が長く生きた人々すべてにとっての運命である限り，高齢者をケアすることには特有のストレスがある。自分自身の将来的な身体的精神的な衰えと自立性を失ってしまうことへの不安がかき立てられることは避けられないのである。自分たちが思いやりと冷淡さ[1]とが入り混じった感情を抱き，それを示してきた年上の世代，とくに両親，さらには祖父母，教師などとのかかわりにまつわる記憶や怖れもまたかき立てられる。本章では，ある高齢者のための病院でこうした不安がどのように取り扱われていたかについて検討する。しかし，ここで述べたプロセスは，すべてのケア労働のなかにある程度存在している。

施設

　シェイディグレン[2]は，とくべつ病気ではないが，集中的な長期にわたる看護ケアが必要な重度の障害をもつ高齢者のための専門病院であった。その専門病院には2つの棟があり，小さいほうの北棟には，ゆくゆくは退院できるだろうとみなされている患者たちのためのリハビリテーション病棟が3つ入っていた。南棟には，二度と病院の外で生活する見込みのない患者たちのための継続ケア病棟が4つあった。
　南棟の4つの病棟は，とりわけ寒々とした気の滅入る病棟だった。ベッドは，それぞれの病棟の端にぐるりと円形に，中心を向いてきちんと並べられ，その中心から主任の看護師が患者全員を注意深く見張れるようになっていた。ベッ

▶1　ここではわかりやすく「思いやりと冷淡さ」と訳したが，原書では「ケアリング caring と反ケアリング uncaring」である。しかし，本章の最後では，原書のままの表現のほうが適切と考えられたため，「ケアリングと反ケアリング」という用語をそのまま使っている。
▶2　訳すと「日陰の谷」となる。

ドとベッドの間には、小さな洋服ダンスと引き出しのついたチェストがぎゅうぎゅう詰めに置かれていた。個人の所有物のためのスペースはほとんどなく、実質的にプライバシーはなかった。数人の患者は歩行器で動きまわれたが、他の患者たちはベッドにいるか、椅子にじっと座ってほとんどの時間を費やしていた。ほとんどの患者が身体的ニーズを看護スタッフに全面的に依存しており、決められたスケジュールに沿って食事やトイレや入浴の世話をされていた。

　看護師の身体的ケアは高い水準を維持していた。褥瘡や事故はほとんどなく、病気もほとんどなく、患者たちは清潔で栄養も行き届いていた。しかし、シェイディグレンの管理者たちは、南棟の患者の生活の質QOLが低いことを心配し、南棟の上級看護師にその状況を改善するために何ができるかを探るための作業部会を作るように依頼した。患者のQOLは、その病棟で働くスタッフにとってのQOLと関連させて調査してこそ意味があること、そしてまた、もしほんとうに変化を起こそうとするなら、他の重要な病院スタッフもそのプロジェクトから除外するわけにはいかないことも明らかになった。その結果、作業部会は拡大され、患者に治療を提供する他の部門の長が加わった。外部から2人のコンサルタントが導入され、作業部会が継続ケア病棟におけるストレスについて考え、それにどう対処すればよいかを検討するのを助けることになった。コンサルタントたちはその後、シェイディグレンの上級管理者にレポートを提出し、そこに結果と提言を盛り込むことになった。

ストレスと専門職間の葛藤

　看護師たちのモラール[3]はとても低く、看護師と患者の治療に携わる他の職種グループとの関係は、協力的であるというよりむしろ敵対的で競争的だった。看護師たちは、正当化されていないわけではないが、支援もされず評価もされないまま、骨は折れるが感謝されないルーチンの身体的ケアという最悪の部分を引き受けさせられていると感じていた。この種の仕事は、看護専門職のなかでも——ちょうどこの病棟の患者たちは社会的地位が低いと見られているように——低い地位にあった。そして、シェイディグレンの古参の看護師の多くは、別の仕事に就くために必要な訓練や熟練した専門技術を身につけていなかった。

---

[3] 職務に対する意欲、士気、やる気のこと。

彼らは，医師や家族や社会など，他の誰もが見放し排除したいと思う人々のゴミ捨て場として自分たちの病棟が使われていると感じていた。しかも，彼らは充分よく面倒を見ていたので，誰も患者を拒絶しているなどと罪悪感をもつ必要はなかった。看護師たちは，同僚や患者や患者の家族から肯定的なフィードバックをほとんど得ていないばかりか，仕事をよくやったという感覚がもたらす内的な満足感も乏しかった。ここの病棟が，自分自身や愛する人間が人生最期の年月を過ごしたいと望むような場であると感じている者は誰もいなかった。

　回復が見込まれる患者のための病棟と，回復が見込めない患者のための病棟に病院が二分されていることは，患者とスタッフ双方にとって問題を悪化させていた。多くの患者たちが北棟から南棟に移されると，まるで死の宣告を受けたかのように，まもなく亡くなった。継続ケア病棟のスタッフは，せめて幾人かでも患者の状態が回復して地域に戻っていくのを見届けるという希望と満足感のどちらも奪われていた。病院を2つに分けている理由として，2つのタイプの患者たちはそれぞれ異なる治療的アプローチを必要としているということが挙げられていた。根拠はほとんどないのだが，患者の病状がまるで感染でもするかのように，「不治の」患者がいると病状の軽い患者の回復を遅らせてしまうとも言われていた。

　同時に，看護師たちは，ホスピスでのように患者が死にゆくための援助には携わっていなかった。ほとんどの患者は病状が非常にゆっくり進むため，何年もその病棟に居続けていたからである。看護師たちが徐々に侵略してくる衰弱とひたすら闘うことで，あたかも患者たちは「状態を維持している」ように見えた。こうしたことすべてに直面するうちに，新しく異動してきた看護師たちの理想主義や情熱はあっという間に消えていった。彼らが提供した新しいアイデアは，非現実的，あるいは妨害行為だとまで言われ，却下された。結果として，アイデアや選択力のある者が長くとどまることはめったになく，看護以外の部門のスタッフはリハビリテーション病棟に集中して力を注ぐ傾向があり，継続ケア病棟の看護師たちの見捨てられ感を増すことになった。

　患者の回復を援助するというふつうの看護目標がないために，看護師たちは可能な限り患者の状態を維持することに最善を尽くしていた。それは，患者の安全を維持すること，すなわち，移動を最小限にして事故を防いだり，紛失したり盗まれたりする可能性のある個人の所有物を所持させないようにしたり，火傷するといけないのでキッチンに患者を入れないようにしたりということで

あった。この方針は、患者から人格と尊厳を奪う一方で、看護師がしなければならない仕事の量を増やし、すべてをこなすために食事や飲み物、トイレや着替えの厳格なスケジュールが組まれることになった。おまけに、作業療法士や理学療法士のような他の専門職者の仕事の位置づけは、患者の可動性や自立を促すことがメインであり、そして彼らが提供するサービスは病棟の日課と衝突しがちであったために、さまざまな職種間の軋轢は避けられなかった。

コンサルテーション

　看護師と他部門のスタッフとの間の対立がとても大きかったので、はじめのうち2人のコンサルタントが別々に仕事をしていた。1人は南棟の上級看護師のコンサルテーションを担当し、もう1人は、言語療法士、作業療法士、理学療法士など、病棟に投入されている専門職部門の長たちのコンサルテーションを担当していた。計画としては、2つのグループが、それぞれまず自分たち自身の関心事について探究し、南棟のQOLを改善するための独自のアイデアを開発したうえで、その後にいっしょに集まって管理への提言を共同してまとめる作業をしようということであった。

　看護師たちははじめ、プロジェクト全体について無関心で抵抗を示した。彼女たちは継続ケア病棟で長い間働いてきており、管理者の助言にはいつも冷ややかに、どんな場合でも患者の障害を考えればできることはほとんどないと確信していた。誰もが看護師の態度にひどくイライラしていた。常に外部の批判から「私の看護師」たちを擁護していた上級看護師でさえも、そのプロジェクトを妨害していると看護師たちをたしなめたほどだった。

　対照的に、他のグループのメンバーは若く熱心で、たくさんのアイデアをもっていた。みずからの部門の長として、かなり自律的に決定を下すことに慣れていたし、何週間もの間、病棟のQOLを改善するための新しいプログラムやプランを提案しようと熱心に働いた。しかし、看護師たちが彼らのアイデアに抵抗することが予想されると――実際に直面もしたのだが――彼らの当初の興奮は次第に落胆へと変わっていった。とうとうグループは活気を失い、作業は滞り、誰もが「ただ協力しないって、何なんだ？」と不平を言った。プロジェクトは袋小路に入り込んだ。

　コンサルタントが入って数カ月経った時、ある偶然の出来事がこの状況を変

えることになった。ある人が，ミーティングをさえぎって患者記録を求めたのだ。そこで，言語療法士や作業療法士や理学療法士の記録の多くが何カ月も滞っていることが明らかになった。これらの部門の仕事の欠陥がわかったのは，これが初めてだった。グループは今や，すべてを看護師のせいにして責めたり，どうやって**看護師たちを変える**かということに焦点を当てたりするのではなく，むしろ自分たちのサービスを再検討し，改善するべく動き出した。初期の興奮はなくなったが，彼らはより効果的に働くようになった。同時に，2つのグループ間に公式な接触はなかったのだが，看護師たちはコンサルタントとのミーティングのなかでより生き生きとしてきて，自分たちでプロジェクトに寄与するようなアイデアを提供するようになった。数週間のうちに，2つのグループは共同作業を始め，その仕事は責任をなすりつけるための手段ではなく，真の意味での共有されたタスクとして今や経験されるようになったのである。彼らは継続ケアの新しいアプローチに関する計画の草案をまとめた。そして，これが管理者に向けたコンサルテーションの成果と提言に関するレポートの核となった（Millar & Zagier Roberts 1986）。

レポート

　レポートの提言の核心は，病棟での一次タスク（プライマリ）（第3章参照）を，再定義することであった。この時点に至るまでは，患者の身体的状態をできるだけ長く，そしてできるだけ良好に保つことで，患者の身体的生命を延ばすことだと思われていたようだ。その提言では，病院から退院するしないにかかわらず，「患者が残りの人生を可能な限り尊厳を保ちながら，満足感をもって全うすることができるようにする」というものになった。この定義づけによって，患者のケアに携わっているあらゆる職種の人々がみな，自分たち独自の仕事の目的が対立したり競い合ったりするものではなく，1つの共通の目的に寄与するものとみなされることが明言されたのである。

　この一次タスクの定義の変更には，大きな意味があった。当然のこととして行われてきた実践を再検討することになったのである。例えば，看護師たちが安全を最優先することを重視してきた結果，脱個性化や患者の尊厳の喪失が生じていたことなどである。代わりに，新しい目的では，患者同士の違いを明らかにして，例えば，他の人ができなくても，あるいはそこに多少のリスクがあっ

たとしても（もし患者がそれを望んだならば），自分でお茶を入れたり，付き添いなしで外出したりする独立や自律性を可能な限り促すにはどうすればいいかを考えさせることになった。これは，患者により高い自尊心や選択の自由を与えたばかりでなく，スタッフの仕事量を少なくし，彼らの仕事の意義を幾分か回復させた。もはや身元確認のためのリストバンドをつけたりせず，個人の所有物を身の回りに置き，患者が自分の衣服を身につけるならば，それによって高められる患者の尊厳と個人としてのアイデンティティの感覚は，それに伴うリスクよりも重要とみなされるようになった。

　新しい一次タスクの定義づけには，病院の構造も含まれていた。すなわち，どこに境界(バウンダリ)を引き直す必要があるかということである。境界はタスク－システムの範囲を定める（第3章参照）。その時までは，おのおのの専門分野や部門はそれぞれ別々のタスクをもち，その結果，別個のシステムとして管理されていたので，共有されたタスクについての新しい定義づけによって，患者ケアに携わる人々全員を包括する新しい境界が必要となった（これは第20章でより詳細に説明される）。さらに，以前は異なっていた彼らの目的が，今や1つのタスクの定義に包括されることになったので，継続ケア病棟からリハビリテーションを分離しておく理由はもはやなくなってしまった。分離をなくすことによって，仕事に希望がいくらか戻ってくるだろう。

　最後に，レポートでは，仕事の方式が以前のものから新しいものへ変わる過渡期にはとくに，スタッフのために改良されたサポートシステムを開発することが推奨された。これについては，本章の最後のほうで論議される。

不治の病をもつ人[▷1]のための施設における不安と防衛

　死にかけているわけではないが，施設から出て行くほどよくはなりそうにない重度の障害をもつ人々の状況は，施設入所者と彼らをケアしている者双方に特有の不安を引き起こす。ミラーとグウィン（Miller & Gwynne 1972）は，

▷1　ここに書かれたような施設で，クライエントや患者の個性化や尊厳を大事にしようと奮闘してこられた読者は，「不治の病」「入所者」のような言葉を使うことに異議を唱えるかもしれない。しかし，このようなむき出しの言葉は，ミラーとグウィン（Miller & Gwynne 1972）によって使われたものだが，歴史的理由からだけでなく，議論された経験の厳しさを強調するためにも残すことにした。これは，より現代的で，政治的に正しい〔差別的でない〕用語を使うことによって体裁よくごまかしうるものでもある。

治癒の見込みがなく，しばしば悪化し，身体的障害を伴う病気をもっている人々をケアする施設について調査した。彼らが述べたことのおおよそは，南棟で生じていたことと非常に類似している。入所者にとってこの種の施設に入ることには，家族，雇用主，そして社会一般から拒絶されたという感覚が否応なくつきまとっていた。施設に入っている人々は必ずしも外にいる人々と比べて障害がひどいというわけではなく，ただ面倒をみてくれる家族がいなかったり，家でケアを受けるだけのお金がなかったりするだけであり，現実に彼らはずっと拒まれてきていたのである。境界を越えてそうした施設に入ることは，社会に貢献もせず，参加もしない人というカテゴリに組み込まれることを意味する。彼らはかつてはもっていただろう生産的な役割や，それと共にたいていもっていた自己決定をし続けるあらゆる機会を失ってしまうのだ。セルフケアをし，何でもできる身体をもつ人々とは異なる扱いを受けることで，彼らは大きな喪失を経験する。「私はもはや過去の自分ではなく，何者でもない」。身体的な死にはまだ何年もあるかもしれないが，社会的にはまるですでに死んでしまったかのようだ。そして，そうした施設のスタッフもまた，拒絶され見捨てられたと感じていることがある。投影同一化のプロセス（第5章参照）によって，患者への過保護と患者の家族や同僚への怒りが引き起こされるのである。

　シェイディグレンのコンサルテーションで明らかになったのは，こうした困難感だけではなかった。その他には，非協力的な患者へのスタッフメンバーの怒りと患者がよくならないことへの憎しみ，患者に比べて若く健康であることの居心地の悪さ，スタッフ自身の高齢の家族との関係や自分自身の老いについての不安，そして担当患者に好みがありそれによってケアが違っていることへの罪悪感などがあった。こうした困難な感情のうち，いくらかでも取り除ければと願うが，それは死を通してのみ起こりうることであった。

　心をかき乱すこれらの感情をあまりにも意識しすぎることに対するスタッフの防衛には，患者をモノのように扱ったり，決まりきった日課に固執することで，患者との関係を脱人格化してしまうこと，また，自分と患者の間の共通点を見ないようにすること，罪悪感から逃れるためにスタッフ自身が病気になり，長期欠勤したり，くたくたに疲れきってしまったりすることなどがある。そしてまた，非難されるのではないかというケアスタッフの非常に大きな不安が至る所にあった。大部分は，おそらく彼らの内的な無意識の葛藤から起こってくるものだろうが，彼らが患者の安全と健康を維持する責任を負っているせいで

もあった。それは，患者の安全を最優先することや，ミスが起こる機会を最小限にするようにデザインされた固定的ルーチンや，また同僚や患者の家族に対するある防衛的態度などを生み出していた。多くの人が感じてはいるが，しかし大部分が否認されている，サービスが適切に提供されていないのではないかという疑念は，他者を非難するという傾向を拡大する一因となった。

2つのケアモデル

　どのような仕事のなかにもある不安は，職務の遂行を促すよりも，むしろ何よりもまず第一に不安からスタッフを守るために役立つ構造や実践のかたちで組織的防衛を生みだす。ミラーとグウィン（Miller & Gwynne 1972）は，不治の病をもつ人々のための施設でのケアには2つのモデルがあり，それぞれ異なる中心的防衛をもっているとした。1つは，**医学的もしくは人道的防衛**で，延命は良いことだという原則に基づいていた。これは，入所者の不幸さの否認，達成感の欠如と無益感を伴う傾向がある。入所者が感謝しないのは，こうした価値を傷つける。この防衛は，研究者がケアの**倉庫モデル** warehousing model と呼ばれるものを生み出していた。それは，依存を奨励し，入所者－スタッフ関係とケアを脱個性化するものである。「良い」入所者とは，受け身で感謝して世話を受ける人である。

　もう1つは，**反－医学的もしくはリベラルな防衛**で，入所者は本当は「ほかのみんなと同じように」正常で，彼らのあらゆる可能性を広げさえすれば，入所者は以前と同じような生活をじゅうぶん送ることができるという見方に基づいていた。この防衛は，ミラーとグウィンがケアの**園芸モデル** horticultural model と呼んだもので，組織の目的を能力を育てるための機会を提供することと定義づけ，障害を否認しようとする。大人が小さな子どもが初めて書いた絵をほめそやすように，ささいな達成に対しても過剰に賞賛したりする一方，入所者が社会的地位を築くことができないでいることを否認する傾向がある。ここでは，「良い」入所者とは，幸せで充実しており，活動的で自立している人である。もちろん，いつかはほとんど全員が失敗に終わるのだが。

　倉庫モデルでは不十分であると見るのはずっと簡単だが，もう一方の園芸モデルもまた不十分である。自立を要求するのは，身体的精神的な力が衰えつつある人々にとっては苦痛かもしれない。多くの場合，彼らは何年もの間，どん

どん衰えていくのに抵抗して闘ってきたのである。ある者にとっては，闘いを諦め介護施設に入ることはほっとすることでもあるのだ。一方，闘い続けることを好む者もいる。こうした2つのタイプには，異なる種類のケアと異なる態度のケア提供者が必要である。しかし，ケアのモデルがスタッフの防衛的ニーズに基づいている場合は，クライエントの異なるニーズは区別されない。というのも，それには思考と現実に直面することが必要だからである。その代わりに，その時その人のニーズに合っているからではなく，それが「正しい」仕事の仕方だからという理由で，あるモデルが全員に無差別に適用されがちである。

　両方のモデルは，耐えがたい不安に対する，無意識の心理的防衛の表われである。その不安は，仕事や入所者にとっての施設入所の意味そのものから生じる。そこには社会的死が宣告されたことに対する罪の意識や，少なくとも患者の何人かは生きているよりも死ぬほうがましか否かというアンビバレンスがある。他の施設でも同様な分裂(スプリット)が起こっている。例えば，精神病者との仕事（第13章参照）あるいは，死にゆく人々との仕事（第10章参照）におけるキュアとケアの分裂である。これらすべてのケースで，ケアは不当にも価値を切り下げられ，勝算がないにもかかわらずキュアが追求される傾向がある。

統合に向けて

　シェイディグレンでは，医学的防衛とリベラルな防衛の両方が働いていた。最初の医学的防衛は看護師のなかで，第二のリベラルな防衛は専門的なセラピストのなかで。それぞれのグループは何の疑いもなく自分たちのモデルにこだわっていた。セラピストたちは，看護師たちが非協力的で，しかも自分たちの方法に固執するあまり新しいアイデアを受け入れないせいで，シェイディグレンの患者のQOLが下がっていると非難した。看護師たちは，自分たちがQOLプロジェクトに抵抗していることを認めていたが，これには正当な理由があると主張した。つまり，看護師たちは，自分たちほど患者の障害の全容を認識している者はいないというのである。看護師たちはまた，午後5時には仕事を終えることができ，「現実の」仕事で手を汚す必要のない，より多くの特権を与えられたセラピストたちに敵意を感じていた。セラピストがこうした夢物語のような考えをもつのはかんたんなのだ！　現実的に責任をもって働いているのは，**私たち看護師**だけなのだから。患者がQOLを保っているのも，他の高齢者ケ

アの場ではよく見られる褥瘡や病気やケガを起こさないでいるのも，規律正しいケアとゆるぎない日課のおかげなのだ，というわけである。

　それぞれのグループは分裂して，自分自身が受け入れられない部分を自分から切り離して他のグループに投影し，そのグループは投影されたものと同一化していたのである（第5章参照）。セラピストたちは無意識に，看護師たちが細かいことに注意を払っていることをあてにして，そうしたことの責任を取らずにいた。その結果，看護師たちはいっそう重みに押し潰され，ますます頑なに日課にこだわるようになった。同様に，看護師たちのなかにある活気や希望は分割されて投影され，罪悪感と失望から彼らを防衛していた。一方，セラピストたちはほとんど躁的に計画を進めていた。こうしたグループ間投影の結果，看護師たちは実際に頑なになり，そしてセラピストは無頓着になっていった。

　コンサルテーションの第一段階では，専門職（セラピスト）グループのメンバーたちはアイデアを出したり計画を立てたりするのに興奮し，過活動状態になっていたが，その現実性のなさは彼らが看護師たちに対して非難していたことであり，看護師たちもその非難を受けとめていた。時間が経つにつれ，こうした類の躁的防衛に伴う多幸感——もし他人が妨害さえしなければ，あらゆることが可能になるというような——は，怒りを伴う無力感や行き詰まり意気阻喪した感じにとって代わられたのであった。セラピストたちが自分たちのなかにある短所——直ちに否認されなければならないほど大きくはなかったが，自己点検を引き出すには十分だった——に気づいたことは，彼らが自分たちから切り離してしまった部分，すなわち日課に対する責任や，彼ら自身や患者の限界についての再認識などを再び取り込むきっかけとなった。これらの投影したものを再び取り戻すことによって，セラピストたちは現実的な仕事に向けた能力が増したばかりでなく，患者ケアに対する看護師たちの実際的かつ潜在的貢献をもっと評価するようになった。看護師たちは投影から解放されて，以前は失望や抑うつ的な懸念に対する防衛のために分離していた自分たちの希望に満ちた部分を再び取り戻すことが可能になり，強迫的な日課へのこだわりを放棄しはじめることも可能になった。それぞれのグループが，他のグループをより尊重することができるようになり，非難されるのではないかという不安が減って，他のグループを非難する傾向も減っていくにつれ，どのようにして患者のQOLを改善するか，さらにはどのようにして自分たちのQOLを改善するかを共に考えることができるようになった。

サポートの必要性

　一次タスクを再定義し，専門職の部門同士にあった防衛的な境界を引き直し（第20章参照），リハビリテーション病棟と継続ケア病棟との境界を引き直すという管理部門への提言は，シェイディグレンのQOLを支えるというよりも，むしろ損なってきた組織の分裂を解消するために立案されたものであった。しかし，組織的防衛は仕事のなかに内在する不安への反応として生じるので，防衛の構造を取り除くためには，その不安をコンテインすることができる別の構造を作りだす必要がある。そのため，レポートの最後の部分は，新しいサポートシステムを開発する方法に焦点を合わせた。それには3つの方法があった。

　まず第一に，スタッフの仕事はストレスフルで非常な努力を要するものなので，スタッフは仕事の成果をはっきりと認めてもらうだけでなく，その努力をも認められ，評価される必要があるということである。さらに，自分たちが軽視され，拒まれ，そして低い地位におとしめられているという感覚を和らげるために，病院管理者と直接会うことも必要であった。これは，上級管理者が病棟を定期的に訪れて，スタッフのニーズや新しい実践の進展ぶりを見ることによって達成されるだろう。

　第二に，スタッフは，可能ならば——というより積極的に推奨されたのだが——，自分たちの仕事とそれがどのようにしてやり遂げられたかについて，一緒にふり返るための時間と場所を必要としていた。管理者からの肯定的なサポートのもと，いつも参加するメンバーが決まっている小グループであれば，スタッフは仕事によってかき立てられる，受け入れがたいある種の感情——例えば，仕事と患者を前にして，時に感じる怖れ，嫌悪，憎しみさえも，そして，衰えていく人のそばにいつもいることでかき立てられる不安を——認められるようになるだろう。さもなければ，彼らは私たちが見てきたような非生産的なやり方で自分たちを守ることしかできないだろう。たいていは，同僚とこうした感情について正面から話し合うことができるだけでも，そうした防衛の必要性を減らすことができる。その結果，より仕事の成果は上がり，仕事に対する満足感も増大し，不安をいっそう減少させることができる。すなわち，よい循環が生まれるのである。（このプロセスの詳しい例については，第7章と第10章を参照）。

最後に，地位を問わず，システムのなかのあらゆる人々（患者とその家族も含めて）を，変革に向けたアイデアを検討したり実行したりすることに招き入れる仕組みが必要であった。そうすることで，全員が問題解決に共同参加し，共通の目的の達成に寄与しているという感覚を得ることができるようになる。そうした話し合いの場は，かつてのシェイディグレンの特徴でもあった，柔軟性がなく停滞した実践と，どうしようもないグループ間の葛藤に代わる，思慮に富む組織の自己点検と発展を支えるのに役立つだろう。これについては，次章の終わりに説明する。

結論

　ケアについて辞書に書かれている定義は，感情や気遣いから用心，責任，心痛，不安や悲嘆まで多岐にわたっている。ケアスタッフは仕事においてこれらすべてを経験しうる。このような多彩な感情をコンテインすることは心理的なストレスである。老化は長生きするすべての人にとって避けられない運命であるため，死と衰えゆくことについての個人的な不安と原初的なファンタジーが高齢者を世話する負担に付け加わる。否定的感情と肯定的感情とを切り離そうとするプレッシャーは，とくに大きくなりがちである。私たちは，シェイディグレンにおいて，職種の部門間やリハビリテーションと継続ケアの病棟間で，この分裂が病院の運営方法によってどのように深刻化していたかを見てきた。
　すべてのケア労働に反ケアリングの要素がある。「責任に押し潰される」と，時に憎しみさえ感じるようなケアリングの職務から逃げだしたくなる。強迫的なケアのルーチンは，ケア提供者の担当する患者に対する無意識の憎しみや，厳格な規律で管理されていなければやってしまうかもしれないとスタッフが恐れていることから患者を保護するのに役立つ。同時に，こうしたルーチンは，スタッフを疲れさせ，むかつかせ，失望させる患者に対する憎しみを表現する組織的に認められた方法を提供するのである。そうでなければ，すべての憎しみは投影され，患者の憎らしさは彼らを完全に治癒可能とみることによって否認される。
　ウィニコット（Winnicott 1947）は，「逆転移としての憎しみ」という短いが重要な論文のなかで，精神分析家が患者に対して，そして母親が赤ん坊に対して否応なく感じる憎しみについて論じた。彼は，憎しみを抱くことに対して「そ

れに何もせずに」耐える能力は，自分自身の憎しみに徹底的に気づくことにかかっていると強調した。さもなければ，マゾヒズムに戻ってしまう危険があると，彼は警告している。あるいは，憎しみ――もしくは，さほどドラマチックではない言い方をすれば，反ケアリング――が，切り離され，投影され，ほどよいgood-enoughケアを提供する能力を低下させるだろう。

　ウィニコットの論文は，それまでは受け入れられず――それゆえに否認したり投影したりしていた――患者に対する否定的な感情に向きあう精神分析家たちの誕生を「許可」したのである。そうした感情に意識的になることは，まさに精神分析家のトレーニングの基本部分となった。反ケアリングの要素が私たち自身の内部や自分たちの「ケアする」組織にも存在することを認め，それを自分たちのものとすることについて――私たち自身の内部と環境の両方から――許可を得ることは，個人の健康と効果的なサービスの提供のどちらにとっても非常に重要なのである。

第9章
身体障害児学校の分裂と統合

アントン・オブホルツァー

　組織が機能しているかどうか，課せられたタスクを十分果たしているかどうかをアセスメントする方法やアセスメントしようと試みる方法には幾通りかある。産業組織の場合，一般的には生産性や発生した利益の額といったパラメータが組織の状態を示すよい指標と見なされている。対人サービス組織でもスタッフの入れ替わりの度合いや，病欠や欠勤の人数などの基準が用いられているが，この方法で効率や機能性を確かめるのはかなり困難である。コンサルタントの私はたいていこのような情報にアクセスできなかったので，組織の状態をアセスメントするための別の基準を見つけることに心を砕いた。時が経つにつれて，個人の心理学的機能をアセスメントするのに役立つ基準と同じものが，組織にもうまく使えそうだということがわかってきた。その中心は内的，外的な統合の程度であり，それによって仕事と人間関係の満足度が決まる。このことを説明するために，崩壊から統合へと徐々に変化していった身体障害児のための学校での私の仕事について述べようと思う。

最初の段階

　グッドマン校は広い地域を担当する学校で，入学者は教育的，社会的，医学的アセスメントに基づいて決められていた。この学校には，書類上は3歳未満から18歳までの約80名の児童が在学していたが，ほとんどが重度の身体障害をもっており，最も多いのは脳性麻痺の児童だった。校長のほかに，10名の常勤教員と6名の非常勤の教員が勤務しており，2名の保育助手もいた。その他に，5名の理学療法士，常勤の看護師長とその助手，非常勤の言語聴覚療法士1名と5名のヘルパーが働いていた。この学校はまた，ソーシャルワーカーや学校心理士と私を含めた外部スタッフによるサービスも利用していた。

私がコンサルタント児童精神科医としてこの学校と最初に交わした約束では，2週間に一度（午後の3時間半ほど）ということであった。このポストは数年前からあり，これまでに数名の前任者もいた。しかし，職務内容に関する説明は何もなく，ただこの学校は児童精神科医によるサービスを受けることができるという曖昧な決まりだけがあった。最初から，自分の勤務時間の少なさとそこにかかわる人数の多さを考えれば，私が直接一人ひとりの子どもを相手にするよりも，むしろ子ども相手の仕事に関してスタッフグループにコンサルテーションを行うほうが，ずっと経済的で効果的だろうと私は考えた。しかし，すぐにこれは実現できそうにないことがわかってきた。まずは，公式のスタッフミーティングというものがなかった。実際行われていたこの種のミーティングは不定期で，通常，昼食時に開かれ，伝え聞いたところによれば，出席者も少なく，「教員のためのミーティング」と見なされており，もともと管理上の情報を伝達するために使われていた。

　学校の玄関には，今でもそうだが，「訪問者は必ず事務室にお申し出ください」という人目を引く注意書きが掲示されていた。表向きは，許可なく好奇心からやってくる者や保護者などが校内をうろつき回るのを防ぐためであった。しかし，それは同時に，この組織の精神をとらえてもいた。私は長いこと，一体全体何のためにこの学校にいるのかと不審の目でみられた1人であった。

　最初に学校を訪れた時，私は事務室で校長のライマン先生から面接を受けることになった。そこで校長の観点に立ったしごくもっともな事柄についての説明があったが，私が任命されたことについてはとくに何も言われなかった。私の役割に関しては非常に曖昧で，私が役立つとは思ってもおらず，潜在的な脅威として見張るか懐柔しなければならない存在とみられているのは疑いの余地がなかった。長いこと，私が接触したのは校長と秘書の2人のみであった。時たま，ライマン校長が子どものことを話したことがあったが，それは主として，かつては問題があったが今は解決していると私に伝えるためであった。ある時，訪問するはずだった日の前日に秘書が電話をよこして，とくに話し合うことは本当に何もありませんと私に告げたことがあった。この，仕事をせずにお茶を楽しんで午後を過ごすという誘惑を断り，代わりに学校の問題に取り組むことにするのにはかなりの努力が必要だった。別の日には，「今日は来ないでください。問題があるので」と言われたこともある。このことから，私の訪問がすこしでも役に立っているというよりはむしろ，問題を複雑にするものとみられて

いることが明々白々だった。

　1年目の終わり近くになって、スタッフメンバーが時折「侵入」してくるようになり、私たちは彼らが担当しているある子どもの問題について検討することになった。それから私たちは問題の子どもについて話し合うために、関係するスタッフ全員が集まるミーティングを設定しようと何度も試みた。しかしこれは、専門の異なるスタッフが一緒に集まろうとする時はとくに、「タイミング」が難しく挫折した。教育スタッフとそれ以外のスタッフが集まることはほとんど不可能なように時間割が作られていた。当然ながら、この2つのグループ間の関係はうまくいっていなかった。意識的には時間割の問題として表れてはいるものの、実際には、それは多職種間の葛藤やライバル心を示していた。時間割は、これらのグループが一緒に働くために会うことを妨げようとする無意識的な組織的防衛であった。にもかかわらず、共通の関心のある問題を話し合うためのミーティングを歓迎するスタッフがかなりいることが次第に明らかになってきて、ようやくミーティングが1回開かれることになった。

コンサルテーションの展開

　スタッフ全員のための定期的なミーティングが設けられたのは、校長が早めの引退を決断したことによってもたらされたことは、ほとんど疑いようもなかった。続く空白期間に、新たな変化の機会が作られた。彼女の退職までの数カ月間に、いくつかの専門にまたがるスタッフミーティングがオフィスでもっと頻繁に開かれるようになった。検討される子どもたちは、その子自体としてだけでなく、「組織のプロセスの代表」でもあるのだという考えは、スタッフグループに次第に受け入れられ、理解されるようになった。例えば、クラスが水泳の時間に盗みをしたとして問題にあがった子どもは、その子個人の問題としてではなく、学校内での盗みという問題を指摘した者と見なされた。

　私が招かれた定期的なスタッフミーティングは、2週間に1度の間隔で開かれることが決まった。定期的なスタッフミーティングが開かれ、私が招かれて出席するようになるまでに3年が経過していた。その時でさえ、当初の契約は1学期間のみであったので、後に長期間続けられるように再交渉が行われた。私は、これから始まるミーティングに関するスタッフグループの不安と期待を認識してはいたものの、恐らく私自身の不安と期待についてはじゅうぶんに理解

していなかった。そのかわり，学校との合意のもと，同僚が私と一緒に来校することで対応することにした。

　同僚と私は，基本的にはスタッフミーティングへは参加しないが，話を聞いてスタッフが意識的にも無意識的にも巻き込まれている特定の問題を理解しようとするモデルを採用したいと考えていた。私たちは，こうしたプロセスが理解されれば彼らの仕事は促進されるだろうと想定していた。このように，それはまさに不安をコンテインすることと，意思決定をするために用いられる理解を追究することを基盤とする精神分析モデルであった。当然ながらこのモデルは，口にされることはなかったものの，あまりにもスタッフを脅かすものであることが明らかになったので，修正しなくてはならなくなった。私たちに「期待された」ことは，この学校の児童精神科医としての役割にはっきりと限定して参加することであった。そういうわけで私たちは，役割が異なり，違った能力や経験を持ちながらも，同僚であり仕事仲間でもある者として議論に加わった。とはいえ，それに加えて時々私たちは，距離を置いて，自分たちと他の人々との相互交流の様子を「コンサルタント的」に観察することにした。例えば，「私たちがやっていることに注目してみましょう。私は児童精神科医として，あなたがたは教員として話をしています。そうして，どちらもお互いに人の話に耳を傾けたり理解したりすることができていないように思えます」。しかし，これはいっそう職業的な偏見と専門職間の協調の難しさにつながったかもしれなかった。

　しかし，私たちが本来の役割内で行動するように期待されていたというのは，必ずしも正確ではない。なぜなら，そうすることさえもスタッフに脅威を与えたからである。もっとも脅威的でない立場は，私たちが「自分たちの一員」となり，彼らのようにふるまうことだったようだ。最初のミーティングの当日，私たちは真っ先に今日の話題は何か，何を教えてくれるのかと尋ねられた。つまりそのモデルは，彼らにとってもっともおなじみの，教えたり教えられたりといったものであった。私たちが，彼らとは「違った」存在として自分たちの役割を受け入れてもらうのには，少し時間が必要であった。

　時間の経過とともに，私たちは，2人で参加していることを活用するようになった。私たちの1人が児童精神科医として専門的立場から議論に参加する一方，もう1人が組織のコンサルタントの役割をとって，スタッフミーティングでその時活発に動いているプロセスについてコメントするという具合だった。

第9章 身体障害児学校の分裂と統合 | 115

私たちが本来のモデルとして心に描いていたような組織プロセスのコンサルタントとして機能するようになった時には，スタッフミーティングの立ち上げから約1年が経過していた。その時点で，同僚が出産のためやめることになったが，私1人でこの仕事を続けられるようになっていた。

職務に内在する不安

グッドマン校の一部の子どもたちの障害は軽度であったが，大部分は重度の身体的な障害をもっていた。多くは車椅子を使用し，矯正用の器具を装着しているのがふつうだった。ある子どもは自分で食べることができなかったし，すべてのセルフケア機能を完全にスタッフに依存していた。進行性疾患のケースでは，容態が悪化し死亡することもあった。

ほとんどの教員は，生徒たちがスキルを獲得し利用するのを援助すること，彼らの能力を育てること，そして彼らが将来独立した大人として社会のなかでその役割を引き受けていけるよう，学んだことを生活のなかで活用するように導くことが，自らの仕事であると理解していた。この学校では，教員たちは自分たちが教えたことの多くは，子どもの症状が悪化したり時には死に至ったりするために，あるいは現在の社会に障害をもつ人々を組み込んでいくことが困難なために，生徒たちに活用されることはないだろうという事実に直面せざるを得なかった。同様に，理学療法士たちは，達成できたと思える改善例や成功例をほとんど見ることができない厳しい条件のクライエントを相手に仕事をしなければならなかった。多くの場合，症状を管理し可能な限り悪化の進行を遅らせるだけの問題であった。理学療法士たちは，希望がもてるような良い関係が築けた場合でも，移動手段や治療施設が不足していたり，あるいはフォローアップがないといったことのために外部で治療を継続することが困難となり，そのせいで子どもが退学してしまったり，自分たちの仕事がなくなったりという事態に直面しなければならなかった。

仕事に内在する苦痛がひどい時，スタッフがその役割に留まり，わずかでも希望をもって仕事を続けていくためには，何らかの防衛手段が必要なことは明らかである。しかし，防衛プロセスの程度と性質は，時として組織の一次タスク（プライマリ）と大きく抵触するだけでなく，仕事の苦痛からスタッフを保護するという目的に照らしても有効ではないものとなる。

組織の防衛システム

　防衛メカニズムは，個人的と組織的の2つのカテゴリーに分類することができる。一部は，個人の防衛が組織の防衛と「フィットしている」スタッフメンバーは離職しない傾向があるが，個人の防衛が組織とあっていないメンバーは辞めていくという理由からしても，両者は相互に関係しているといえる。幾人かのスタッフが，身体的な欠陥を今ももっているか，もしくはかつてもっていたと話していた事実，また，きょうだいや子どもに身体障害があると話していた事実は指摘しておく価値がある。ほかの教員たちと比べて，このグループの教員たちの生育歴に身体障害の有病率が高いのか，そして，このような背景をもつ教員は障害児の仕事に引きつけられる傾向がより強いのかどうか，あるいは，身体障害をもった子どもたちと長期間接していると，自分の家族歴をより意識しやすくなるのかどうかは明らかではない。とはいえ，この種の施設での仕事を選択したことと個人的な背景の間には，おそらくつながりがあるのだろう。

　個人と組織の防衛には，さらなるつながりがある。組織のそれぞれのメンバー——および彼／彼女の防衛——は，組織全体の諸側面を表すようになる。「私は子どもたちを正常として取り扱う」という個人的な防衛をもつ教員は，自分の主張をしているだけでなく，子どもたちを正常だと考える必要のある組織のほかの人々の代弁者となっているのであり，また，異常を否認する組織そのもののある部分を代弁してもいるのだ。個人と組織の防衛システムが「うまくフィットしている」時は，どちらも問題にならない。つまり，現実検討はなされず，防衛プロセスは持続する。

　グッドマン校でのコンサルテーションのタスクは，防衛プロセスを明確化するだけでなく，潜在する基本的な不安と今現れているその徴候を見つけようとすることであった。子どもの障害を否認することを基盤として機能する学校のモデルでは，その障害を受容する方向で子どもたちを援助することが難しく，この障害の受容が，将来子どもたちが学校から職場へ移行し成人期を迎える基盤となることも難しかった。例えば，重度のてんかんをもつロドニーという12歳の男の子は，将来バスの運転手になるつもりだった。彼がてんかんを受容したなら，職業選択を変更せざるをえなかっただろう。彼が抱える問題を否認し続けることは，学校から職場への移行を困難にしていた。卒業する子どもに

とって，学校を去ることは常に非常に多くの問題をもたらした。しかし，子どもたちの限界に直面する苦痛を，スタッフは回避していた。

　身体の障害のもつ意味を否認するニーズは，子どもたちの入学方法によっても維持されていた。伝統的に，入学手続きは子どもの状況を医学的，社会的，そして教育的な側面に分けて，外部の機関によっておこなわれていた。最後の段階でようやく，両親と子どもは学校とコンタクトをとった。それから通常は校長だけと会い，基本的には勉強のことに絞って話し合った。この入学手順は，言葉の上でも行動の上でも身体障害の否認に基づいており，スタッフと両親双方の防衛ニーズに役立っていた。後になって，子どもの成長や状態悪化によって身体障害の影響が厳然として目の前にたち現れた時，重度の障害をもつということの社会的・発達的な意味を無視することはもはやできなくなり，スタッフと両親の関係は悪化し，お互いに非難し合うことになった。

　一方，親たちはみんなで自分たちの要求を声高に叫び出し，教員や学校を問題にし始めた。同様に，特別なニーズをもつ子どもたちを特別な施設に集めることを止めさせようという動きが活発になり，そうした子どもたちを普通の学校に統合する動きが生じた。こうした要因によって，もしグッドマン校が生き残るとすれば，この動きに対応するサービスを提供しなければならず，そのためには両親との協力関係を保たなければならないという状況が生じた。過去においては，両親との協力関係は常にスタッフと両親のなれ合いに基づいて維持されており，両者の防衛的ニーズは似かよっていた。今や，従来のやり方による子どものケアにかかる長期的な費用について両親から抗議が殺到するようになり，結果として，しばしば子どもが別の学校に転校することになった。

　このように，防衛プロセスはスタッフを仕事の苦痛から効果的に守ることに役立たなかったばかりか，今では失職と施設の閉鎖という脅威をスタッフに与えていた。子どもに関しても，突然の環境の変化によって悪影響をこうむるであろうことは，容易に想像できる。そこで，防衛的プロセスがアンチタスクであったこと，そして学校がとにかく生き残ろうとするならば早急な再検討が必要なことが，次第に誰の目にも明らかになってきた。コンサルタントの役割はますます受け入れられるようになり，スタッフミーティングが毎週の行事になった。最初，コンサルタントは「管理者」と「スタッフ」に分かれて開かれるミーティングに隔週出席していた。しかし，これでは実際の行動と頭のなかで理解することのギャップは拡がるばかりだった。これを克服するために，コン

サルタントは毎週出席し，2つのミーティングで出てきた問題をつなげていくことにした。

スプリッティングと崩壊

　毎週のスタッフミーティングは，すべてのスタッフメンバーに開放されていた。実際に，校長，教頭，教員と理学療法士のほとんど全員，言語聴覚療法士と私たちがミーティングに出席した。清掃スタッフは参加せず，その間清掃に従事していた。スクールヘルパーもミーティングの時間に子どもたちを自宅に送り届けるために，出席しなかった。グループの人数は，8人から20人までさまざまであった。

　最初は，ミーティングに集まること自体が，個々のスタッフメンバー同士や専門の異なるグループ間のコミュニケーションを増大させることになった。逆説的なかたちで，管理上の情報を伝達する場合以外は，これまでなぜスタッフミーティングがめったに開かれなかったのかが明らかになった。というのも，スタッフは問題のさまざまな面をバラバラに持ち寄り，初めは苦悩が増すだけに終わっていたのである。初めの頃のミーティングで語られたように，「子どもたちに関する課題や問題を再検討するのも，他の職種のメンバーと自分たちの問題を話し合うのも結構だが，全員が同じボートに乗ってしまうと，同じ子どもにみんなが無力感を感じてしまう」。スタッフミーティングが子どものためになっているのは明白だったが，スタッフには苦痛なものであった。そのため，防衛的なスプリッティングの傾向が，統合とそれに伴う苦痛を凌駕することになった。スプリッティングと否認（第1章参照）は，両方とも組織でもっともふつうに用いられる防衛メカニズムである。グッドマン校では，学校と両親，学校と外部の機関，それに，学校そのものの内部でも生じていた。

学校と両親の間のスプリッティング

　学校と両親のスプリッティングはどこにでもふつうに起こっており，両親とコミュニケーションをとる際や，子どもがトラブルを起こした際に，両親の妨害が困難の主な原因としてよく語られた。もし両親が非難されるとすれば，教員たちは非難されないことになり，何もしなくて良いことになる。無力感のオーラが漂い，みな途方に暮れ，子どもは助けられないままだった。

この種のスプリッティングの典型は，ランガム夫人のケースであった。彼女はこの学校の生徒の母親で，新聞記事に娘が教育的にも社会的にも悪化してきていることについて，学校システムが非難されるべきだと書いた。この記事はかなり理路整然と書かれていたが，母親自身が子どもに対して絶望的なまでに苦しんでいることは疑いようがなかった。この記事が出た後のスタッフミーティングは，その記事のことで大騒ぎになった。記事の一点一点が詳細に分析され，いくつかの誤りが指摘された。それから，その子どもの家族歴が論議され，とくに両親の神経症的な障害が強調された。どこにも，この記事が学校にとって非常に重要な問題を提起しているという事実を認めるものはなく，その状況に可能性を秘めたダイナミズムが潜んでいることに気づくものもなかった。こうして，最初のやりとりは全体として妄想－分裂態勢のうちに行われたのであった（第1章参照）。

　時が経つにつれて，私たちは否認を解釈できるようになり，ランガム夫人の心配と不信は多くのスタッフがもっているものでもあると理解できるようになった。それから学校側はランガム家とより共感的にかかわることができるようになったが，学校は家族から提起された問題を直視し，同じようなジレンマにとらわれている家族についても建設的に考えることができるようになった。その後のミーティングで，1人の教員が別の親のことを，「まさに爆発寸前の中性子爆弾のようだ」と話した。スタッフは，状況が手に負えなくなる前に，介入の方法を考えることができるようになっていた。

スタッフと外部の専門家のスプリッティング

　子どもたちはよくいろいろなクリニックや専門家を受診するが，学校側には一度も報告が送られて来たことがないという不満がたびたび出てきた。スタッフは，外部機関との良好な情報交換の必要性と，かかりつけのクリニックと専門家に情報を求める手紙を出すという計画について，果てしない議論を続けていた。それはまるで，「彼らが私たちに何が起きているのかを話してくれさえすれば，何の問題もないのに」と信じているかのようであった。報告を受け取ったとしても，たいていはすでに自分たちが知っていることにわずかに付け加える程度で，ほとんど大した価値がないという経験をしていたにもかかわらず，彼らはこの信念を頑固に持ち続けていた。子どもにかかわった外部機関が自分たちに意見を求めない時も，彼らは憤りを示した。

ここでもまた,「有益な情報」は外部がもっているのに渡してもらえないとか,あるいはスタッフがもっていても必要とされないとかのスプリッティングが問題だった。この見方とは対照的な抑うつ態勢(第1章参照)では,障害者を対象に働くことに伴う困難さを認め,誰も正解も簡単な解決策も知らないという事実を受け入れるようになる。これを認めることによって,困難さと不確実さがいっそう共有されるようになり,競争や非難ではなくチームワークへと向かって進展することになった。

自己のパーソナルな部分とプロフェッショナルな部分のスプリッティング

　専門職内で能力がスプリッティングされることは,よくあることであった。例えば,あるスタッフミーティングで,子どもにてんかんについての映画を見せることについて議論があった。そこには,親たちも出席するかもしれなかった。誰がこの議論の司会をするのかと私が尋ねたところ,まるで馬鹿げた質問とでもいうように,答えは「もちろん校医の先生」だった。校医が主要な貢献をするのは当然だったが,「もちろん」という答えもまた,スタッフがてんかんを医学的問題と見なそうとするスプリッティングプロセスを如実に示していた。その結果,どのようにてんかんを取り扱うかについて,ほかのスタッフメンバーが培ってきた長年の経験が失われることになった。このスプリッティングは,医療職以外のスタッフが,多くの子どもたちとその家族の生活のなかにある痛ましい部分を議論しないですむための安全装置となっていた。しかし,子どもとその両親が障害を受け入れて毎日の生活のなかにそれを統合していくプロセスにおいて最善の援助となったのは,まさにこの医療以外の議論であった。ここでもまた,スプリッティングプロセスは幾人かのスタッフを守っていたが,組織の全体としての仕事を妨害するものとなっていた。

　同様なスプリッティングが,思春期の子どもたちの性的アイデンティティの発達を援助することに関しても生じていた。私たちの観察では,これに関して理学療法士が中心的な役割を担っていた。専門的には,水治療法は子どもが自由に手足を動かせるようにするためのものと考えられているが,それとは異なるもう1つのレベルでは,密着した身体接触の機会でもあり,思春期に生じる感情について議論する機会でもあった。しかし,教員たちは,理学療法士はこのような議論には十分な知識をもっていないと決めつけ,外部の講師を呼んで

性的発達についての映画を持ってきてもらったらどうかと提案した。この提案は確かに興味をひくものではあったが，現在進行中の理学療法的なかかわりのなかで，何年にもわたって展開されてきた議論の代わりにはならなかった。自己のプロフェッショナルな部分とパーソナルな部分のスプリッティングによって，理学療法士（やその他のスタッフ）が自ら身体的・性的に適応していくなかで獲得してきた個人的経験という財産が失われてしまうことになった。個人のプライバシーは保護される必要があるが，もしも専門家たちがこの個人的経験を活用でき，それを自らのプロフェッショナルとしての専門知識からスプリットさせなければ，彼らは思春期の子どもたちが自分の体のなかで進行している変化とうまく折り合いをつけていくための大きな助けとなったことは疑いなかった。

同様に，スタッフが親でありきょうだいであるというパーソナルな経験とつながっていることができれば，子どもたちの家族のジレンマを共有し，それによって「どうしてあんなことができるの？」と文句をいうのではなく，家族の反応をもっと理解するようになるのは難しくなかった。スタッフが子どもたちと外出したり休日を過ごしたりした際の自分の経験を話す時には，よく親たちの我慢づよさに驚嘆していたものだった。にもかかわらず，学校に戻ると，この経験はすぐに「忘れ去られ」て，またいつもの不満が始まるのだった。

統合と発展

スタッフグループ内の統合が進み，各人のなかにあるパーソナルな部分とプロフェッショナルな部分のスプリッティングが少なくなっていった結果，新しい仕事の方法が開発され始めた。最初の1つは，新入児に対する理学療法のグループで，子どもたちは自分で自分の身体的な強さとハンディキャップを調べてみることを許され，奨励された。その結果，子どもたちは自分自身のボディイメージをしっかりもてるようになった。そのグループをしばらく続けた後，ようやく理学療法士たちは残りのスタッフにこのことを話すようになった。彼らの1人が言うには，「訓練学校では，常に私たちは障害のことを言ってはならないと教えられ，その代わり，不自由な四肢を使うことが要求される訓練を進めるように教えられた」。このことは，否認に基づく組織的な防衛システムを支えており，手を使って身体を扱う理学療法士の役割を狭めていた。理学療法士

たちがこれを打破し，新しくより効果的なアプローチ，すなわち子どもと理学療法士双方の心と身体が一体となったアプローチを開発することができるまでには，時間と支援が必要であった。

　同様な発展が教員たちのなかにも生まれた。例えば，2年前までは自分の役割を「ただの教師，それだけ」と言っていたある教員は，担当するクラスの授業を子どもたちとともに広く一般的なことを議論する場に変えた。これは，教えるという仕事を回避したのではなく，むしろ拡大したのであり，そこではパーソナルな要素は学校の仕事を促進するのに使われた。とはいえ，ここでもこの教員が新しいアプローチを公にするまでにしばらく時間がかかった。理学療法士と同じく，この変化は教員のトレーニングとの葛藤を引き起こし，そのため彼は，これは自分の専門外と思われるのではないかと心配していたのである。

　組織レベルにおいても同様に，古い考え方を疑問視する動きが，例えば入学手順の変化などをもたらした。学校が，子どもや親たち，そしてスタッフの真のニーズにより適った自らの入学システムを開発する可能性と知識をもっていることははっきりしていたが，このプロセスは常に，これまでの慣例が「正しい」やり方で，それからすこしでも外れることは「間違っている」という考えに疑問をさしはさむことを躊躇する気持ちによって，いつも先延ばしにされていた。徐々にではあるが，スタッフは伝統的な仕事のやり方の多くに防衛的な本質があることを何度も何度も見つけ出すことを通して，それに疑問を投げかけ，再検討し，必要であれば，変更した。

　妄想－分裂態勢から抑うつ態勢への移行が，あたかも着実に進んだかのように述べられているが，それはその本質からして不安定なものである。不安が増大する時はいつでも，防衛的なプロセスが再燃しスプリッティングへと回帰する傾向が生じる。抑うつ態勢から転換しようとする圧力をもったこのような動きは，苦痛に満ちた現実や罪悪感，懸念といったものに直面する能力が繰り返し失われることがあることを意味している。そこで，組織の不安を絶えずコンテインして，抑うつ的な機能を保護する必要があるのである（コンテインすることの必要性と有用性の詳しい例は，第7章を参照のこと）。

結論

　本章では，個人と組織の双方に妄想－分裂態勢と抑うつ態勢のスペクトラムがパラレルに生じるさまを描きだそうと試みてきた。この章は，組織の機能状態を，どのようにスプリッティングや投影同一化といったとらえ方でアセスメントすることが可能か，そして個人については，コンテインする介入によってどのように機能を抑うつ態勢の側に転換できるかについて説明している。

　本章に述べられている組織のプロセスは，この学校だけの特異なものではない。それは他の学校でも，ほかの「人々」の組織でも，一般の社会でも生じる。スタッフは自らの能力を最大限に活かすためには，安全保障感を与える内的・外的な枠組みをもたなければならない。その安全保障感は，個人と組織の問題を探究するための基盤となる。定期のスケジュールにスタッフミーティングをはっきりと組み込んでおくことは，ケアの提供にかかわるすべてのグループが一致して事に当たるためには極めて重要である。スタッフミーティングに外部のコンサルタントが入ることは，そのようなミーティングが組織の防衛プロセスに侵され，泥沼にはまってしまうことがないようにするために，計り知れない価値があるというのが私の信念である。このようなコンサルテーションは組織のマネジメント構造を支えるように，なれ合いでもなく，ぶつかるわけでもないやり方で運ばれなければならない。

　コンテインする環境があってこそ，組織は落ち着いてそのタスクに取り組むことができる。メンバーは，タスク中心の場でお互いを知り，自分たちの役割を理解するための時間が必要である。コーヒーブレイクや昼食時での「おしゃべり」では，決まってその日一番のやっかいな問題を避けるものなので不十分である。スタッフが組織の防衛的な「既定路線」に従うことに抗して，パーソナルにも，プロフェッショナルにも，そして組織的にも，自分の考えをもつ段階に到達することができるようになるには，一定の時間と継続した作業が必要である。そうなれば，彼らは自分たち自身の仕事のスタイルを発展させ，じゅうぶんにそのタスクに貢献することができるのである。

第10章
死にゆく人々とともに働く：
ほどよい人でいること

ピーター・スペック

　多くの人々にとって，死が人生に入り込んでくるのは，ほんの数回だけにすぎない。それが起きた時，人がその出来事の衝撃に適応しようといくら努めても，死は重大危機を引き起こすものである。ところで，毎日ではないにしてもほぼ毎週，ある状況下で死に向きあっている職業の人はどうなのだろうか？　彼あるいは彼女は，この死にさらされるという尋常ではない体験にどのように対応し，職業としての役割を何とか維持しようとするのだろうか？　死は万人に共通で，私たちすべてに，そして私たちケアする人々にも，いつか訪れる。私たちはこのことを知的に理解はしていても，自分の死あるいは自分たちの身近な誰かの死によって生じる感情的な衝撃から自分自身を防衛しようとするのは当然のことなのである。

死にゆく人々とともに働くストレス

　死にゆく人々と身近な距離で働くことは，個人的な喪失にさらされることになる。決着がつかない感情と不安が，私たちが職業としてケアしている人の死によって呼び起こされることがある。個人が受けた衝撃を抑圧したり否認したりしようとすることはストレスフルであり，疲労，病気，代償的な過活動につながり，さらに，バーンアウトと呼ばれるほかのさまざまな徴候を伴って，職場や家庭で機能喪失の状態に陥ることもよくある。他の人が示す態度が，この過剰なストレスをさらに大きくするかもしれない。人々は，「気の毒な人たち。何という苦しみでしょう！　よほどしっかりしているか，とても献身的なんでしょうね」と言ったり，「毎日毎日，どうしてやっていけるのかわからないわ。ものすごく気が滅入るんじゃない？　だって……あの人たちは死ぬんでしょ」と言ったりする。このような言葉は，ケアする者は完璧なケアを提供する並外

れた人物であるはずだという人々の期待をはっきりと示している。もし，ケアする者が，現実はたいていそれとはちょっと違っているということを知っていると，その期待はストレスのもとにもなる。もしケアする者もその期待を同じようにもっているならば，その時，これもまたストレスのもととなる。人は往々にして，よいケアをすれば「よい」死が訪れるという期待を共有している。けれども，死は悲しく，美しいとは限らず，醜く，つらく，恐ろしいものかもしれないのである。

　死にゆく人々とともに働くことに無意識のうちに引き付けられる理由の1つは，死は他者にのみ訪れるというファンタジーを維持するのに，その仕事上の役割が役に立つということである。仕事の状況がその人の個人的状況にあまりにも近くなりすぎてこの防衛が崩れた時，その人は仕事ができなくなったり，役割にとどまることもまったくできなくなったりする現実の危険があることを，次に例を挙げて示そうと思う。

　　牧師（チャプレン）である私は，ある朝病院の集中ケアユニット（ICU）から，死にゆく少年の両親に会ってほしいと呼ばれた。ジョンは13歳で，通学途中にトラックに轢かれた。彼の母親ブラウン夫人は，ジョンが学校に遅刻しそうになったので，自分が階段の下から「遅れるわよ！　早く起きないと……！」と叫んだ，とその時の様子を説明した。ジョンはようやく走って下りてきて，着替えながら玄関のドアに向かった。そして，遅れるから朝食はいいと言って通りに走り出て，さらにトラックが通る道路の曲がり角に走っていった。彼は，おそらく脳幹死であろうと診断され，そして確定のための最後の検査を待っていた。
　　ブラウン夫人が語っているうちに，私の心はどんどんかき乱され，彼女の話を聴くことができなくなってしまった。私はただ彼女を黙らせ，逃げ出したかった。私が自分の役割を果たすことはもちろん，その部屋にとどまることさえ難しくなった。自分がその場を去り，気持ちを整理することが必要だと感じた私は，ついに詫びを言って待合室を後にした。外に出ると，上級看護師のルネがどうしたのかと私に尋ねた。私は，デイビッドがかわいそうで，と言った。「デイビッドって誰？」と彼女は聞いた。ICUにいる脳幹死のデイビッドだ，と私が言うと，「でも，私たちはデイビッドという患者は受けてないわ」と，彼女は答えた。「ジョンという患者だけよ。

見てみて」。彼女はジョンが横たわっている部屋に私を連れて行った。そこで私は，それが私の息子のデイビッドではないと気づいた。

　それから私は，その日の朝，仕事に出かける時に，妻が息子に「遅れるわよ！　すぐに起きなさい！」と叫んでいるのを聞いたことを思い出した。ブラウン夫人が，私にほぼ正確に同じ言葉を使って彼女の話をした時，彼女は一時的に私の妻になり，息子が死にそうだと言ったのだった。ICUの待合室で，私はその状況とあまりにも同一化してしまったがために，牧師ではなく，打ちひしがれた1人の父親になってしまったのだった。ひとたび，何が起きていたのかを理解すると，私は待合室に戻った。置き去りにしてしまったことをもう一度謝ると，ブラウン夫人は私に腕を回して抱きつき，「いいんですよ，牧師さん。混乱していらしたんですね」と言った。それから私たちは，彼女と彼女の夫が息子の差し迫った死にどうしたら向き合えるかを，一緒に考えることができるようになった。

　過度の同一化により，私の現実感覚と職業人としてのアイデンティティは，両方ともしばし崩れ去ってしまっていた。このような経験をした後には，同じことが再び起きないように防衛したり，こうした出来事によってもはや影響されないように気をつけたりしたくなるものである。しかし，ターミナルケアの場では，同一化は常に起こりうる。これからも常に，自分やあるいは自分にとって大切な誰かに似た患者が不安をかき立てることが起きるだろう。私たちは，繰り返し過去の喪失に向き合わされ，将来確実に喪失がやってくるという事実を思い出させられる。そのたびに，私たちの仕事は，死から特別に保護してくれるものではないという現実に直面させられるのである。

死の恐怖に対する防衛

　死に直面しての同一化や，結果として起きる境界(バウンダリ)の喪失，そして何とか役割を果たそうとすることの難しさから，専門職者はこうしたことが起きる可能性を最小限にする戦略——仕事による感情的な衝撃に対抗する意識的無意識的防衛——を編み出すようになる。

回避

　例えば，死について語ることの困難を合理化したり（その患者は実際には知りたがってはいないのだ……），あるいは知性化したり（統計用語で語る），あるいはひき逃げ作戦をとったり（唐突に患者に話しかけて立ち去り，それ以上の接触を避けようとする），人々はその人なりのやり方で回避しようとする。また，死と直接接触することを完全に回避しようとする人もいるだろう。

　　多忙な男性外科病棟の主任看護師が，ある朝，ある患者が，彼女がベッドサイドにいる目の前で亡くなり，かなり情緒不安定状態になった。20年以上前に資格を取得して以来，彼女が患者の死に立ち会ったのは，たったの2回であった。彼女は学生時代に非常に衝撃的な死を目撃したことがあった。彼女が動揺するのを見て，当時の主任看護師は彼女に言った。「しっかりしなさい。行って死後の処置をして，それが終わったら他のベッドメイキングをしなさい」。彼女は，二度と再びそんな事態には陥らないと誓った。資格を得てからは，いつもかかわりになるのを避けて，死にゆく患者はかならず他の看護師の担当になるようにした。この時までは，首尾よくいっていたのだった。

タスク中心アプローチと攻撃的治療アプローチ

　タスク中心アプローチを採用することによって自己を防衛する傾向は，目新しいものではない。聖職者は祈りや洗礼の儀式の陰に隠れて，人と人との接触を避けることができる。医師は，聴診器を使って患者が質問するのを黙らせることができる。そのような防衛はしばしば死から自分自身を守る方法となり，「自分には起こらないだろう」と自分を安心させる方法となる。

　臨床医にとってもう1つの方法は，専門技術を伴う攻撃的な治療アプローチに身を投じることである。それは例えば，急進的な再建手術，大量放射線療法，強力な薬剤を混合したカクテル化学療法など，有効性が認められるケースもあるかもしれないようなテクニックである。そのようなアプローチの焦点は，可能な限りの治療，「大成功」にあり，それは大きな万能感を臨床医に与えることができる。こうした疾患に焦点を当てたアプローチは，人としての患者から距離を置くことになりかねず，患者の死は失敗を意味することになる。一方，人

間的ケアの面は，患者の傍にいて，いい人，愛情に満ちた人，思いやりのある人とされている看護師やその他のパラメディカル・スタッフのものとされる。患者が亡くなる時，両者の間にある，口には出されない抗争が拡大し，看護師は医師から否定的な感情を向けられることがある。その抗争は，患者からの感謝を求めての隠されたライバル心に関連しているかもしれない。患者は，死ぬという残されたたった1つの方法で依存を払いのけ，自らの自律性を行使しているように見える。

このスプリットに立ち向かう試みの1つが，**緩和ケア**という専門領域の発展のなかにみられる。ここでは，医師，患者そして看護師の間のパートナーシップが求められ，医師も看護師も，彼らがケアする患者にパーソナルなやり方でかかわるのである。外科手術，放射線治療，そして化学療法は依然として用いられるかもしれないが，その焦点は，治療から症状コントロールと痛みの緩和へと移る。

慢性的「いい人」症（chronic niceness）[1]

終末期にある患者のケアを専門とするホスピスのスタッフは，いつも明るく元気で，死が「よい」死，あるいは「素晴らしい」死となるように，患者や患者の家族へ最高水準のケアを提供しようと一所懸命に働いている。ホスピスのスタッフは思いやりがあり，人々に献身的であることは疑う余地はほとんどないが，彼らや長期にわたって死にゆく人々と働いているスタッフには，「慢性的『いい人』症」の危険がある。それによって，個人や組織は共謀して，死にゆく人々を日常的にケアすることの否定的な局面をスプリットさせたり否認したりするのである。素晴らしい場所で，素晴らしい死を迎えようとしている素晴らしい人々をケアしているスタッフは，素晴らしい人々だという集合的なファンタジーがある。このファンタジーは，ケアする人と死にゆく人の関係が，厄介なことにちっとも素晴らしくない原始的な強い感情を往々にして呼び起こすことがあるという事実に，誰もが直面しないですむように守ってくれる。

上に述べたような伝統的な防衛を放棄してしまうと，ケアする者はこの慢性的「いい人」症の犠牲になる可能性がある。それはあたかも，患者や同僚に対す

---

[1] 原語は chronic niceness。慢性疾患 chronic illness にかけている。

るどのような否定的感情や考えも，それを認めることは自分たちが確立してきたまとまりを脅かすようにみえるのである。誰もが互いにとっていい人であり続けることができるように，「そんなによくない」感情は，スプリットされてスタッフグループの外に追いやられる。例えば，「プレッシャーを理解しない……いつも，もっともっと私たちに要求する……私たちがやっていることの価値を認めていないように見える」管理者たちに，大きな不満が生じたりする。これは，もちろん真実かもしれないが，それはまた，スタッフの凝集性を保つために（第1章参照），グループが妄想‐分裂態勢へと変化したことを示している可能性がある。この場合，どんなマネジメントがなされようとも，おそらく作業グループは誤解するだろう。同じように，スプリットした否定的な感情は，患者の家族に投影されるかもしれない。その時，患者の家族は，ケアの水準やスタッフが患者の世話をするやり方に対して批判的過ぎると思われるかもしれない。スタッフは有能で，思いやりがあって，いい人々という自分自身のイメージが，攻撃にさらされているようにみえてしまう。すると，スタッフが行っていることを本当に評価してくれているのは，──すでに依存関係にある──患者だけのように感じられるだろう。

生存者の罪悪感と感謝への欲求

　本章のはじめに述べたブラウン夫人との出会いでは，ICUで死にかけていたのが自分の息子ではないとわかった時，私は計り知れない安堵を経験した。この感情──精神分析では，それを「躁的勝利感」▶2と呼ぶ──は，しばしば死にゆく患者のケアをする経過のなかで現れ，それに伴って罪悪感がもたらされる（Freud 1917）。今まさに起ころうとしているのが自分自身の死，あるいは誰か大事な人の死ではないと知って喜びを感じていることを，他人に対しては言うまでもなく，自分自身に対しても認めるのは難しいものである。今まさに死を経験している人たちの明らかな苦悩を目の当たりにする時，人は生き残ったことへの罪悪感をも体験するのである。そのような痛みを伴う感情をスプリットさせて否認したいという強い願望が生じることもある。しかし，もし心配と安堵という矛盾した感情を同時にコンテインすることができれば，極端なスプ

▶2　フロイトは，躁病を「コンプレクス」にかかわる病気の1つとし，躁病はコンプレクスにうち勝つかそれを取り除いている状態で，その経験は喜び，歓喜，勝利などとして現われるとした（参考：「悲哀とメランコリー」フロイト著作集6　自我論・不安本能論（1970）人文書院）

リットや投影，否認に頼ることなく，痛みに耐えられるようになるだろう（Klein 1959，第1章も参照）。

　患者たちの感謝は，生存者の罪悪感を緩和するのに大いに役立つ。しかし患者たちは，いつも気分よく，感謝しているわけではない。そこで，もしもケアする者が何とか役割に留まり続けるとしたら，この時生じる否定的感情に対処する方法を見つけなければならないだろう。次に例をあげよう。

　　ロバートは2人の幼い子どもをもつ，35歳の既婚の男性である。彼が膵臓がんの診断を受けた日，彼ははじめのうちはとても悩んでいたが，それからひきこもって口を利かなくなってしまった。私がいつものように病棟に行った時，スタッフがロバートのことが心配だと言ってきたので，私は彼と会うことに同意した。初めて会った時，ロバートは，自分は宗教を信じていないし，この数日間の出来事でそれが変わったわけではないとはっきり言った。私は，自分は宗教を「勧誘する」仕事をしているわけではなく，この数日の出来事について彼の気持ちを聴くことができるようにこうしているのだと説明した。
　　ロバートはしばらく黙っていたが，やがて涙があふれてきた。そしてついに彼は言った。「子どもが大きくなっていくのをみることができない……でも，今はまだそのことを話せません」。私は，あなたが今すぐ話す気持ちになれないことは理解できるが，もう一度会いに来てもいいかと尋ね，いつでもスタッフが私に連絡を取れることを説明した。その後，治療とケアが続いた数週間，私はロバートを定期的に訪問した。この面会の期間中，公式な宗教的な仕事はしなかったが，私たちはロバートにとって手術不可能な腫瘍があることはどのような意味があるのか，そして治療がロバートや彼の家族に与えている衝撃について話した。この面会のうち数回は，他のスタッフも同席して行うことができた。ロバートは，彼の将来を失うことへの深い悲しみと妻や子どもたちへの気がかり，そして今起きていることへの怒りを語った。ロバートは，彼が人生を理解していけるように，私が**あるがままの彼**にかかわりたいと思っていることがわかると，私をサポート役として，そしてリソースとして利用することができるようになった。
　　それから，私が年次休暇で不在になる時期が近づいた。私は，ロバートに私の不在に対して準備をさせようとした。そして，休暇中，私の代わり

になる同僚を紹介した。この時点で，ロバートは胆管閉塞のため，一時的に痛みを緩和するための再建術を行わなければならなかった。彼はその手術からは順調に回復したが，状態が悪化していることは明らかであった。子どもたちについての彼の不安はさらに深刻になった。何回かの家族セッションがもたれ，子どもたち全員が父親の病気とおそらく死を迎えるだろうということの影響について話し合うことができたが，ロバートが子どもたちに話したいと思いながら，まだ話せないと感じていることがたくさんあった。私からの提案に従って，彼は子どもたちと妻のそれぞれに手紙を書く決心をした。その手紙を書くのには時間がかかったが，ついに書き終えて，私に保管してくれるよう渡し，そのことを妻に話した。彼はそれから，休暇に入る前の晩に私が彼を訪ねると約束してほしいと頼んだ。

　私がその約束の訪問をした時，ロバートはまあまあ落ち着いていて，話したがっていた。彼は私たちがこれまで何週にもわたって話してきたたくさんの話題について振り返った。そして，さらに自分がなお探索する必要がある部分があることを強調した。私は，ロバートが最期と向き合おうとしていること，しかし同時に，なすべきことがたくさんあるのに，もうそれほど時間が残っていないことを言っていると感じた。彼は私たちがやってきたことについて私に感謝したが，それ以上に強い感情は，なされなかったことすべてに対する悔恨の念だった。この段階で私は，この新しい仕事に自分が役立てないことでロバートをがっかりさせてしまったことへの罪悪感と，残された時間内にロバートが望んでいることを成し遂げる助けになれないという挫折感を体験し始めていた。私が，これらが入り混じった感情を理解しようとしていると，ロバートは不意に，私に明日から休暇に行くのかと尋ねた。それから彼は，私が妻や子どもたちも一緒に行くのかどうかと尋ねた。再び私は，そうだと答えた。沈黙のあと，ロバートは大声で憤慨して言った。「へぇー，それはあなたにとって万事好都合ですね！あなたが戻ってくる頃には，私は死んでいるだろうし。いい休暇をとってこいよ！」。彼は，それからくるりと寝返りをうって私に背を向け，頭の上までシーツをかぶった。

　私はこの「不当な」突然の爆発と，休みをとることに罪悪感を感じさせられたことに，非常な怒りを感じた。ここでロバートとの問題に取り組むべきかどうか，あるいは立ち去って，ロバートがあとで最期の別れのことで

嫌な気持ちになる危険を冒すかどうか，私はどうしていいかわからなかった。しかもその瞬間，私のある部分は，このように私たちのよい関係を台無しにしたことで，彼に後悔してほしいとも望んでいた。それは，今起こっていることについてじっくり考える能力を維持することが私には難しいことを証明していた。すこし間を置いて，私は言った。「ロバート，こんなふうに別れることになって残念だ。あなたが，私が行ってしまうことにとても腹を立てていることはわかる。けれども，仕方がないことだ。私は今さよならを言わなければならない」。そして，そう言いながら彼の腕に触れた。反応はなかった。それで私はベッドサイドを離れ，病棟の主任看護師を探しに行った。私はひどく腹が立っているので，何が起きたのかじっくり相談する必要があると彼女に言った。私たちはオフィスに行き，コーヒーを飲んだ。そして，ロバートと私の間に何が起こったのか理解しようと試みた。

サポートとコンテインすることの必要性

死にゆく人々が，ケアする者は自分たちを見捨てたりしないはずだと期待するのは，理解できる。とくに牧師は，いつでも会うことができ，親切で，穏やかで感じがよく，彼に「投げ入れられた」どんなものでも受け取り，コンテインすることができると思われている。この期待はたいてい，牧師を雇い入れている組織の他のケアスタッフによっても共有されている。スタッフがストレスやもろさを感じる時には，否定的な投影の受け手として牧師を一員にもつことは非常に有用であろう。この事例では，私は自分の困難な感情を管理するのに可能なかぎり最善をつくした。それで，自分自身のサポートが必要となり，主任看護師からそれを得たのだった。

そのことについて一緒に話すうちに，私は自分の怒りのいくらかは，ロバートの病いに対してと，自分たちの誰もが彼をちゃんと元の健康な状態に戻す能力をもっていないことに対してであることを悟った。私はまた，自分がいなくなることだけでなく，ロバートの怒りにもっと前から対処できなかったことに罪悪感を感じていることも理解した。私は，自分たちはそのことを話してきたと思っていたのだが，今は，「時計を巻き戻して」もっとうまくそれをやりたいという切なる願望を経験していた。それは，臨終の際に特徴的に見られるものである。私の感情はロバートの感情を映し返していた。それは，幸福であった

ことへの感謝，悲しみと怒り，そしてまた，できうる限りすべてをやり遂げられなかったことについての罪悪感と不安が入り混じったものであった。主任看護師と一緒に私の感情にいくらか風を通したことによって，ロバートが表面上は感謝の言葉を口にし，よいことを言ってくれてはいたが，内面では怒りを感じていたことに私がちゃんと気づいていなかったことが，しばらく経ってわかってきた。私はまた，自分がロバートに感謝されることを必要としたために，お互い結託していい人でいる結果になったこともはっきりと理解した。ロバートは確かに感謝していた。しかし同時に彼は，自分が死に直面しているのに，私が健康で，休暇に行こうとしているという事実がとても羨ましかったのである。

　この事例では，私は必要とした助けを主任看護師から得ることができた。しかし，同僚同士同じような感情を経験しながら，お互いにコンテインしあえないでいることがよくある。そうした状況には，これらの感情が行動化されたり投影されたりするのではなく，コンテインされることが可能になるように，スタッフグループと／もしくは管理職へのコンサルテーションが必要である。まさに私が，牧師としての役割のなかで，考える力を取り戻して過度な罪悪感や怒りを感じたまま休暇を取ることがないようにするために何らかの場が必要だったように，スタッフグループは仕事を行ったせいで心理的に抱えることになるものを理解するための場を必要としているのである。それによって，ホスピスあるいは他のケア施設は，その一次タスクに再び従事できるようになるだろう。まとまりと考える力を回復し，クライン派の用語で言えば，妄想－分裂態勢から抑うつ態勢へとグループをシフトさせることを可能にするのは，アンビバレンスに耐える能力なのである（第1章参照）。

結論

　「慢性的『いい人』症」に向かう傾向は，完璧なケア提供者でありたいという願望の一側面である（第12章の「罪悪感と償い」を参照）。この願望は，ケアする者個人にとっても，そしてケアする者のグループにとっても患者のグループにとっても，大きなストレスとなりうる。死にゆく患者あるいはその家族にとって，自分が完全ではなく，ほどよいケア提供者であると思えることは，たいへんな解放感を与えてくれることである。「抑うつ態勢の徹底操作をくぐり抜けることで葛藤とアンビバレンスを受け入れ，そして耐えることのできる力が強化

される。その人の仕事は，もはや完全なものとして経験されることはない……なぜなら，不完全であることは避けようがなく，もはやつらく苦しい失敗とは感じられないからである。この成熟したあきらめから，……真の平穏が訪れる。それは，不完全さを受け入れることによって，それを越えていく平穏さである」(Jaques 1965: 246)。

　しばしば，死にゆく人々は，その人の人生のこのパートを貴重な時間とするために可能なことはすべてしてあげたいという願望をケアする者のなかに引き起こす。しかし，完全を追求することは，かかわりのあるすべての人にかなりのストレスを引き起こす。その特定の死にゆく人のために，ほどよいケア提供者となろうと目指すほうが，より現実的かもしれない。このようにして，それぞれが適切で健康な方法で他の人を手放すことができる強さを見つけることが可能になるだろう。

第11章
天使も踏むを恐れるところ[▷1,▶1]
病院看護における理想主義，失望そして思考停止

アンナ・ダーティントン

　出産，死，外傷，疾患のプロセスをめぐる原始的なケアシステムの組織は，人間が遥か昔に種の存続に関心をもつようになった時から存在する。有償無償を問わず，看護が社会から必要とされることはまさに必然ではあるが，それは社会に，そして看護師自身にもこの仕事に対する感情的でアンビバレントな態度を引き起こす。私たちは看護師をみると，それは医師でもそうなのだが，自分たちの病気による潜在的な傷つきやすさや依存性，そして死すべき運命というものを思い出させられる。

　心理社会的な文献にしばしばとりあげられている看護に対する「理想化」と「軽視」という社会の矛盾した態度は，例えば，低賃金と貧しい労働条件といった現実と対比させて無私の心をもつ看護師たちの英雄的物語を描き出す新聞記事のなかに映し出されている。それに対する看護師自身の反応は，ときに万能という錯覚を伴う理想主義の高まり，そして深い失望感である。

　現代の看護には，看護師は考えるべきではないというネガティブな期待がついてまわる。考えるというのは，ジョーンズ氏に処方された睡眠薬が1錠か2錠かを記憶しているということではなく，自分の仕事やその効果と意義について内省するプロセスのことを言っているのだ。つまり，患者の情緒状態について観察したことを心にとめ，その人の想像力と直感によって理解する能力，建設的な批判をする機会，そして労働環境に影響を与える力のことをいうのである。これは，看護師が考えないと言っているのではなく，必要性や伝統や服従に支配された職業生活のなかにリフレクション（スペース）のための空間を作ろうとするには，意志を働かせなければならないと言っているのである。いつもそこに欠け

▷1　本章の全体は雑誌 Winnicott Study 7, Spring, 1993, pp.21-41 に掲載されている。
▶1　18世紀英国の詩人アレクサンダー・ポープの詩『批評論』の有名な一節，「天使も足を踏み入れるのをためらう場所に，愚か者は飛び込む」から。E.M.フォースターに同名の小説もある。

ているのは，権限をもつ人に「なぜ？」と問いかける機会であり，そう聞かれても驚くことなく答えに興味を示し，そしてお互いに問いかける精神をもっている人である。

　考えないようにという期待は，前に述べた軽視と関係しているかもしれないが，その単純な表れではない。それどころか，看護師は仕事において受け身でいる能力が評価されることもあり，それ自体が病院文化にしみ込んだ禁欲主義という理念の一例となっているのである。そしてまた，考えないようにという期待は，医師／看護師の機能の対照性という点から簡単に説明することもできない。多くの医師が，即座に賢い考えをもつことができると何の根拠もなく期待されているのは事実である。そして彼らは，返す答えがない時には，答えをひねり出さなければならないという情け容赦ない圧力にさらされているのである。しかし，医師たちが時に共謀して知ったかぶりをすることがあるのと同じように，看護師もまた共謀して考えないようにすることがある。

　私たちが組織における無意識のプロセスについて考えようとするなら，人的資源のたいへんな無駄となるそうしたなれ合いの防衛パターンの源として，組織全体を見ざるを得ない。私たちは，職場における女性の因習的な役割という観点から，看護師が考えないという期待をめぐる看護師たちの共謀について明らかにすることができた。ジェンダーの問題は，その多くが女性である労働力について考察するうえでは見当違いな問題ではない。しかし，さまざまな意味において，一般の看護師が常に「母性」役割をとりながら働くことが非常に重要とされる一方，私の経験では，看護師たちは自分たちが男性そのものによってではなく，社会システムによって抑圧されていると感じているのである。本書の文脈において最も関心があるのは，組織と社会のダイナミクスを観察することであり，それは患者と組織が交差するところで働く考えない労働力の必要性を説明することになるだろう。

病院文化のインパクト

　患者として，またはスタッフとして病院内で時を過ごしたことのあるほとんどの人は，自分たちが世界から置き去りにされたような感じに襲われた光景や音や匂いの最初のインパクトを憶えているだろう。その記憶は，恐怖と結びついて，消え去ることはない。私たちが，自分の身体，ことによると生命を，赤

の他人の手に委ねる時の不安は完全に理解可能なものである。スタッフが自分自身の恐れを受け入れることはもっと難しい。すなわち，赤の他人が自分たちのことを信じようとしているからには，責任の重さとそれに付随する依存には抗しがたいものである。

ここで私は，2つの見地から，新しく施設に入るということのインパクトについて論じようと思う。1つは，私自身看護学生であったことからの見地であり，もう1つは，25年後，看護教員のためのグループワークのコンサルタントとしての見地である。いずれもロンドンにある大規模な教育病院であった。

いくつかの個人的な回想

私は18歳の誕生日を迎えるとすぐ，看護師養成所に入った。学生の大部分は中流階級の人たちで，大多数が大学に進学するかわりに看護師教育を選択していた。何人かは敬虔なキリスト教信者であり，看護を宗教的な使命の1つのかたちととらえていた。その文化はきまじめで，ひたむきで束縛が多かった。

大学に通う友人たちと話をしていると，彼らに比べて自分たちには教師に質問する機会がほとんど与えられていないことを実感した。確かにゼミというものには出くわさなかった。看護学校は知的な若い女性を入学させていることを誇りにしているようであったが，その女性たちの心に何が起きているかということには無関心なように見えた。教師は感じのよい人たちだったが，首尾一貫してよそよそしかった。そして，私たちもまた，お互い無関心であることが期待されていた。私たちはもちろん具体的な事実については質問したが，自由にものを考える3歳児の無邪気さと残酷さの両方が欠けていた。私たちはずっと沈黙したままであった。もしかすると，教師たちをむしろ壊れやすいもののように思っていたのかもしれない。

私たちは，自分たちもまた壊れやすいということをまだ学んでいなかった。そして，病院がコンテインしているすべての恐怖を恐れていた。初めて外科病棟に行った時の記憶はとくに生々しく残っている。

> 私は，あらゆる開口部からチューブがでている人のベッドの端に立っていた。その人はあまりにもきつくベッド柵を握っていたため，指の関節が白くなっていた。私はめまいがして気が遠くなりそうだった。私には，その男性が拷問を受けているかのような連想が湧いたが，あまりに恐ろしい

考えだったので、友人にもそのことを口にすることができなかった。その友人は、温度板についてまともな質問をしていたのである。その後、ひんやりする廊下に座って気を取り直そうとしていると、自分が馬鹿のように思えてきた。新しく病棟に入院した患者は、同じような白昼夢を見るかもしれないし、私のように自分を恥ずかしいと思うのかもしれないということが、ふと心に浮かんだ。

この体験から私は、病院がいかに濃厚な原初的不安であふれているかということの幾分かを学んだ。その原初的不安とは、スタッフが患者に潜在的にサディスティックな力の乱用、虐待をしているという不安である。しかも、誰もがこのような恐ろしい考えをもっているのだが、誰もそのことを話そうとはしないことも。患者もスタッフも同じように、禁欲し抑圧することが期待されているのだ。私は、いったん病院で働きはじめると、こうした不安が減ったことに気づいた。私はベッドにしがみついていた男性とおしゃべりをすることができた。彼が私にサッカーの試合結果を尋ねたり、私も彼の尿バッグを交換したりした。こうして、普段の実際的なやりとりをするなかで、私は安心することができたし、彼もまた同じであった。病院においては、観察者であるよりも能動的な参加者であることのほうがたやすいことが多いのである。

忘れられない別の思い出は、最初の病棟での2週目のことである。そこは男性の内科病棟だった。

> 患者のほとんどは新人看護師よりもはるかに年上の人たちであったが、唯一の例外は、ある19歳の少年だった。彼は、ほかの若者と話をするのを楽しみにしており、私にとってこの少年は、病院外の友だちとのもっと気楽な世界とつながるような存在であった。当時は、病棟には十分な職員が配置されていて、患者と話をする機会があった。デイビッドは検査のために入院していた。彼は健康的でハンサムで、高齢の冠動脈疾患の患者に囲まれて、まったく場違いな感じがした。
>
> ある日の午後、同級生である友人のケイトが、病棟の配膳室にあわてて

▶2 かつて英国では、看護学生は看護師の一員として働きながら訓練を受けていた。したがって、ここで働き始めるというのは、学生として実習を始めるということである。後で出てくる新人看護師も看護学生を指す。

入ってきた。彼女は，コンサルタント医と病棟師長の会話をふと耳にしたところだった。2人は，デイビッドの死が差し迫っていると話していたという。私は彼女の言葉を信じたくなかった。しかし，ケイトの表情から，それが真実に違いないとわかった。彼女は「白血病だって」と付け加えた。私は怒りのあまりのろのろと自分の業務を続けた。私はデイビッドを避けていたが，ある時彼は私を呼び止め，「よかったらこのチョコレートどう？ たくさんもらっちゃったから」と言った。私は考えもなく，「いいえ，あなたが持っていて。あなたがよくなった時の楽しみに」と言った。デイビッドは憤怒と憐みの目で私を睨みつけ，「君にこれをもらってほしかったんだ」とだけ言った。私はチョコレートを受け取り，彼は私の真剣な謝罪を受け取った。デイビッドはその3日後に亡くなった。

その3年ほど前，イザベル・メンジーズ[3]が今日では有名となった教育病院の看護サービスに関する研究を発表していた。「看護学生個々のスーパービジョンはなく，とくに看護学生が最初の実習での衝撃を徹底的に検討して，患者との関係や学生自身の感情的な反応をより効果的に取り扱うことができるよう援助するような小グループ教育もない」（Menzies 1960; 61）。

私にはデイビッドがなぜ亡くなったのかを理解する必要があった。病棟師長は，私に白血病について一般的な話をするために時間を割いてくれた。「あなたは，慣れるわよ」と彼女は言った。親切で言ったのだろうが，本当の意味は何だったのだろうか？　彼女は体験の世界へ，より大きな客観の世界へと招待してくれたのだった。しかし，そこには個人スーパービジョンも精神的に消化し吸収するための機会もなかった。それはただ，逃避と否認への誘導であった。このような悪気のない無邪気な方法で，システムは不安に対して防衛的な組織を長らえさせていくのである。

▶3　Izabel Menzies-Lyth．タビストック研究所の臨床心理学者。ロンドンの教育病院でフィールドワークを行い，看護部組織が職務に根ざした不安に対する集団的防衛となっているとする論文を1960年に発表し，大きな論争を巻き起こした。近年，その研究が再評価されている。

看護学生のグループの企画

それから25年が経ち、私はある大きな教育病院で看護教員からある話を持ちかけられた。彼女は、患者に対する自らの感情を取り扱うことを問題にする学生が増えていることに気づいていた。彼女は、実習の初期に病棟に配置された新しい看護学生たちに毎週話し合いのグループを提供するという企画に、一緒に加わってほしいと私に依頼してきた。教員が各々のグループのリーダーとなり、私は教員たちに対するグループコンサルタントとして活動することになった。

学生たちは、みな自信にあふれているように見えた。男性と女性、スタイル、人種、言葉のなまりなどがさまざまに混じり合っていて、全体的な印象は総合学校6年生[4]といった趣だった。教員たちはようこそという雰囲気で、くだけた感じだった。教員たちは学生たちのサポートになると考えて、同僚が率先して事を運んでくれたことをありがたく思っていた。グループではサポートという意向が常に際立っていて、そのグループもサポートグループとして知られるようになった。だが、私としては、このグループをむしろ看護という仕事について探求するミーティングと考えたいと思っていた。私がそこで見て取ったように、安心というかたちのサポートが探求に取って代わられることは危険なことだった。しかし、私がこのようなスタンスをとったために、気難しく、いくらか辛辣な人というふうに見なされてしまった。

最初、グループに参加した学生は、約60パーセントだった。学生の年齢が上のほうほど、関心があるようだった。1つの仮説は、若い学生たちはまだ思春期のアイデンティティの問題と闘っており、しかも、新たな施設で新たな役割を担うというプレッシャーもあって、これは、彼らの心理的防衛機制に対する厳しい攻撃ととらえられたのかもしれない。これ以上、グループで感情的な体験にさらされることは耐えられないだろうと予期したのかもしれない。

その企画は、メンバー6、7人のグループが4つでスタートした。グループのテーマは、学生たちが話し合うなかで浮かび上がってきたもので、大きく分け

---

[4] 総合中等学校 Comprehensive school とは、第二次世界大戦後、教育の機会均等を目的として英国やヨーロッパで行われた中等学校改革によって作られた新制度の学校で、同一地域内のすべての児童生徒が、教育目的や能力、社会的背景などの違いにかかわらず、等しく学べるように定められている。

て以下のようなカテゴリに分類された。

- 病院スタッフによる潜在的かつ実際的な力の乱用；例えば，末期の患者に望まれない治療を強いること。
- 自分なりの考えをもっている患者の扱い方；例えば，人工妊娠中絶のために入院している患者がいる婦人科病棟にいることに不服を唱えたローマカトリック教徒の患者（彼女を移動させることは管理部門が断った）。
- 専門的役割を維持しつつ，悲惨な出来事に対する自分自身の反応に対処すること；例えば，事故による脳損傷で二度と意識が回復する見込みのない10代の若者について。
- ミスに関連した恥；例えば，患者から死ぬ前に息子を呼んでほしいと頼まれたことを忘れてしまったこと。

　教員たちは，そのグループで語られたいくつかの出来事や葛藤にかなり動揺させられた。というのも，その話し合いによって，自分がすでに忘れてしまっていたか抑圧していた何かを考えさせられたからである。彼らの思いは，看護学校で教えられたことと多忙な病棟での実践という現実との矛盾にばかりに向いていった。教員たちは学生たちが体験した幻滅感や無力感を感じた。時折，彼らは死にゆく人をいかにケアするかといった話題について話し合う必要があると感じた。ただ，その時標準的手順についての関心だけでなく，その状況に希望を注入することも必要だと感じていた。学生に話し合いの場を提供したことで，無力感と挫折した理想主義の痛みは看護システムのもう一方の部分へと押しやられることになったように見えた。教員グループは平穏でいられなくなり，スーパービジョンのためのグループへの出席は不規則となった。

　教員の何人かは，学生たちの精神的な痛みの程度をあえて知ろうとはしなかった。そして私は時々，彼らが解釈的なアプローチを試みようとしないことに対して，かなりいらいらした。それがあれば，おそらく学生たちがコンテインされ，理解されたと感じる助けになったと思われるのだが。そこには，しばらく私に麻酔をかけておきたいという願望があった。私はその病院に対するアナーキーな脅威を示していたのだろうか？　これは頭のおかしい誇大的な考えのように思えたが，私は教員たちが，彼らを何か危険なものへと私が押しやっているように体験していると感じた。徐々に，それがはっきりしてきた。助け

になる解釈をはっきりと口にすることは，結果として親密さと依存を大きくしていくようである。それは，ひとたび学生が実習での自分たちの苦痛の大きさに気づくと，あたかもその重荷を教員のドアの前に置いていくようだった。「あなたはこれに気づかせてくれた。それで，これをどうしてくれようっていうの？」というわけである。教員たちは責任を負わされているように思った。このことは，学生が直接的かつ個人的に患者とかかわり，不可能な要求を含む患者の愛着とかかわることの不安を映し出しているようにみえた。

　私や学生そして教員の全員が直接的に体験していたのは，病院システムの無意識の想定であった。つまり，愛着は，感情的欲求に圧倒されて能力を発揮できなくする恐れがあるために，回避されなければならならず，同僚や上の者への依存も避けるべきであるというものであった。人は，他者に要求することなく，ストイックになり，自分の個人的な反応をすすんで抑制しなければならないのである。

　ちょっと施設を患者と見なしてみると，それはまるで感情的依存がもっとも危険な伝染病のように体験されているようなものだ。全員が潜在的保菌者と疑われ，致命的かもしれない規模の流行がいつ起こるかわからないのだ。わかっている予防法はストイシズム（禁欲主義）のみであり，それは模範によって管理され，偽りの保証とともに流し去られるのだ。その患者／消費者はすでにひどく感染してしまっているので，彼らの制度化された役割〔患者役割〕によって，彼もしくは彼女は礼儀正しく安全な距離にとどめ置かれなければならないのだ。

　私たちは皆，ホスピスのような小規模なヘルスケア施設では患者やスタッフの適度な依存は認められており，それが非常に好ましい結果をもたらしていることを知っている。不運なことにほとんどの看護師は大きな病院でトレーニングされていて，そこでは依存が奨励されると同時に罰せられるようなある種の狂気が，組織プロセスによって生み出されているのである。

モチベーション，フラストレーション，そして満足

　組織生活におけるストレスや苦痛にもかかわらず，看護師は看護に喜びと満足を見いだそうとし続けている。仕事の満足について定義するのが難しいことは広く知られている。私たちがその仕事を選んだ理由や，満足を与える要素の大部分は無意識的なもので，複雑な感情的欲求と関連している（Main 1968, 第

12章も参照）。しかし，何かを修復したいという欲求をもっているために，多くの人々がケアを提供する職業へと引きつけられるということは広く観察されていることである。この償いたいという欲求は部分的には意識されているかもしれない。それは罪の意識または気がかりから生じていて，その目的は感情的な傷を癒すということである。つまり自分自身の，あるいはその人の内的世界に住む傷ついた人物の傷を癒すことである。それは，他者を助けるという社会的に受け入れられた方法で表現されることがある。償いたいという願いが健康であっても（他者の癒しを促進しながら，自分自身を癒すことは心理経済からみてもよいとさえ言えるのかもしれない），それが強迫的な性質を帯びると問題が生じる。私たちは例えば，慈善家の自己満足的なモチベーションにこれを見る。彼または彼女自身の傷つきやすさについての現実認識はなく，他者のなかにのみ問題を見いだし，そして相手の同意のあるなしにはおかまいなしに人々を「救う」ことを決意した人である。

　看護師に願望を生じさせるものが何であれ，仕事の満足は単なる患者の存在にかかっているのではなく，看護師を必要とする患者の存在にかかっているのである。

　　私は，心理療法士の研修生であるジェーンから，ある困難な仕事についてスーパーバイズしてほしいと依頼された。彼女は肝臓病棟に勤務するすでに資格をとった看護師たちのグループのサポートをするように言われていた。その看護師たちは，長いことストレスに苦しんでいた。その不平不満をオープンに話す人もいたが，みたところはたいしたことのない病気を理由に長期の病気休暇をとっている人もいた。ある人は退職し，また別の人は別の病棟への異動を要求していた。病院管理者は非常事態と見て，スタッフのサポートを提供するためにいくらかの予算が充てられることになった。丸一日費やしての一連のミーティングが計画され，そこでジェーンは看護師たちにリラックスして自分たちのストレスについて語る機会を提供するつもりであった。総勢12名のうち，参加を希望したのはたった5人だった。
　　ジェーンは，短いリラクセーションエクササイズをいくつか行う計画でいたが，看護師たちはリラックスできなかった。1人はアイロン板のように寝ていたし，もう1人はこんなのまるで意味がないと言い，他の2人は

何かが「さらけ出される」のではないかと不安だと話した。それでジェーンは彼らに，グループになって話すだけにしようと促した。

　意外ではなかったが，彼らは病棟での死亡件数，数日または数週間にわたって骨の折れる集中ケアを行った後に亡くなった肝臓移植患者のこと，その家族の苦しみ，自分たち自身の疲労困憊ぶりについて語った。彼らにとって語ることが最も難しかったのは，時折感じる，自分たちのあらゆる努力やケアを無にするようにみえる患者への恨みや憎しみについてであった。それはアルコール依存や薬物依存の患者たちで，繰り返し治療のために戻ってくるのだが，その意図は単純で，彼ら自身の死を見て見ぬふりをし続けるためのように看護師には見えたのだった。

　この看護師たちは，アディクションの複雑さや誰とも折り合えない態度についてよく知っていたかもしれないし，そうではないのかもしれない。私たちが知的に理解していることは，私たちが毎日毎日，他者のなかのいつまでもなくならない自己破壊性という絶望に直面させられている時には，大して重要ではないことが多い。看護師たちは償いのチャンスを奪われたと感じていた。彼らは，患者がもっとよくなるように援助することができないせいで，自分の仕事からどのような満足感や意味をも体験することができなかったのである。ジェーンは，少なくともこの看護師たちが自分たちのストレスの元にあるものに気づくように援助することはできた。患者がよくなることを拒否している（と，看護師には見えた）ために抱く患者への憎しみを認め，理解したおかげで，彼らは患者の苦悩を無視することで患者に仕返しをするようなことがなくなったのである。

　この種の仕事の満足感に関する極端なフラストレーション状況で働く人たちには，痛みや怒りに対する適切な防衛を働かせる機会が必要である。それには，一緒に重荷を分かちあってくれるような誰か——もっとも望ましいのは先輩——が身近にいることが必要である。強いストレスを受けてますます硬直化したシステムにおいては，おそらく「なぜ？」と問いかけるために外部の人間が呼び入れられ，考えるための触媒や容器となる必要があるだろう。

　もしこのような機会がなく，長期間，適切な防衛がつねにブロックされているならば，二通りの反応が起きる。1つ目は，倒壊 breakdown／逃走 breakout の解決方法である。これには，心身症的な症状の進行が含まれており，仕事の

回避，長期の病気休暇，うつ，そして究極的には退職ということになる。こうしたことはやはり，肝臓病棟で起きたように，かなり遅まきながら，残ったスタッフへのサポートが提供される段になって気づかれるのである。

　2つ目の解決法は，働いている人たちのなかに起こる病的な心的防衛の進行である。これは徐々に進行するため，1つ目と同じようには気づかれない。人々はしばしば，感情を逸らせたり，麻痺させたりするのに役立つ殻を自分たちの周りに築く。これは大部分が無意識のうちに進む。このような殻がもし永続的なパーソナリティの特徴になったとしたら，それは個人にとって大きな損失となる。その人はもはや感情的環境に十分に反応することができなくなるからである。結果としての孤立は，クライエント，患者そして同僚にとって危険である。彼らは無関心さのなかに隠れている潜在的な残酷さを感じ取るだろう。

　適切な防衛とは，状況が苦痛であり，まったく耐えられないものであることを認識するなかで活用されるものである。それには，仕事上のタスクを維持するために自身をストレスから守ろうとする試みが含まれる。病的な防衛は現実を否認し，ほんとうに狂気じみたことやほんとうに耐えがたい状況があたかも完全に許容できるものであるかのように存在し続けるために活用される。だが実際には，働き手を守り仕事上のタスクを維持するには，その防衛に立ち向かっていく必要があるのだ。病的な防衛の心理的プロセスには，ストイシズム（禁欲主義）のような穏やかなものから，興奮をかき立てて絶望を消し去ろうとする躁的な否認のような激しいものまである。躁状態の時には，人々は痛みにも危険にも気を止めなくなる。

母性的な転移と逆転移

　ウィニコットは，母親たちがただ「ほどよい good enough」だけでいいのだと感じるように援助したが，彼はその考え方を援助の専門家にも拡大した。彼は，ふつうの母親がなぜ自分のふつうの赤ん坊を憎むようになる時があるのか，その理由を列挙し，なかでも赤ん坊が母親を「容赦なく，彼女を屑のように，只働きの召使いのように，そして奴隷のように扱う」(Winnicott 1947: 201) ことを挙げた。看護師は，動揺し，おびえ，怒り，依存する患者をケアする時に同様の感覚を経験することがある。そばにいて役に立つことを絶え間なく要求されることは憤懣や自己の傷つきを引き起こす。それは，家庭で子どもと一緒に

いる母親たちが、自分たちが社会的評価の低い活動に追いやられていると不満を言うのと同じである。母親たちは事実、子どもを愛していて一緒にいたいと思っているにもかかわらず、そう思うのである。すぐに使えることは軽視されることと結びついているようである。ほどよい患者とは、不快な面があるにもかかわらず、看護師にほどよい満足感をもたしてくれ、仕事を続けられるようにしてくれる患者であると言えるだろう。ほどよい患者は、看護師が必要とされることを必要としていると同時に、過剰な感情的要求に対してはいくらかの保護を必要としていることを感じ取る。

看護師と患者が否応なく親密になる瞬間がある。看護師は自分が記憶に残るだろうということを知っている。彼女はまた、非常に強い感情が一時的に自分に転移されることも知っている。彼女は、患者が生命の危険を伴うような大手術の後に目覚めて彼女をみる時、患者たちは幻覚をみているのではなく、その時生きていることの素晴らしさと結びついて、看護師を天使のように感じることがあるということを知っている。このような瞬間、患者と看護師はそれぞれ相手を個人として体験するだろう。しかし、これまで見てきたように、病院の文化においては看護師たちが自らの経験に動かされることは奨励されていない。愛着はシステムを脅かすように感じられるのだ。それゆえたいてい看護師は、この濃厚な仕事の満足感を感じさせる瞬間を自分だけのものとして秘密にしておく。これは、患者が無意識のうちに看護師に戸惑いを伝えてくるからである。それは、大人でありながらまるで乳児のように感じることへの戸惑いである。看護師は患者のために戸惑いを「抱っこ」して、それについては話さない。あたかも彼女と患者の間に協定が結ばれたかのように。看護師の償いと母性的な本能の充足と、患者にふさわしい依存欲求との協定である。

結論

病院という教育環境から足を踏み出して、地域でさまざまな看護の役割をとり始めると、看護師たちは新しい職業的自律性と、さらに患者の自律性に対して急激な恐れを体験する、と多くの看護師たちが私に話してくれた。地域看護師たちは、自分たちが以前は保護されていたことに振り返って気づくようになり、そして、病院で働いている間、自分で考えることも、自発性を発揮することも期待されない専門職として、まるで子ども扱いされていたことに気づくよ

うになる。もし施設病が慢性化しておらず，そして新しい仕事の環境が個別性に対して十分に許容的であったならば，看護師たちはいずれ自分たちの好奇心と考える力を再発見するだろう。

　私たちのほとんどは，何も考えずに，思い込みで働く自分の仕事の領域をもっている。それは無害な習慣のように主観的には経験されているが，いったん疑問をもつと，その理由を誰もはっきりとはいえないのが事実であるにもかかわらず，そのルールがなくなることはない。この組織生活における立ち入り禁止の領域は，通常は最も大きな不安を生みだすところである。社会の人道的な施設にこのような不安の領域があるのは，クライエントや働く人たちの病気，死，恐れをコンテインする方法と同じである。激しい感情が生じると，組織の効率性ばかりでなく組織そのものの構造までも脅かすように感じられる。国民保健医療サービス（NHS）のように巨大でおそらく文字通り管理不能な組織では，組織の残りの人々が感情から解放された区域で働いていると感じられるように，この不安を抱え，なんとかコンテインしようとすることがスタッフ／クライエントの境界（バウンダリ）で働く人々の宿命であるように思える。これを維持するために，この前線で働く人々は沈黙させられるか，麻痺させられるか，幼児化されるか，さもなければ無力化されなければならないのである。とりわけ看護学生たちは，しばしば幼児化され無力にされたように感じる。彼らは，恐れを感じながらも患者に対しては強いふりをしなければならないために，自分自身があたかもただ看護師を演じているだけのように感じる。看護学生は，「あなたはずっと看護師になりたいと思っていたの？」とよく聞かれる。その言わんとすることは，この職業選択は何らかの甘い考えや無邪気な考えからなされた，あるいは，なされたに違いないということである。

　看護師たちは，専門職となるまでの濃密な過程を設けることによって，自分たちに押しつけられた，考えないという風刺に反発している。そこでは学士号を取る機会の増大と，学位の取得が奨励されている。プロジェクト2000▶5のもと，看護学生は高等教育機関において，病棟から離れて多くの時間を費やすことになるだろう。正規の看護師たちは，ヘルスケアアシスタントと呼ばれる無資格のワーカーに支えられて，患者のケアを行うことになる。ヘルスケアアシ

▶5　1986年に施行された英国の看護教育改革プロジェクト。看護教育を病院運営と切り離すことで，本書にあるように，それまで病院の労働力の一部とみなされていた看護学生が，大学レベルのアカデミックな教育システムのなかで養成されることになった。

スタントが看護学生の代わりに攻撃の矛先を向けられる危険性がある。

　唯一の希望は，社会的に必要不可欠な専門職の1つのモラールが改善されることによって，古い前提が疑問視されるようになり，より広いソーシャルケアマネジメントのシステムによい結果をもたらすだろうということである。反対に，私たちが職場での感情的なものは否認，スプリッティング，投影によって管理されるのが最良であるかのように振る舞い続けるならば，私たちは社会の人道的施設の機能を妨げ続け，そして，そのなかで働く人々の隠れた思慮深さを無駄にし続けることになるだろう。

第12章
みずからに課した不可能なタスク

ヴェガ・ザジェ・ロバーツ

　第Ⅱ部のこれまでの章では，援助職のさまざまな場における仕事の性質が，いかに働き手に影響するのかを述べてきた。そこから集合的ないし組織的な防衛が生みだされ，それが逆に組織構造や実践を決定づけるのである。この章では，働き手が仕事に持ち込むもの，彼らの欲求と内なる葛藤，また，これらがいかに共有された不安から生まれる組織的な防衛に彼らを特別に囚われやすくするのかを考察する。

援助職を選ぶこと

　どのような職業のための教育を選ぶのか，どのようなクライエントグループと働くのか，またそれはどのような場でなのか，といったことに関して私たちが行う選択はすべて，自分の過去の未解決の問題と折り合いをつけたいという欲求に深く影響されている。それは，次の例に示されている。

　　マリアンは6人きょうだいの一番上だったが，13歳の時にアルコール依存症の父親に捨てられた。働きに行かなければならなかった母親は，マリアンがきょうだいの面倒を見ることを期待しており，しょっちゅう「あの子がいなければどうしていいかわからない」と繰り返していた。そのため，彼女は勉強する時間がほとんどなく，6人きょうだいのなかで1人だけ大学に行けなかった。彼女は，末の子が中等教育修了試験をパスするまで家にとどまった。30歳になって初めて，彼女は有給の職を見つけた。それは，市街地にある障害をもつ子どもたちのための保育園の助手だった。ここで，彼女は幼い子どもたちが人生の最良のスタートを切れるよう献身的に働きながら，それまでの彼女にとってはおなじみの自尊心の源を持ち続けること

ができた。保育園の先生もまた，彼女の母親のように，マリアンなしではどうやっていけばいいのかと感じていた。はっきりとは意識しなかったが，マリアンは学歴がないこと，そして思春期時代に社会的に孤立していたことが自分のハンディキャップになっているという問題と取り組んでいた。

マリアンの妹バイオレットは，父親が家を出た時はたった4歳だったが，その後家族療法家になった。意識のうえでは，彼女は家族が一緒に居続けることを強く望んでいたが，家族が子どもたちにとって害になると思われるふるまいをする時には，彼女はいつも自分の怒りを抑えるために闘わなければならなかった。そのためにバイオレットは仕事が進まなくなり，個人的に治療を受けてようやくクライエントの家族の経験と自分自身の経験とを切り離して考えられるようになった。

弟のハリーは，手に負えない子どもだった。彼はお前のせいで余計にお母さんが生きづらくなっているとしょっちゅう言われていた。ハリーは教師になり，のちに男子寄宿舎学校の校長になった。

彼は厳格な規律を重んじる人になり，彼の内なる学校のイメージは，手に負えない子どもたちをコントロールするために，そして対処できない重荷から親たちを解放するために送り込まれる場所，というものであった。

理想と防衛

援助職を意識的に選択するのはたいてい理想主義に基づいている。しかし，理想には無意識的な決定要因があり，それは防衛的な組織プロセスに影響することがある。

フェアリーマナーは，1940年代から重症でこれまでは治療不能とされていた患者の治療に精神分析的方法を用いるという先駆的な仕事をしていることで有名な私立精神科病院だった。従来の精神医学的介入にはもはや反応しない人たちにとっては希望の場所としての評判を保っていた。事例検討会で，ここではまだ新参の心理療法士であるベロニカが，15カ月みている若い男性患者ダンの事例を提供した。フェアリーマナーではいつものことであったが，彼もここに入院した際に，すべての薬物治療が中止されていた。そして何カ月もの間，彼は非常に興奮してしばしば暴力的になった。

今でもまだ彼は不穏で，付き添いなしには病棟を出ることができなかったが，彼の症状は落ち着きつつあった。ベロニカは，自分たちはともに彼の病気を理解してきていると思っており，ダンが薬物療法なしに回復したきわめてまれな賞賛すべき患者の1人になるだろうという期待をもっていた。しかし，病棟のスタッフは，ダンの回復を早めるために薬物療法の再開を決定するよう迫った。事例検討会では，ベロニカの必死の反対にもかかわらず，彼らの意見が認められた。ベロニカは，その決定と看護スタッフが「正常な」行動を促進することばかりに注目したことを彼女の仕事に対する攻撃と受け取り，怒り，ひどく落胆した。スーパービジョンで，彼女はダンとの面接の間中，彼女もまた薬を服用しているみたいにぼーっとして眠いと話した。一方でスタッフたちは，ダンの医療保険が期限つきであることや，病院の外で生活していけるような現実的な進歩が彼に見られないことなど，ダンの現実がベロニカにはまったくわかっていないと見なしていた。

　これはめずらしいことではなかった。セラピストと看護スタッフ間の辛辣な議論は事例検討会では見慣れた光景であり，この2つのグループ間の対話はほとんどなかった。セラピストの多くは精神分析の価値を熱烈に信じてフェアリーマナーにやって来ていたし，ここはそれが今でも治療の核となっている数少ない病院の1つだった。精神分析にとってかわる治療方法がなく，必要ならば患者を無期限にフェアリーマナーに留めておけた1940年代から環境が劇的に変化したのだという外的現実をセラピストたちは無視していた。今や治療費を負担する保険会社は，病院が患者の入院期間を最小限にしていることを示すよう要求していた。
　このような外的現実を軽視し，時に憎みさえすることは，基本的想定モードのグループ機能には典型的なものである（第2章参照）。そこでは，グループが遂行しようとするタスクは，グループの存在理由である職務上のタスクよりグループメンバーの内なる欲求に沿ったものとなる。それとともに，グループが有効かどうかについての科学的興味が失われ，考えたり，経験から学んだり，変化に適応したりすることができなくなる。そしてまた，生き残ることに不安があるところではたいていこうした現象が支配的になる（Bion 1961）。セラピストは，とくに深刻な障害をもつ人々を対象とする仕事の性質上，みずからの安全や正気さへの攻撃，とめどない要求やしばしば残念な結果に終わることな

ど，多くのことで脅かされていた。加えて，彼らの専門職としての生き残りは，精神科治療として精神分析的精神療法が使われなくなっていることによっても脅かされていた。さらには，彼ら自身，訓練としてまだ分析的治療の最中であり，その効果を信じることが心底必要だったのである。[1]

　反応として，セラピストたちは不可能なタスクをみずからに課すことになった。すなわち，いかに重症であろうとも，どんな心の病をも精神療法で治すことが可能なことを証明することである。誰も，彼らのタスクがこのようなものであるとは定義づけていなかったが，それはみずから課したタスクであり，不明瞭で，強力で，極めて迫害的であった。このように定義されたタスクは，達成しえないものであった。彼らは，ただ耐えること，さらには患者の単なる外見上，表面的な改善しか求めようとしない人たちへの侮蔑を共有することに満足を見いだすしかなかった。彼らは，自分たちがもっているあらゆる疑念を切り離し，病棟のスタッフに投影した。彼らはまた，自分の怒りをスプリットさせて，よくなることを拒否する患者に向け，リソース――とくに無制限の時間――を与えてくれないと病院を責めた。それさえあれば，彼らがみずからに課した不可能なタスクも達成できるだろうというのである。

　一方，彼らは無意識のうちに，じゅうぶんな数の患者を地域に戻れるまでに回復させて「送り出す」というタスクを病棟のスタッフに任せていた。それは，病院の経済的な生き残りがかかったタスクであった。病院の外に対しては，フェアリーマナーは一枚岩のように見え，費用と時間のかかる治療方法への批判を上手くかわしていた。このようにして，自分たちの無意識のニーズを満たすために彼らが必要とする仕事をし続けられるような場所をセラピストに提供していたのである。

タスクの遂行と，無意識のニーズ

　その人自身の未解決の問題に取り組む機会を与えてくれるという理由で，人は特定の状況の職業に引きつけられるものであることから，おそらく職場には，似たような内なる欲求とある種の防衛に合った傾向をもつスタッフが引きつけられるだろう。ビオン（Bion 1961）は，この現象を**結合価** valancy と呼んだ。

▶1　欧米では，セラピストになるためのトレーニングに教育分析が組み込まれており，学生はみな精神分析を受ける。

人が職業の選択をする際のこの傾向に関する部分については，第２章で述べた。これは，仕事によってかき立てられ，タスクの遂行を妨害する不安に対処するための集団的防衛を生みだす。

　スワローハウスは，安全のために家族から離された子どものための居住型社会福祉施設であった。そこでのタスクは，子どもたちに実の親の元であれ，養子縁組した親の元であれ，家庭にもどる準備をさせることであった。退院計画を立てることは，表向きは初日から中心となる仕事とされていたが，実際には，スタッフは主にこのユニットができるだけ安全で家のような場所となるように力を注いでいた。このこと自体は肯定的に捉えられていたが，子どもがいざ施設を離れようとする際に困難が生じた。それは，スタッフから見ると，どんな親も子どもの面倒をみるのにじゅうぶんよい親，あるいは準備がじゅうぶんできている親のようには見えないことであった。まるでスワローハウスのスタッフだけが子どものニーズを満たすことができるかのようで，出立はいつも外傷的なことのように思われた。
　スーパービジョンのセッションで，管理者がこのことでスタッフを助けようとした時，彼の努力は猛烈な抵抗にあった。スタッフたちは管理者に強い猜疑心と不信感を抱き，自分にしか関心がなく，子どもを気づかうことができない「悪い親」の役割を彼に割り振ったのだった。

　この事例におけるみずからに課した不可能なタスクは，子どもたちが今まで体験しなかった（理想的な）親を子どもたちに与えることのようである。どのようなケースにおいても不可能なタスクであるが，家庭から施設へ，そしてまた家庭へと移される子どものための施設では，実際的にアンチタスクであった。これは若いスタッフたちの未解決の問題でもあった。何人かは彼ら自身，養護施設育ちや崩壊家庭の子どもであった。彼ら自身が子どもとして，同時に未来の親として未解決の問題を抱えていることは，一方では，子どもたちがそのケアのもとへ退所していく親たちへの非現実的な期待をもたらし，一方で，彼らにとっての理想的な親になり損ねた管理者への攻撃を引き起こした。それは，管理者が提供した「親としての働き」を活用することを困難にし，管理者のスーパービジョンのセッションはしばしばキャンセルされ，その権威はつねに試練にさらされた。

スタッフが過度に子どもと同一化していたのは，部分的にはキーワーカー制度[2]の結果であった。それは，子どもたちが特定のスタッフに割り当てられ，そのスタッフがその子どもの主要な責任を負うというものであった。このシステムは，もともとは施設ケアの心理的外傷を減らすために考案されたものであったが，子どもとキーワーカーのペアの周囲に機能障害を引き起こすほど強固な境界（バウンダリ）をめぐらすことになった。この境界によって，実行されるべきタスクを犠牲にした偽りのタスクが出来上がっていた（第3章参照）。キーワーカー制度の他者を排除する特別な親密性は，意識的には子どもの欲求に応えることを意図したものであったが，それはまた，スタッフの親密性の欲求の産物でもあった。

専門職の理想主義とグループアイデンティティ

　フェアリーマナーとスワローハウスでは，ともに外に出すプロセス——患者や子どもの退院——に困難があった。それは，施設のなかにいるとすべてはよいもの，助けになるものだが，外の世界は有害で危険に満ちているという集合的な感覚と関係していた。どちらの施設も，自分たちが別のかたちのケアよりも優れているということが，グループアイデンティティの基になっていた。フェアリーマナーでは，このことが際立っていた。ここは，症状コントロールを目的とした短期間の治療を行い，「回転ドア現象」を起こす病院に代わるものとして出発したのだった。スワローハウスでは，これはあまり意識されていなかった。キーワーカーたちは，子どもたちにとって彼らがこれまで世話されてきたどのような親よりもよい親であろうと意気込んでいた。スタッフは，子どもたちの状況は親の責任だと責めていたのである。
　グループのアイデンティティは，その一次（プライマリ）タスクが何であるか——つまりその存在理由——とつながっている（Rice 1963，第3章も参照）。これはある程度，他のグループと対比されるという特徴をいつも含んでいる。例えば，「我々は靴を作る」というところから始まるとしても，私たちは他よりもスタイリッシュで安価でより履き心地がいい特別な靴を作る特別なグループであると自分たち自身を見なすものである。人をケアする組織においては，アイデンティティとタスクはたいてい理想やイデオロギーと結びついている。例えば，第8

---

[2] いわば，福祉でのプライマリナース制度というべきシステムである。

章では，「倉庫」的イデオロギーと「園芸」的イデオロギーに基づいたケアモデルについて述べた。前者は，患者を純粋に身体的ニーズだけをもつ生き物として取り扱う考え方であり，後者は，いまだ達成されない可能性をもち，発展の余地がある個人として患者を取り扱う考え方である（Miller & Gwynne 1972）。後者のアプローチの働き手たちは，自分たちのほうが優れていると確信しているために，自分たちのクライエントもまた治療に失敗することがあるということを認めることが難しかった。

仕事の方式を選ぶもととなる理想には，その仕事の個人的な意味合いが付与されているので，それに疑問をもつことは強い不安を引き起こす。誰にとって何が最も適切なのかをじっくり考える代わりに，しばしば「正しいか，間違っているか」をめぐって激しい対立が起こる。次の事例はそれを示している。

（第３章で述べた）タッペンリー薬物依存病棟では，待機リストの長さが差し迫った問題となってきたため，サービス管理者がスタッフにできるだけ速やかに方法を見直して，待機者を減らすように求めた。チームはこの要求を自分たちのよい仕事ぶりを低く評価したものと見て，長期のカウンセリングを守るために一致団結したが，異なる回数やタイプのカウンセリングの効果を比較することには何の関心も示さなかった。議論は激しかったが，あんなことがあった，こんなことがあったといった話ばかりで，個人攻撃のようになった。

医療サービスの改革により，受入れ条件の評価を迫られたスタッフは，評価が純粋に数値だけに基づいて行われ，クライエントの福祉についてはまったく考慮されないだろうと予想した。しかしスタッフは，彼ら自身の代案を出すよういわれたが，それに代わる基準を提案できなかった。データ収集のためのコンピュータの導入は，サービスの計画立案のために必要な情報を集めるチャンスと考えるよりは，管理者が病棟をスパイし，コントロールするための方法と考えられた。クライエントがどのようにサービスを利用しているかという彼ら自身の質問の答えを得るために，電子化されたデータをどのように使えばよいかを研究者が教えようと提案したが，スタッフがその研究者は自分たちを査定しようとする者ではないかと疑ったために，彼らはその質問を練り上げることができなかった。それは，限られたリソースを彼らがもっと賢く使うことを可能にしたはずの質問だった。

多くのチームや組織が，他の組織，とくにより伝統的な組織に取って代わるものとして，たいていそこでの個人的あるいは職業的な経験から不満をもっている人によって作られる。しかし，既存のものよりも倫理的ないし人道的な基準からして優れた代替物であるというアイデンティティは，グループ内部の議論を抑圧する傾向がある。疑いと不一致は投影され，グループ間の葛藤をあおるが，グループ内では全員がそのイデオロギーを支持しなければならない。グループ内部からの疑問は何であれ，共有されたビジョンへの裏切りとして扱われる。例えば，タッペンリーチームでは，医師と看護師の何人かが，待機者リストに載っているクライエントの健康と生命へのリスクについて思い切って警告を発し，何人かのスタッフのカウンセリングの時間を割いて，待機しているクライエントの身体状態をアセスメントしたほうが良いのではないかと控えめに提案した。この「裏切り行為」によって起きたパニックと裏切り者に向けられた怒りによって，その提案は早々と中止へと追いやられた。同じように，フェアリーマナーの何人かのセラピストは，時折向精神薬を使うことも症状改善にもっと重きを置くことが，必ずしも精神分析的治療をだめにするわけではないのではないかという疑問を感じていた。しかし，〔薬物療法をする〕「他のどこにでもある施設のようになってしまう」という不安が支配していたために，これをいうのは危険すぎるように感じられた。こうして，グループ内部の違いは，絶えず抑圧されたのである（第16章参照）。

　みずからに課した不可能なタスクは，こうした取って代わろうとする組織を結合させる「接着剤」になる。これは，可能性の限界で働く困難やストレスに対する防衛として使われる。取って代わるアプローチに限界が見えた時，問題が否応なく起きてくる。慢性の総合失調症の患者や被虐待児，ヘロインアディクション患者などとともに働くことは，もともと非常に困難であり，成功は決して期待するほど大きくはない。取って代わるアプローチは，ある条件を変えれば非常に大きな成功が達成されるだろうという仮説に基づいている。この信念を支持する結果が得られない時，失望と不安が生じる。失敗は，あえて優れた代替物となった自分たちへの罰か嫉妬に満ちた攻撃として経験される。これは，組織の欠点に対する罪悪感と不安を減らすことになるが，その代償として，スタッフが攻撃され無力で，虐げられたと感じ，この経験から学ぶことができないままになってしまうのである。

罪悪感と償い

　精神分析の観点からいうと，あらゆる創造的で生産的なケアの活動へと突き動かす基本的な力は，一部は意識的だがほとんどは無意識的な，償いをしたいという基本的な衝動である。この衝動のルーツは，私たち自身の生まれてすぐの養育者——例えば，母親——との経験にある。人生の最初の数カ月，赤ん坊は母親をよい母親と悪い母親にスプリットして知覚する。よい母親は，彼が愛する，育んでくれる母親であり，悪い母親は，彼が憎み攻撃する，奪う母親である。成長とともに，母親は赤ん坊が愛と憎しみをどちらも感じる1個の人間であるという気づきがやってくる。この気づきとともに，自分のどん欲さと攻撃心が母親に引き起こした，そして引き起こすだろうダメージに対する悔恨と思いやりと罪の意識がやってくる。ここから償いの衝動が生まれる。つまり，罪滅ぼしをし，保護し，そしてまたよいケアを受けたことへの感謝の気持ちを表したいという衝動である。通常，子どもは償いの行動をすることで不安を排除する。しかし，罪悪感が強すぎると償いの行動は抑制される。代わりに，赤ん坊——そして，大人でも人生初期の葛藤がその人のなかに再現される時——は，より初期の，より原始的な，対象を愛と憎しみにスプリットさせる精神活動にまで退行する。そこでは，アンビバレンスはなく，愛するか憎むかのどちらかである。

　たいてい，母親や後には他者が，自分の攻撃を生き延びたことを何度も発見することで，赤ん坊は愛が憎しみに勝ることや，自分の償いの行動が成功することを信じるようになる。この学びによって，自分が攻撃した悪い母親からの迫害や報復の恐怖が弱まる。しかし，外的現実が子どもの不安を否定できない場合，例えば，母親が死んだり，ひきこもってしまったり，報復として虐待したりするならば，抑うつ不安が大きくなり耐えられなくなるかもしれない。そのような個人は，不成功だった償いの行動をあきらめ，その代わりにより原始的な妄想的，躁的，強迫的な防衛に訴えるようになる。

　妄想的防衛には攻撃心の否認と投影があり，迫害者のかたちをとって自分の外部からやってくるように経験される。躁的防衛は，傷つけたことを否認するほうへと向かい，魔法の修復という万能的なファンタジーをもつ。傷つけてしまったこと，そしてそれをなかったことにはできないことに直面する能力を必

要とする真正の償いとは異なり，躁的償いは完璧なので，何の不安も悲嘆も罪悪感も経験しないですむ。躁的償いは，非現実的で役に立たないことが多い。これに失敗した時，人は強迫的防衛を使うことがある。とくに自分の攻撃的衝動についての不安を制御したり，抑えつけたりするためのさらなる努力として，ある行動を儀式的に繰り返すのである (Klein 1959, Segal 1986)。援助職者は，傷つき奪われたクライエント相手の仕事に繰り返し失敗する羽目に陥ることは避けられない。もし，そのことで耐えがたい罪悪感や不安が生じたならば，彼らは，危うい自尊心を維持するために，そして癒すことに失敗したことで予期される報復から自身を防衛するために，赤ん坊と同じような原始的防衛にまで退行することがある。

　ケアする仕事とその他の仕事を分かつ2つの特徴がある。1つ目は，償い行動が他の人間との直接的な関係のなかで行われるということである。たいてい仕事の状況が人生早期の状況にとても似ており，働き手がいまだ無意識のうちにそれに対処しようとしていて，そのためにその職に引きつけられるということがある。2つ目の特徴は，働き手の自己が，クライエントのための主な道具と感じられることである。援助職は，仲間とクライエントのどちらからも特別な性質が必要な職業と見なされることが多い。スキルと「専門技術」──カリキュラムや治療プログラム──は，タスクに対する個人的能力の不十分さについての不安をかわすために防衛的に用いられることがある。しかし，しばしばそれらは副次的なものとされ，個人的特質こそが変化をもたらす道具としての第一義的なものとされる。そのような道具として自分自身を提供することによって，働き手は自分が他者の傷つきを修復するのにじゅうぶんな内面的な良さをもっていることを確認したいという望みを無意識のうちにもつ。これは，個人と組織双方の理想の源になるが，同時に不安の源にもなる。

　　ハプリーロッジは，ホームレスの精神障害者のために，公立の施設に代わるものとして作られた民間の施設であった。スタッフは，日常生活上の家事，例えば調理や掃除をみんなで分担して共同生活を送ることで，彼らと利用者との間の区別をなくそうと奮闘していた。当番も交代勤務もなく，みんなが常時ハプリーロッジで暮らしており，勤務中と非番の区別はなく，最小限のプライバシーしかなかった。スタッフが深く傾倒している理想は，彼らとクライエントの間の壁を取り払うことにより，愛と互いの尊敬に

よって癒しをもたらすというものであった。この壁があるために，ホームレスの人々はなかなか公的な施設を利用しようとしないのだとスタッフは思っていた。スタッフが提供するもの全般に制限を設けなかったために，スタッフが1，2年以内に身体的にも精神的にも消耗してしまうのが，この組織の文化となっていた。このように事実としてバーンアウトすることが予想されているにもかかわらず，それに対して管理者もスタッフも失望と怒り，罪悪感を抱くのが常であった。

　コンサルタントがスタッフと一緒に，彼らがどのようにしてハプリーロッジで働くことになったのかを調査したところ，彼らのほとんど全員が，現実にあるいは心理的につらいホームレス体験を個人的にしたことがあり，もし型どおりの時間働くとしても戻るべき大切な家がないということが明らかになった。彼らは，少なくとも最初のうちは，ハプリーロッジでの親密さや所属感をきわめて価値のあるものと感じており，クライエントがかつての「橋の下での生活」にふらふらと戻っていく時にはショックを受けた。

　ここでの不可能なタスクは自分で課したタスクというより，明確に掲げられたタスクであるが，この事例では，ケアを提供するサービスに広く作用している無意識のプロセスがはっきりと見て取れる。ハプリーロッジのスタッフは，自分たちとクライエントの類似性と相違の両方にさらされているが，どちらも，スタッフがこの特定の仕事を選ぶ際に一役買っていた。スタッフは，クライエントよりも恵まれていること，教育やスキルや物的リソースをより多くもっていること，それゆえにどこでどのように生きていくのかについてより多くの選択肢をもっていることに罪悪感を抱いており，その事実を喜ぶことにすら罪悪感を抱いていた。こうした違いをぬぐい去ることによって，スタッフは無意識のうちに自分たちの罪の意識を減らそうとし，自分たち自身の人生から失われている愛すべき家庭を見つけようとしていたのである。
　人の愛や善を通して援助したり癒したりする目的は，2方向に分かれる。成功すれば，その正しさが深く認められ，建設的に行動する能力を強める。しかし失敗すれば，あるいは限定的な成功でさえも，内面的な欠点が証明されたように感じられ，耐えがたいものとなる。ハプリーロッジでは，バーンアウトは意図された結果をもたらすだけの善をスタッフが十分にもっていないことへの罪悪感を和らげるのに役立っていた。彼らは組織の理想に傾倒するあまり，

もっと初期の段階で積極的にその場を離れるという選択をすることが不可能なために，バーンアウトはスタッフメンバーが逃げ出すことができる唯一の方法でもあったのである。

結論：援助サービスにおける不安を管理すること

　他者を理解し，そして援助できるようになるには，共感能力が必要である。すなわち，どのように応えるのが一番良いかを示すガイドとして，その人が学んできたことを使いながら，一時的に他者の立場に立ち，その人の痛みを経験する能力である。しかし，働き手自身の非常に苦痛で葛藤的な過去の経験と職場での経験が似かよっていると，絶えずこの能力は脅かされることになる。いくつかの組織では，もっとも優位な防衛は，違いを強調することである。つまり，「彼ら（クライエント）」は，病気で頭がおかしく，助けを必要とする者たちで，「私たち（スタッフ）」は，健康で，まともで，強く，人を助ける者たちであると。この場合，仕事は，柔軟性のないスケジュールやプログラムや上下関係によってスタッフと患者の距離を保つような構造となる。別の組織，とりわけみずからに課した不可能なタスクに支配された組織では，違いを否認する防衛が優位となりがちで，クライエントを犠牲者とみて，その他者の立場に立つあまり，クライエントの痛みや絶望に圧倒されてしまいやすい。どちらの場合も，タスクを実行するうえでのクライエント－援助者間の境界を維持することに失敗しているのである（第3章参照）。

　それゆえ，援助職にとって，自分がその特定の仕事や働く場を選んだ理由について洞察をもつこと，そして自分自身の盲点，つまりある類の防衛に対する結合価や，特定の投影同一化を起こしやすい傾向に気づくことは，もっとも重要なことである。これには，同僚とともに集団的防衛の源についての手がかりを集めながら，これらを探究することが役に立つ。（本章の最初で述べた）バイオレットの事例のように，その人の現在と過去のもつれをひも解き，無意識の葛藤を解決する別の方法を見つけるには，その人の仕事を通してだけでそれをやろうとするよりは，個人療法を受けることも助けになるだろう。

　スタッフの内なるタスクが何であるかを意識的にとらえていくことによって，スタッフグループはそれに関連した不安や防衛にもっと気づけるようになる。そうすれば，タスクの定義づけがより現実的になり，意義があるが同時に実現

可能でもあり，より広い組織全体のタスクに関連したものとなる。現実的なタスクの定義づけは，成功を可能にすることによって抑うつ不安に耐える力を大きくする。管理者は，システムの境界としての立場を保ち，みずからの防衛的なプロセスにとらわれ過ぎなければ，成功に導くことができる（第3章参照）。

　首尾一貫した考えと問題解決能力は，抑うつ不安，つまり現実に耐えられた時にのみ可能となる。妄想的不安が支配する時，現実と意識を結びつける思考と記憶は攻撃され排除される。そして，原因を知ろうとする好奇心がなくなってしまう。この場合，問題は言葉にされることさえなく，解決できないことは言うまでもない（Bion 1967）。抑うつ態勢においては，万能的なファンタジーや，強迫的儀式や妄想的な非難は，思考に道を譲る。つまり，人は知ろうとし，経験から学び，そして問題を解決しようとすることができるようになる。そして，償いの活動はより現実的で実践的になり，働き手が非常に困難な仕事から確かな満足を得ることを可能にするだろう。

第III部
危機にある組織

はじめに

　今日の社会には，危機感が広く蔓延している。そして，対人サービスほど危機感が広がっているところは他にない。私たち個人の安全や職業実践を脅かす，さらなる削減や再編，その他の変化についてのニュースが連日もたらされている。これらは否応なく大きなストレスを引き起こしている。ストレスは，内部の危機への反応としても起きる。例えば，スタッフ内に手に負えない葛藤がある時，あるいは長期欠勤者が非常に多くなり，残っている者へのプレッシャーが増大した時などである。この第III部では，さまざまな援助機関における多様な危機と，これらをどのようにマネジメントしていくかについて考えていく。
　第13章では，非常に急速な組織の変化と，個人が経験しているパーソナルなストレスや対人関係上のストレスの増大との間にある結びつきについて検討する。もしその根底にある困難に適切に取り組もうとするなら，組織的要因によって引き起こされたスタッフのストレスを個人的要因によって引き起こされたストレスとはっきりと区別することが重要である。第14章では，前章までのテーマの1つをさらに詳しく見ていき，組織的困難がいかに特定のスタッフメンバーのせいにされてしまうかを描き出す。このメンバーはスケープゴートにされ，これが問題の「解決」となるのだという誤った確信によって施設から追い出されてしまうことさえある。このほかに，組織の異なるメンバーが根本的な組織上のジレンマの異なる側面を「コンテイン」し，表現することもある。それによって，無意識のうちに共謀して，取り組まなければならない困難な問題を集団的に回避しようとするのである。
　第15章では，ある特定の組織が直面させられている不確かさに向き合わない

ことの代償について説明する。これまで恐ろしすぎて話せないできたこと，それゆえ考えることができなかったことを言葉にすることによって，組織のメンバーは自分たち自身の，そしてクライエントたちの将来に向けた計画をもっと効果的に立て始めることができるようになった。第16章では，危機が否認によって対処された事例を詳しく述べ，グループ内の違いを直視することを回避することの代償にとくに焦点を当てる。この時，グループのために行動したり発言したりする力をもつメンバーは誰もおらず，交渉の機会は失われてしまう。

　危機の際にもっともよくある援助サービスチームからの援助の要請は，スタッフのサポートあるいは感受性訓練グループである。そこで第Ⅲ部の最終章では，そうしたグループを損なうか，あるいは有効なものとする要因のいくつかを探求する。しかしまた，ここで取り上げる問題の多くは，違ったタイプのコンサルテーションの介入法にも当てはまる。すでにこれまでの章で説明したように，援助の要請は問題を置き換えたり，完全に問題を避けたりする誘惑になりかねないのである。無益な共謀プロセスに巻き込まれないためには，その要請の背後の隠された無意識の目的に対して，絶えず敏感になる必要がある。

第13章
組織の混沌と個人のストレス

ジョン・ストークス

　本章では、ますます不確実性が増し、時に混沌に陥る今日の組織における生活の本質と、そこで働く人々が感じるストレスという個人的経験との関連を見ていきたいと思う。私の議論は、つまるところ、ストレスという明らかに個人的な経験の多くを理解するためには、将来についての不確実性と、それに関係した組織の主要な目的や使命の混乱といった、組織の文脈のなかにそれを置いてみることが重要だということである。

心のなかの組織

　私が使おうと思う概念枠組みは、「心のなかの」組織または施設という考えに基づいている。この言葉は、1960年代にグループ関係を組織に応用しようとタビストックで研究していたピエール・テュルケが初めて導入したものであり、個々のメンバーがそれぞれの心に抱く組織についての観念を指す（Armstrong 1991を参照）。同じ組織であっても部署が異なれば、メンバーはお互いに矛盾するような異なる像を描いていることがある。たいてい、幾分かは無意識にではあるが、にもかかわらず、これらの像はメンバーの行動や感情を形作り、それに影響を与える。そしてまた、集合的な内なる組織をメンバー全員が共有すればするほど、組織は凝集性をもつ。その意味で、「組織 organization」と「施設 institution」という言葉は、ある程度互換性をもって使われる。しかし、継続性と堅固さが特徴の「施設」と呼ばれるものが目標とする比較的安定したものと、「組織」のもつ比較的柔軟で可変性のある意味あいとは区別することができる。

　ゴードン・ローレンス（Lawrence 1977）は、組織は公にされた主たる目的や使命をもつが、その一方で、往々にして隠れた意思が働いていることを示した。簡単に言うと、「自分たちがやると言っていること」というレベルとは別に、「自

分たちがやっていると本当に信じていること」というレベルや，「実際に起きていること」というレベルも存在するのである。そして，組織のメンバーは，この第三のレベルにまったく気づいていないことがある（第3章を参照）。第18章でアントン・オブホルツァーは，この第三のレベルでは医療は「死を食い止める仕事」と無意識のうちに考えられていると述べている。公にされているタスクは病気を治療することなのだが，社会の人々に死は防ぐことができるというファンタジーを提供するという無意識のタスクもあるというのである。医療の提供にまつわる極端な感情の多くは死の不安に根ざしていると考えれば，よりはっきりと理解することができる。病院の仕事の避けられない結果の1つである死は否認される。その1つとして，ロンドンに建てられた霊安室のない病院というかたちをとった例がある。建築家が設計に入れ忘れたのだが，誰もそれに気づかなかったのである。組織の責務として生命を保ち続けようとする衝動が優位になると，しばしば患者のQOLとそぐわなくなってしまう。

　治療の医学モデルが精神医学の分野に持ち込まれると，きわめて重い精神障害をもつ人々にとってはたいてい唯一の希望である普通のケアを軽視する結果となることがある。理想とされているのは，次々と躁的な速さで編み出される最新の治療方法である。その結果は，組織の意識的な一次タスク（プライマリ）にとっても，スタッフのモラールにとっても，きわめて自己破壊的なものとなる。組織の一次タスクは，ケアよりもキュアというタスクを無意識のうちに強調することで崩され，スタッフのケアする能力や万能的にではなく現実的に行動する能力も，結果として蝕まれる。ケアはゆっくりしたプロセスであり，望むような劇的な結果をもたらしてくれるものではないために役に立たないものとして軽視される。その一方で，「キュア」はエキサイティングで，問題の慢性的な性質に対し万能的な否認という防衛を提供するものとして理想化される。それはまた，専門家が重度の精神疾患患者にかかわる時には避けられない無力感や挫折感に対する防衛として，専門家が使う「キュア」ではなく「治療 treatment」という言い方にも表れている。

　精神科の施設で時々見られる否認の第二のかたちは，精神疾患の現実を否認し，それが社会的不平等の結果に過ぎないと主張する政治的分析である。困難なことが多く，時にうまくいかないこともある病気の患者の面倒を見たり，治

▶1　神業か魔法のように一気に望みを叶えるという，一種の誇大妄想的な力をもつことをいう。

療したりしなくてもよいことになるが，スタッフは矛盾したイデオロギーをめぐって見たところ妥協のない権力闘争に引きずり込まれる。そのような施設のスタッフミーティングでよく見られる力学は，チームのなかで「誰が力をもっているか」「誰が力をもっていないか」ということに集約される。これは，患者の「治癒」がどちらかといえば望めないことに対して，チーム全体が共有している現実の無力感から防衛的に逃れようとする動きである。例えば，私がコンサルテーションをしていた精神科病棟では，スタッフミーティングのなかで，社会保障手当を請求した女性患者についての議論が白熱したことがあった。医師の見解は，患者は現在躁うつ病を患っており，自分のお金は全部つまらないものに遣ってしまうだけだというものだった。ソーシャルワーカーはそれに同意しなかった。彼の意見は，社会保障手当を許可しないのは患者の権利に反するというものだった。大多数の看護師とソーシャルワーカーの見解を支持する他のスタッフとの間に熾烈な議論があった。患者は結局，手当を全部アルコールとチョコレートに遣ってしまった。私は，医師の意見もソーシャルワーカーの意見も，どちらが正しいとも間違っているとも言えないと思う。ただ言えることは，そこにあったのは，患者の「自由」を制限するのか，それとも患者の狂気と「共謀」するのかという，痛みを伴う選択だったということである。チーム全体が直面することが難しかった感情の1つは，この患者について皆が共有していた無力感であった。行動に焦点を当てることと決断を急ぐことが，この苦痛な感情に対する防衛として用いられたのである。

　精神疾患患者を精神科病院から出そうとする最近の取り組みは（本当に，それはとても冷酷になる時がある），患者が見捨てられ，路上生活を余儀なくされる結果をしばしばもたらしている。私が見たところ，これには患者たちが悪意に満ちた環境にさらされて死ぬことによって，精神疾患という現在のところ治療不能な問題を解決しようとする，否認を通した無意識的な試みという部分がある。

　私は，過去の大きな精神科病院に戻れと主張しているのではない。しかし，キュアとケアの活動をとりまく複雑な感情，そしてしばしばあるアンビバレンスを認識することが必要なのである。もしこのアンビバレンスが否定されることなく，認識され，管理され，取り扱われることがない限り，どのようなケアシステムにおいても，かなりの冷酷さを生みだす危険性がある。ここでは，無意識の内に存在する心のなかの組織が，あらゆる精神疾患にとっての強力な

キュアの1つとなっていると，それに失敗するたびに，スタッフ一人ひとりのアイデンティティと効力感が脅かされる。精神科病院はキュアのための施設だという考えは，スタッフを追い詰め，ケアしている患者に対して拒絶したり冷酷な行動をとったりさせることがある。しかし，主たる目的のイメージがさほど理想化されていない施設では，このようなことは起こらないだろう。

　施設のメンバーの心のなかの組織の多彩な像が引き起こす複雑さを示す最後の例として，刑務所の仕事を見てみよう。ここでは主たる目的について，少なくとも3つの相容れない考えがある。危険で暴力的な犯罪者を閉じ込めること，社会の法律を犯した者を罰すること，そして最後に，リハビリテーションを提供することである。刑務官によって毎日の仕事のなかで強調することが違っていることがある。同様に，社会の人々も刑務所の仕事に対してそれぞれ異なる期待をもっているものだ。このことは，刑務官の役割について，刑務所の内外で対立と混乱を引き起こす。彼らは統制する人なのか，罰を与える人なのか，あるいはリハビリテーションをする人なのだろうか？　ある個人の行動を決定する際にはいつも，これらの対立し相容れない役割を考慮する必要がある。これを認識していないと，刑務官個人のストレスだけでなく，スタッフチーム内に混乱した軽率な意思決定を招く結果となる。

　これらの相異なる，そして少なからず対立する心のなかの刑務所の像と刑務官の役割の像は，それぞれ区別されなくてはならない。刑務所のスタッフはもちろんこのことをわかっているが，にもかかわらずある目的が他の目的よりも優っているという感情は，往々にして日々の意思決定を妨げ，組織と社会の両方のレベルでも方針決定を妨げる。この時，前述の別の例にあったように，一次<ruby>タスク<rt>プライマリ</rt></ruby>を別の見方に変えることで，あたかも仕事に内在する困難が解決されるかのように，組織の「再編」が必要であるという感覚をもたらすことがある。

容器（コンテナ）としての組織

　ここで組織の個々のメンバーがどのように影響されるかという問題に戻りたい。組織は個人の自由を奪い，束縛し，制限するとよく思われているが，心理的情緒的にコンテインされたという感覚を提供することもある。組織のなかに束縛感が生まれるのは，おもに個人それぞれが認めたくない自己の部分を組織の他のもっと離れた部分に投影するからである。投影された部分は，組織での

仕事に内在するフラストレーションと葛藤の責めを負う焦点を提供するだけでなく，個人とグループを無意識の役割に「閉じ込める」ことになる。

　私たちには皆，仕事をしたいという衝動があり，同時に仕事をしたくないという衝動もある（第2章参照）。仕事をしたくないという衝動はどこにあるのだろうか？　たいへん都合のいいことに，それはホールの向こうの部署かオフィス，あるいは他の建物のなかにあるのだ。あいつらが怠け者だから，今，自分たちがうまくいかないのだ。これは私たちが組織をつくり，参加する無意識的な理由の1つである。すなわち，スプリッティングと投影を通して，自分たちのなかの難しく嫌いな側面をある「他者」のなかに見いだす機会を私たちに与えてくれるのだ。個人の内的な葛藤が人間関係あるいは組織間の関係の段階にまで投影されることがある。これは国家間そして民族間レベルでも起こりうることだが，最もわかりやすいのは私たち自身の組織内のことである。しかし，このスプリッティングと投影のプロセスには，適度に凝集性があり，はっきりした構造をもつ比較的変化の少ない組織が必要である。もし「彼ら」がしょっちゅう変わるとしたら，私たちはどうやって「彼ら」が誰なのかわかるだろうか？　安定性は，今日のほとんどの組織においてきわだった特徴ではない。絶え間ない変化と再編がほとんどどこでも進行中である。誰が「彼ら」で誰が「私たち」なのか，ますます単純ではなくなってきている。

　原理主義的な宗教を求める今の風潮は，もしかしたらこのことに関係しているかもしれない。いずれも，食やセックス，あるいは既成の，社会的に認められた敵などのいずれであれ，個人の行動が宗教の教典によって定められているような極端に安定した枠組みを見いだしたいという願望を反映しているのだ。これによって，選択をめぐる不安は低減され，安定と予測可能性，心安さという安心感がもたらされる。問題は，もちろん，戦う相手となる外のグループが必要であり，そうすることで彼らから反撃を招きかねないことである。このやり方は，とくに「敵」とは常に距離があり，挑発される可能性が少なかった過去においては，うまくことを処理する強力な方法であったかもしれないが，ますます増大する国家間の相互依存性とコミュニケーションの速さにあっては，今や有効な心理的防衛形式ではなくなっているのである。加えて，国家経済は現在では非常に相互依存的であり，この心理的神話は経済的には生産的ではなくなっている。

　良き「昔ながらの」の組織が提供してくれるものの1つは，私たちが本当に愛

してやまないものか，本当に嫌いなものかのどちらかである。そして，どんなに私たちが好いたり嫌ったりしても，それは明日もまたそこにあり続けるだろう。今日では，そのようなものをなかなか見つけることができない。かつては，組織は保守的すぎるとか，柔軟性がなさすぎる，官僚的すぎるなどと非難されることがあったが，個々のメンバーに彼ら自身の保守的で柔軟性のない側面を投影する場所を提供してくれるという点で非常に便利だった。今日では，他の部署や部門が翌年もまだあれば幸運というものだ。もちろん，人はいなくなり，そしてたしかにタスクもつねに変わっている。結果として，組織は個人がもつ，仕事にまつわるアンビバレントな気持ちを処理したり，乗り越えたりするのにあまり利用されなくなっている。その組織が1年後何をしているのか，そしてどのような構造になっているのか確かなことは何もないことが多く，それが不安を引き起こす。

　組織の変わりやすさは，たやすく投影できる対象が提供されないということを意味する。その結果，私が思うには，労働者と経営者の間の緊張のようなお馴染みの単純な緊張に代わって，個人間の緊張や組織内部のサブグループでの個人的なストレスが増えてきているという体験を多くの人がしている。

　最も大きく，最も成功している会社でさえも，もとの面影もないほど変化しているが，おそらくそうした企業よりも，医療，教育，社会福祉，行政，そして警察などの公的セクターの機関のほうが，もっとこのことが当てはまるのは明らかだろう。英国の公的機関は，不平等，病気，障害にかかわる問題に対処することを助けるうえで信頼できる安定した容器を国に代わって提供してきたが，もはや信頼できる環境を市民に提供してはいない。

　費用対効果に重点を置きすぎたことによって，公的セクターの機関の心理的なタスクがあいまいになってしまった。警察の場合は，一般大衆は今や「顧客(カスタマー)」と呼ばれている。警察が私たちを違う見方で見ようとしており，私たちにも同じように警察を違う見方で見るよう求めているという意味では重要な変化であることは疑う余地はないが，これにはまた別の問題がある。心理学的に言って，私たちは警察が権威に対する私たちの態度のある部分を投影するのに役立つものであってほしいと思っている。もちろん，こうした投影を受け入れ，処理し，社会に戻すことは，一般的な警察のタスクの一部である。もし警察が自分たちはサービスを提供するだけだと認識し，社会のなかの緊張を心理的にコンテインすることもまた中心的な機能であることを理解しなければ，無

秩序状態は減らず，増え続けるだろう。もし，社会がもはや警察をこのようなかたちで利用できないのであれば，警察は権威をもつ容器という，なくてはならない感覚を提供できなくなるだろう。

組織における葛藤の焦点の変化

　私たちの社会には多元性があり，それぞれの代表権と影響力を主張するサブグループから成り立っているという認識が広まるにつれ，既成の公的セクターの組織は一次タスクを再調整することが必要になってきた。さらに，既存の権威構造は絶えず問題視されており，こうした社会の変化を考慮し，それに合わせて仕事のやり方を変えようとしている組織のメンバーにさらなるストレスと混乱を引き起こしている。従来の階層性の強いトップダウンの組織モデルは，より少ない階層からなる組織のサブグループ間の交渉にとって代わられている。以前は，性質上，権威は根本的に家父長的もしくは家母長的であったが，現在では，葛藤は「権威ある者」に対してよりも，社会や組織内のサブグループ間でよく見られるようになった。家族のアナロジーを当てはめると，今日の多くの組織的なリソースは，資源と権力を求めて争う兄弟あるいは姉妹間の同胞葛藤に似ている。

　こうした変化の1つの結果は，かつては上下の階層間あるいは既存の部署や部門間で投影し合うことによって処理していた問題が，組織内の対人関係のレベルにまで降りてきてしまっていることである。例えば，組織内のいじめ（Adams & Crawford 1992）や組織の特定の個人をスケープゴートにするようなことが目立って増えてきている。このターゲットとなった人々は耐えがたいプレッシャーにさらされ，たいていは何らかのかたちで追い出される。この種の扱いを経験する人は，往々にして組織の2つの部分の境界にいることが多い。例えば，部門の長や，あるいは外部の世界との境界にいる窓口係や秘書などで，これらはとくに組織的なプレッシャーを受けやすいポジションである。おそらく彼らは無意識のうちにその仕事を選ぶので，どこかで彼らのパーソナリティに合っているのだが，次章で議論される通り，彼らの個人的な特性は組織の要求や無意識の欲求によって育てられてもいるのである。時には，個人の無意識の欲求と組織のそれが幸運にもうまくマッチすることがある。例えば，有能な窓口係は，ビオン（Bion 1969）が言うところの闘争－逃避に対する結合価（ヴァレンシー）をもっ

ており（第2章参照），それを仕事の役割のなかでうまく使っている。しかし，うまくマッチしていなかったり，仕事が変わって以前のようには合わなくなってしまったりすると，その人は精神的に破綻する危険性が高まる。これについての責任の問題は複雑である。

　　成人教育センター長のジャニスが管理者としての彼女の役割について相談に来た。彼女は個人的にかなりのストレス下にあり，自分の個人的問題のせいで管理者として失格だと感じていた。彼女は名目上，組織の代表だったが，実際には役割として当然の権限を行使することが許されていないことが明らかになった。理事会はいたるところで彼女をおとしめた。問題が起きると，彼女が問題をどう見るか，どのような解決策があるかなど，管理者としての役割をもつ彼女に意見を求める代わりに無数の作業部会やタスクグループなどを立ち上げるのだった。表向きは，理事会のメンバーを組織の仕事に「参加させる」ためであったが，彼女の力を損なうことになった。加えて，そのセンターは多民族の地域にあり，ジャニスは白人であったため，理事会は何の根拠もなしに人種差別主義者と非難されるのではと心配していた。実際には，ジャニスはとても有能な管理者であるように見えた。「問題の探究」と「民主主義」のために，管理の構造は崩されていき，組織中にモラールの低下と意思決定の問題が大きくなった。

　私には，問題のかなりの部分は理事会内部の権力闘争やメンバー同士の嫉妬の感情と関係があるように見えた。この問題は，それぞれのメンバーに「平等」な責任を与えることで対処されていた。ジャニスにはとても限られた選択肢しかなかったため，効果的に働くことができなかった。いつもスタッフを首にするような嫌な仕事ばかりが降ってきたが，実際の決定はたいてい彼女抜きに理事会が下していた。彼女をおとしめるのは，理事会の彼女の役割に対する羨望の表れであった。結果として，方針と組織構造の両方に矛盾と混乱が生じた。一緒に検討することを通じて，ジャニスはこうしたダイナミクスをよく理解できるようになり，それに立ち向かう方法を工夫できるようになった。そして，理事長からの適切な支持を得，理事会から彼女に権限のより適切な譲渡を引き出すことができたのだった。ジャニスのストレスの徴候である体調不良や不安は消失した。副産物として，ジャニスのアドバイスもあって，理事長もまた

自分の仕事をもっとうまくこなすことができるようになった。

　トルストイは，自分が法律を作らなかったことに自由を感じると記した。そもそも彼には法律を作る責任がなかったからこそ，法律に関してどのような役割をとるかを自分で選ぶことができると彼はきっと考えていたのだろう。法律は彼に枠組みを与えたが，彼自身がそれを作る直接の責任についての枠組みはなかった。そのため彼は，これらのルールによって縛られてはいたが，一定の自由ももっていたのである。しかし，今日の組織のルールとはどのようなものだろうか？　しばしば，唯一のルールは変化しないものは何もないということだけのように見える。

　ほとんどの問題にとって，組織を変えることが唯一の解決策と思われることがあまりにも多いが，自由は必ずしもそこからは生まれない。自由は，タスクとそれを支える構造にかかわる役割を見いだし，作りあげ，担うことから生まれる（Grubb Institute 1991）。より大きく現実的な変化は，たいていこのような方法で達成される。適応が求められるところでは，変化はもちろん必要である。しかし今日では，すべてが再編成されない限り，新しい管理者は実際にその地位に就いたとは見なされないようだ。再編成は組織的な機能の改善にかかわるものであるが，それと同程度にアイデンティティを確立し，テリトリーを画定する必要性とかかわるものである（犬が街灯におしっこをすることの組織バージョンである）。

　結果として，例えば，精神科病院の看護師のように，何年も同じ方法で物事を進めてきた人が，そのやり方がもはや時代遅れであるばかりか，そもそも何の役にも立っていなかったと思うようなことが起きる。これは必然的にモラールを破壊する。変化は，困難と葛藤に打ち勝とうとする躁的で傲慢な企てによって推し進められることがある。思いやりの気持ちは切り離され，気づかう能力は弱者と見なされる他者に投影される。組織は当然，弱さを象徴する，あるいは弱さを「もつ」誰か，例えばパートタイムの労働者やマイノリティグループのメンバーなどを必要とする。そのような個人はスケープゴートにされ追い出されることさえある。もう一度言うが，個人のストレスは無意識的な組織の葛藤によって引き起こされるのだが，その葛藤が個人や対人関係のレベルにまで引き下ろされてしまうと，この問題に取り組むことが不可能となってしまう。

結論

　絶え間のない変化と混沌に直面して，私たちはもはや自分の組織を心から愛することも，憎むこともできなくなっている。しかし，私たちは思っている以上に組織に依存し続けているのである。例えば，退職した人や首になった人が急に衰えを見せるのを見てみるとよい。私たちは外面的にもコンテインしてくれる凝集性のある組織によって支えられているが，同時に自分に明らかな影響力をもつ組織を憎み，ねたみ，恐れる。そして，組織は，自分の内的世界から迫害してくる人物にたやすく擬せられるようになる（第1章参照）。しかし，組織がもろくあてにできない時には，組織は第二の我が家というより，不適格な里親のようになる。そのような時，それまでは管理者に投影されていた親のような対象に対する敵意や羨望といった避けようのない感情は否認されるか，または他のほう――通常はグループ同士や対人関係上の確執――へと導かれ，組織内の個人のストレスの一因となる。このプロセスは，個人のなかで内面的な葛藤が身体化されるプロセスになぞらえることができる。精神的なレベルで葛藤に対処できなくなった時，葛藤は身体に押し込まれ，身体的な訴えとして表われるのである。

　もし，組織のマネジメントが十分に安定しておらず，目的の明確な定義を提供することや，雇われている人たちが権限をもつ人々に対してもつ必然的にアンビバレントな感情を受け入れることができる確かな容器を提供することができなければ，組織はその障害をメンバー個人や対人関係の障害のかたちで表すようになる。これは，より適切で創造的な組織のタスクを達成しようとする奮闘努力にとって代わるようになる。それは組織の構造によって支えられた難題である。個人間そしてグループ間の葛藤は，容易にスケープゴートを生みだし，本当の問題は取り扱われないままになる。

　繰り返し組織の一次タスク，すなわち目的や目標を明確化し遂行することと並行し，その一次タスクを遂行するために最もよく考えられた役割に取り組むことも必要である。これまで議論してきたように，役割には明確で意識的な側面（例えば，職務内容記述書）と，隠れた無意識的な要素（例えば，組織のなかの窓口係の「無意識の職務内容記述書」の裏にある闘争－逃避の基本的想定）がある。また，刑務所の例のように，組織には一連の対立し相容れない役割が潜

在的にある。こうしたプレッシャーをスタッフが理解する機会を設けることがマネジメントのなかに含まれなければ，個人のレベルでのストレスが高まることは避けられない。管理者のための役割コンサルテーションは，スタッフが組織生活で通常感じるプレッシャーと緊張について理解し，そのなかで働くための1つの方法なのである。

第14章
やっかいな人と混乱した施設

アントン・オブホルツァー＋ヴェガ・ザジェ・ロバーツ

　私たちはみな，世の中が基本的に論理的でよく管理された場所であると信じたがっている。だが，そうではないことが明らかである以上，恐ろしいほどの不安に対する防衛方法を求めないわけにはいかない。性悪のトラブルメーカー1人を排除しさえすれば，すべてがうまくいくというのが，旧約聖書のヨナ書にまで遡る，もっともポピュラーな説明である[1]。同様に，施設においても部署同士，あるいはスタッフと管理者，あるいは組織と外部の世界，政治家と官僚の間で，相手の間違った考え方がすべてのトラブルのもとだという非難合戦が起こっている。

　前章で述べたように，施設の難しい問題は，「やっかいな人」として認定された特定の個人のパーソナリティのせいにされることが多い。本章では，私たちはそのような特定の個人がどのようにして組織によって無意識に「選ばれる」のか，また，どうすれば個人と組織の両方が自分たちを困らせていることにもっと効果的に対処できるかを見ていくことにする。

無意識のコミュニケーションとしてのトラブルの起こり方

　シェルドンロードは，性的虐待を受けた子どもたちのための居住型施設だった。ある夏のこと，当時，数人のベテランスタッフが辞め，比較的経験の浅い職員に替わったために，スタッフはひどいプレッシャーを感じていた。彼らは管理者であるニックに，年末まではこれ以上委託を受け入れないように頼んだ。ところが，突然，9歳の少年テレンスが緊急入所して

---

[1] 旧約聖書「ヨナ記」より。ヨナは神から預言を敵国に伝えるように命じられたが，それが嫌で反対方向に船で逃げ出した。怒った神がその船を激しい嵐に遭遇させた。船乗りたちはくじをひき，ヨナが嵐の原因である人物と当てた。その後，ヨナは自分を海に投げれば嵐はおさまると船乗りたちに言い，船乗りたちは彼を嵐の海に投げ込んだ。

きた。テレンスの入所を回避するために手を尽くしたが，その子の居場所を見つけてあげることができなかったのだと，ニックはスタッフに説明した。その説明にスタッフは納得したようだった。

　同じ頃，唯一の非常勤スタッフであるトニーが，夜遅くニックが１人の少女の部屋から乱れた服装で出てきたのを見たと，同僚たちに話した。１週間後，トニーはニックの件を正式に告発し，さらにニックが酩酊した状態で出勤したこともつけ加えた。調査が行われて，その申し立ては根拠がないものと判断され，しかもトニーは根拠のない告発をしたとして警告を受けた。

　同僚たちは，かなり前からトニーが問題を抱えていることに気づいていた。トニーは最近妻と別れて，遅刻したり病欠したりしがちで，事務処理もひどく遅れていた。同僚たちは彼を心配しており，彼が精神的に参ってしまうかもしれないと思い，専門的な援助を求めるように提案していた。調査の後，トニーはますますイライラするようになり，ニックにかなり乱暴な非難を浴びせるようになった。ついに彼は精神科を受診し，医師から薬を処方され長期の病気休暇を取るように勧められた。スタッフはこのことに怒って動揺し，トニーに対する処罰が厳しすぎるとニックを責めたが，同時に，かなり長い間，仕事を分担されてもこなすことができなかったトニーが休むことにほっとしていた。

　この騒動が落ち着きはじめた頃，新しく入った少年テレンスの行動が深刻な問題となってきた。彼はスタッフに対してひどく無礼で，他の子どもたちを喧嘩に巻き込み２回もケガを負わせる事件を起こした。スタッフはニックに，自分たちはこれ程の身体的暴力に対処する訓練を受けていないし，とくに以前にもましてスタッフが不足している現在，もうテレンスをここに置いておくことはできないと抗議した。ニックは，臨時のスタッフミーティングを開いたり，テレンスのキーワーカーに何回もスーパービジョンを行ったり，さらに臨時の予備スタッフを雇う予算を準備したりと，彼ができるあらゆるサポートを提供した。にもかかわらず，テレンスの行動はいっそうひどくなるばかりだった。ある日，彼は１人の少女をひどく投げ飛ばして，その子が脳しんとうで入院しなくてはならなくなったその日に，シェルドンロードから追い出され精神科病棟に移されてしまった。スタッフは，もっともやっかいなお荷物から解放されて，ようやく「正常に戻った」と，再び安堵のため息をついた。

多くのグループや組織は,「やっかいな」「お騒がせな」「がまんならない」メンバーを抱えている。彼らの行動は,他のスタッフのよい仕事を妨害するものとみなされている。ただその人物がいなくなりさえすれば,万事が上手くいくという信念が広く共有されているのである。この見方はとても魅力的で逆らいがたく,それに従って行動したいという気にさせられるものである。シェルドンロードでは,スタッフがひどく弱っている時に,管理者が無力でもう1人の子どもを背負い込むことからスタッフを守ることができなかったとわかった時,スタッフは管理者への信頼を失ってしまった。トニーの精神的な問題は,スタッフ全員が感じていた傷つきやすさを表していたのであり,彼らの困難に関心を向けさせようとする,管理者に向けた強い無意識のメッセージとみなすことができた。同時に,スタッフは,「調子を崩したのは彼であって私たちではない」と,自分たちの傷つきやすさを1人のメンバーに転化する必要があったのである。

　トニーが,事実無根であったにもかかわらずニックを訴えたという軽率な事件は,スタッフ全員が管理上のミスでニックを告発したいという願望を表出するのに役立ったという点で重要である。本当の管理上のミスは,テレンスの入所を阻止できなかったせいでニックが不信感を招いたことであった。トニーは家族の問題や論争的な態度からして,スタッフの願望を表出する絶好の候補者だったのであり,そのタスクを担う無意識の「ボランティア」として名乗りをあげたものと見なせるだろう。さらに,よくあることだが,やっかい者が1人去るやいなや,別のもう1人が登場したのだった。管理者が最初の代弁者〔トニー〕に十分注意を払わなかったために,テレンスが「選ばれた」のである。テレンスによって傷つけられた子どもは,スタッフ全員に代わって「あなたの判断の結果,私たちに何が起こったかを見てみなさい」と言っていたのである。テレンスの行動は彼自身の憤怒だけでなく,保護するべき者たちを虐待し見捨ててしまう親のような人物に対してスタッフ全員が抱いていた激しい怒りをも表現していたのである。同時に,最初にトニーが,次にテレンスが,スタッフが提供しているサービスの質についての,グループが認めることができない不安を言葉にする役割を担うことになった。その不安は,グループから切り離され,投影され,ついには「告発者」を追い払うことによって取り除かれたのであった。

トラブルメーカーの選択

　自分自身のためだけでなく，他者のために役割を果たすように無意識のうちに吸い寄せられていく現象は，すべての施設で起きている。例えば，委員会であらゆる議題に質問や議論をあびせて議事を滞らせて議長を困らせる人は，困った「やっかい者」と見なされる──確かにそうかもしれないが──べきではなく，スタッフ全員が不安をその人に投影した，組織の代弁者と見なすべきなのである。同席する人々は当惑し，トラブルメーカーと自分とは無関係だというサインを目で送りながら，投影同一化のプロセスによって自己の一部を切り離しトラブルメーカーに押しつけているのである（第1章と第5章参照）。また，いつも仕事がのろいスタッフや，保守的な人，あるいはひどいかんしゃくを起こす癖のある人も，トラブルメーカーの役割を押しつけられやすい。こうした人を単に他の人と働く時には避けられない危険要素の1つだと考えるよりは，彼らの行動はむしろ施設の無意識のニーズへの反応と見なすほうがより有用である。

　地域で高齢者のサポートを提供する組織であるリンクスの管理者は，このところ前任者から引き継いだスタッフの能力不足に悩まされていた。これは，あまり仕事に適しているとはいえない少数の応募者から急いで採用したことに起因するものだった。その後，欠員が生じ後任を募集したところ，多数の応募者があった。選抜は時間をかけ慎重にプロセスを踏んで行われたが，最後にきて管理者は，ずっと待ち望んでいた高度な訓練を受けたスタッフを得てほっとしているかと同僚に尋ねられた。「そうだね。あのうち1人はほっとできるかどうか，あまり自信がないよ」と彼は答えた。「彼女は地域の仕事に必要なアプローチをそれほど気に入っていないらしい」。実際，この新人スタッフは──履歴書にはすばらしい資格をもっているとあったにもかかわらず──，まもなく組織の基本的な方針や手順を理解しないばかりか同意もしない，混乱した理屈っぽいスタッフメンバーとしてのグループ役割を引き受けたのだった。彼女の前にいた，彼女より訓練されていない前任者とまさに同じ役割であった。

無意識のレベルで，この新しいスタッフメンバーは求人広告の行間を次のように読んで応じてきたのだ。「求む：スタッフのやっかいで，無責任で，アンチタスクな要素を言葉にするボランティア。内外からの志願者どちらも歓迎。ただし，これに適した難しいパーソナリティをもつ人に限る」。

　やっかいな人物は，スタッフ全員を代表して無意識に行動しており，その問題は，パーソナリティのせいにするのではなく，むしろグループや組織レベルで取り組まれる必要がある。「Xの振る舞いはひどいじゃないか？」と言う代わりに，「私たちは皆，アンビバレントな気持ちがあるということを認めなくてはならないし，仕事と関連する気持ちは仕事で取り上げなくては」というふうに，心理を考える方向に組織としてもっていかなければならないのである。組織が機能改善に向かっていくらかでも前進することができるのは，唯一この地点からなのである。同時に，そうすることで他のスタッフメンバーは投影を止めることができるようになり，「やっかいな」人物も彼／彼女が押し込められていた役割から抜け出せるようになる。しかし，ジレンマを言葉にするために選ばれるのは，たいていもっとも傷つきやすく，あるいは能力が低いグループメンバーである。そこで，他のメンバーは容易にやっかい者である代弁者から自分たちを切り離し，その行動を個人的な問題として扱ってしまうのである。まったく同じプロセスがグループ間や各部門間にも生じる。第8章では，看護師と看護師以外のスタッフというグループ間に起きた投影とそこにひそむ不安が取り扱われるまで，それぞれのグループが対立する役割のなかに閉じこめられてしまっていた。

施設のジレンマへの対処

　その施設の仕事の特質は，たいてい「やっかいな」人物が行動化するように求められる問題のタイプや様式を決定する。

　　　　ソーンハウスは，精神障害のある思春期の子どもたちを扱う治療共同体としてとくに進歩的だと見なされていた。ここは，幅広い可能性をもった役割モデルを思春期の子どもたちに提供できるという考えのもとに，さまざまな背景と経験をもったスタッフを意図的に採用していた。毎週毎週，スタッフミーティングでは2人のスタッフの言い争いに多くの時間がとら

れた。ロドニーは若く今風の,「細かいことにこだわらない」スタッフで,スタッフは小さな（と彼が見なした）ルール違反は大目にみるべきだと考えていた。一方,リチャードは,ロドニーよりも年上で以前精神科病院で働いたことがあり,このことはもっと深刻に受けとめるべきだと主張し,「もし男の子たちが立場というものをわきまえなかったら,事は手に負えなくなるだろう」と言った。彼は同僚からお固い権威主義者だと見られていた。一方でロドニーは「ちょっといかれた奴」と言われていた。思春期の子どもたちをどう管理するかをめぐってのリチャードとロドニーの議論は果てしなく繰り返された。他のスタッフは傍観し,ある者はおもしろがり,ある者は退屈していたが,大半のスタッフは時間の無駄と思い,どちらの側も変わろうとしないことにイライラしていた。

　このような状況における危険は,個人のパーソナリティという観点から──あるいは治療施設であれば個人の精神病理という観点から──そのプロセスを見てしまうことである。これでは袋小路にはまってしまう。ソーンハウスではスタッフは個人療法を受けることを誰からも強要されなかった。たとえそうされたとしても,少なくとも未解決の無意識のジレンマに関連した施設の投影から解放されるまでは,ロドニーとリチャードは抵抗しただろう。そのジレンマとは,スタッフのなかにも患者のなかにもある権力の問題,すなわち自分自身を管理することと他者によって管理されることの問題であった。

　組織のプロセスに焦点を当てた介入がなされれば,スタッフは皆自分たちの役割に引き戻され,施設の一次タスクに沿った仕事を再開することができるだろう。対照的に,2人の問題にのみ焦点を当てる介入は,失敗したセラピーグループか,興味津々の観客に向けた報道番組のようにしかならないだろう。この種の状況のなかでは,個人の病理は,誰が,組織のどのような目的のために利用されるかを決定すること──すなわち特定の無意識の役割に対する個人の
結合価──にかかわっているにすぎない（第2章参照）。問題の個人を,組織のアンチタスクのプロセスと直接つながっている,より大きな葛藤の表れとみることで,その問題を違った枠組みに置き換えてみることができるようになる。

　こうして,ソーンハウスで認識される必要があったのは,許容性対コントロールについての表出されない組織における論争の2つの側面であった。それゆえ争いは公のものとなり,スタッフグループ全体を巻き込んでの延々と続く

争いに，なるべくしてなったのである。実はこの論争は，成熟しようとする自己の権威主義の部分と反権威主義の部分とが無意識のなかでせめぎあう思春期のプロセスの本質にまさに入り込んでいた。同様にシェルドンロードでは，被虐待児を対象として働くことの基本的な緊張，例えば，回避と親密性の間，虐待する親を暴露し排除したいという願望と家族を元のままに維持したいという願望の間，そして子どもと親双方の信頼と不信の間の緊張が，回避されていた。代わって不安は，こうしたジレンマのいずれかの側面を表す結合価をもった傷つきやすいグループメンバーに投影された。その結果，トニーとテレンスは2人とも，施設から追い出されるような極端な振る舞い方をし，潜在する問題を未解決なまま，いつ新たな危機として再噴出してもおかしくないままにして去っていったのだった。

　この全体としてのグループの見方から言うと，やっかいな個人の行動はグループ内の問題の重要な徴候として捉えられ，扱われなければならない。したがって，マリファナを吸って捕まった思春期の子どもは，「グループ全体に代わって」薬を使用したと考えて取り扱われる必要がある。彼らが施設に留め置かれるにしろ追放されるにしろ，薬物使用行動の意味は，投影プロセスの複雑なネットワークが生み出した施設の問題として，取り上げられなければならない。薬物を使用するように無意識のうちに選ばれるのは，「もっとも薬物使用に陥りやすい」思春期の子どもたちなのであり，単に個人を治療するだけでは，その問題がなんらかのかたちで再び生じるのは確実である。その状況に対する2つのアプローチの違いは大きい。グループプロセスとして扱う場合，潜在する問題は同時に個人の問題としても扱われる。それをある1人の不正行為として扱うと，他の誰もがそれを自分から切り離し，標的となった個人に自分自身の諸側面を投影し続けることになる。そして，そのプロセスは衰えることなく続き，個人と施設双方に犠牲を強いることになるだろう。

　施設のジレンマは個人のジレンマと同じく不安をかき立て，前述したような防衛的な投影プロセスの一種を確実に引き起こす。そして，こうしたプロセスは，シェルドンロードで起こったように，そして前章で述べたように，個人のストレスとスケープゴートの現象を引き起こす。反対に，特定の個人が引き入れられた無意識の役割は，ソーンハウスでリチャードとロドニーのケースに見られたように，彼らにとってかなり心地いいものであることもある。この場合，グループのそれぞれのメンバーが暗黙のうちに同意した無意識の役割を受け入

第14章 やっかいな人と混乱した施設 | 183

れる「共謀の格子 collusive lattice」(Wells 1985) が延々と続き，組織の一次タスクに深刻なダメージを与えることがある。

マネジメントの意味

　最低限，私たち各々は種々の役割のなかで自分自身を管理しなければならない。そのためには，タスクと境界（バウンダリ）の問題（第3章参照）や権限の問題（第4章参照）を常に意識しておくことが必要である。また，施設のプロセス，さらには全体としての施設のための無意識の役割に引き込まれてしまう自分自身の特定の感受性，すなわち**結合価**に気づくことも必要である。自分が他の人に代わってある無意識のタスクを遂行するために利用されている——いうなれば「志願者登録」されている——ことを認識するだけでも，大いに解放された気分になるものである。この理解はまた，組織のプロセスへの脆弱性をいくらかでも軽減させるだろう。

無意識のプロセスへの気づきを引き出す

　転移と逆転移はともに，ある人がどのように認識され，扱われているか，また自分自身をどのように感じているのかを理解するのに役立つ概念である（第1章参照）。とくに普段よりも感情的になっている時，自分自身の感情に注意してみると，現在よりも過去に影響されて他者に反応していることがわかることがある。

　　　ランガム病棟の主任看護師であるクリスタルは，病棟師長のクレアにあれこれ批判されると，自分が必ず防衛的に反応していることに気づくようになった。クリスタルは不安になり，傷つきそして怒って，自分の行動を細かく正当化しようとした。そして，ささいなことについて，長々と理屈っぽい説明をして，クレアを怒らせてしまうのだった。クリスタルはクレアが自分を気に入ってくれていて，自分の仕事を十分評価していることを知っていた。実際にクレアは，学生としてランガム病棟で実習していたクリスタルが資格を取得した後，この病棟に配属されるように手配までしてくれていたし，クリスタルが早く昇格するためにサポートもしてきた。だからなぜ，今自分がそんなにも防衛的で不安になっているのか，クリス

タルにもわからなかった。

　セラピーのなかでクリスタルは，自分が学生だった時，2人の関係がどれほど特別だと感じられていたか，そして今クレアが絶え間なく自分のあら探しをするのでどれほど当惑しているかなど，クレアに対して彼女が感じていることをたくさん語った。クリスタルは，自分が母親との関係を再体験していることがわかるようになった。彼女は，母親のお気に入りの子どもだった。彼女の母親は結婚する前はピアニストだった。そして，娘の音楽的才能を支援することに非常に熱心だった。しかし，クリスタルが大きな賞を取りプロとして音楽を学ぶことを決めると，母親は彼女の演奏に非常に批判的になり，さらに音楽で成功する彼女の能力に疑いをもつようになった。母親の関心と愛情はクリスタルの妹へと移ってしまったように思われ，それでクリスタルはある期間かなり抑うつ的になった。ついに，彼女は音楽の勉強を断念し，看護師になることにしたのだった。

　クリスタルはクレアが自分を批判するたびに，自分がまさに母親の時と同じような反応をすることに気づいた。他者の愛情のなかに自分の特別な居場所を失うことについてのかつての不安を感じていたのだ。学生の役割は気楽で快適であったし，幼少時の母親との気楽で密接な関係を繰り返しているようであった。しかし，クリスタルが熟練していけばいくほど，彼女はクレアのなかに危険な競争的な感情が高まっているように感じておびえるようになり，さらに，クレアの承認を取り戻さなければと強く思うようになった。ひとたびクレアへの感情的で不合理な反応から距離をとることができるようになり，そうした感情がいかに現在よりも過去にかかわっているかがわかると，クリスタルは批判に対して適切に応じられるようになり，批判のいくつかからは学び，その他のものは緊張のせいだと受け止め，さらにその批判がフェアではないと思った時には，落ち着いて自分自身を主張できるようになった。

　個人セラピーは，ある人の過去のある部分に接近する道を提供するのにたいへん役立つものである。サンタヤナが述べたように，「過去を覚えていられない人は，過去を繰り返さざるをえない」(Santayana 1905/1980)。しかし，たとえセラピーを受けなくても，自分の反応を自分で観察する態度を伸ばすことはでき，さらには自分がいつ，その状況からみて当然と思われる以上に自分が感情

的になるのか，あるいはどんな時，その人の感情状態が幼少期に重要な関係のなかで体験した感じ方と似ているのかに気づくことができる。

　これは，自分自身の行動を理解し管理するのを助けるだけでなく，他者をより効果的に理解し管理することに役立つ。前述の例のなかで，もしクリスタルが変わらなかったとしても，クレアはクリスタルが過度に感情的に反応していることに気づき，これが転移に基づいているのではないかと思ったかもしれない。そうすればクレアは，クリスタルのミスにも違ったように対応していただろうし，あるいは少なくとも自分に対する教え子の態度が変わっても，それ程傷ついたり憤慨したりしなかっただろう。

役割にある自分を管理する

　こうした考え方の危険は，その人が転移と逆転移についての知識を防衛的に使うかもしれないことである。そして，問題のなかの自分自身の役割を吟味するよりむしろ，「彼らの問題であって自分の問題ではない」として，自身の行動へのあらゆる不満を無視してしまうのである。この危険から守るには，自分自身の心の状態や，それがどのように自分の行動を決定するのかを絶え間なくモニターしておく必要がある。私たちは他者の行動よりも自分自身の行動を改めるほうがはるかにたやすい立場にいるので，無意識のプロセスについての洞察は，まず最初に自分自身を管理するために用いられる必要がある。

　投影同一化が働き出す時，そのプロセスはなおいっそう複雑になる。そして，人は他者がそう認識した人間のように振る舞うようにさせられていく。

　　精神力動理論に基づいたマネジメントコースの学生たちは，教員たちが厳しく，思いやりがなく，馬鹿にしたやり方で彼らを扱うことに不満を言った。教員たちはこれに不満をもち，傷ついた。教員は絶えずさまざまな授業の仕方を試みてみたが，自分たちが何をしても誤解され歪曲されてしまうように思われた。他で仕事をする時は，別のコースの教員をしている時でも，彼らはサポーティブで助けになると見られていたので，まったくわけがわからなかった。教員たちは，学生の自分たちに対する認識は，職場での管理者との体験に基づいているのではないかと推測した。学生たちはその管理者のことをいつも教員に対して言うのと同じ言葉で表現していたからだ。これは精神力動コースだったので，教員はこの仮説を学生と

共有しようとした。これはまったく役に立たなかった。学生たちは，まさにこれは教員たちが学生の視点に関心を向けることを拒否し，そして助けになろうとするよりもむしろ「やっつけようとする」ために自分たちの知識を使っていることの証拠だと主張した。

　時間が経つにつれ，教員は自分たちが学生たちとお互いにますますさげすみ決めつけるような口調で議論していることに気づきはじめた。教員たちは，「自分ではない」何かが自分たちに投影されていることを確信するまで，自分たち自身が今や学生が話していたのとまったく同じように振る舞い，感じていたことに気づいたのだった。それはまるで教員たちがそう告発されていた，厳しく懲罰的な管理者になってしまったかのようであった。はじめ教員たちは，これを学生たちの学習への抵抗と見えたものに対する自然な反応と合理化していたが，学生たちに向けたみずからの懲罰的な感情の激しさを認めた時，自分たちが投影同一化のプロセスに囚われてしまったことに気づいたのだった。このプロセスのなかでの自分自身の役割を認め，自分たちが学生たちに対してどれほど不合理な期待をもっていたかを認めるに至り，ようやくコースの雰囲気は再び学生が学び始めることができるように変わり始めた。

　ここで，教員たちは，教員と学生という2つの立場の者が存在することで引き込まれることになった役割から自身を解放することで救われることができ，その結果，互いに相手を観察するという恩恵を得たのである。さらに，彼らには無意識のグループプロセスについての知識があったので，ビオン（Bion 1961）が指摘した，「現実感覚の鈍麻」に気づくことができた。それが起きると，他者の投影に基づいた特定の役割を引き受け，投影された役割に同一化するようになる。何が起きているかを振り返って考えようとする力は，役割吸引 role suction（Wells 1985）が引き起こす現実感覚の鈍麻という不快感から生まれただけでなく，明らかに妨げられてきた，学生たちの学習というコースの一次タスクを教員たちが心に留めていたことから生まれたのである。

表にあらわれた問題のリフレーミング[▶2]

　セラピーを通してであろうが，他の方法を通してであろうが，個人が気がつくことの他に，管理者や他の専門家が，グループや施設のプロセスを理解するトレーニングを受けることはきわめて有益である。理想的には，理論的学習に加えて，体験的な内容があるべきであり（第4章参照），それによって，特定の無意識の役割への自身の個人的結合価と施設プロセスが交錯しているのを聞き分けられるようになる。そうすれば，彼らは可能な限り迅速に困難な問題を解決するようにという要求から距離を取れるようになり，そこに隠されている注目を要する問題を見つけることができるようになるだろう。

　しかし施設というものは，防衛的な目的にかなうように機能するやり方をつくりだしていくのが常であり，特定のタイプの施設は似通った個人的結合価をもつスタッフを呼び集める傾向があるために，ときどき組織の外部の誰かから援助してもらうことが必要であろう。それは施設のコンサルタントでもいいし，その役割が当面の問題状況からじゅうぶん離れていて，考える能力を回復させる助けになれる人でもよいだろう。問題状況のなかにいる人々はそのプロセスに巻き込まれているために，一時的にその能力を失っているからである。

　　　教育心理士のロクサンヌは，ステップサイド総合学校からいじめをしたとされる少年たちの照会を受け続けてきた。個々の照会はそれ自体ちゃんとしたものであるように思われたし，またいずれも当該生徒についてどうすればいいかについての意見を彼女に求めていた。しかし彼女は，ステップサイドからは地域内のどの学校よりもずっとたくさんのいじめのケースが絶え間なく照会され続けていること，そしてステップサイドからの照会にはいじめ以外のものがほとんどないことに気づいた。このことからロクサンヌは，この照会が子どもたちについてだけでなく，学校について何かを伝えている可能性があると思った。それは，「この学校にはいじめの問題が，よって権限と権力についての問題がある」というメッセージかもしれなかった。照会された少年たちは，こうした問題でもっとも深刻な困難を

[▶2] 家族療法などで使われる治療的アプローチ。例えば，症状を出した子どもを家族の中の問題児と捉えるよりも，その子どもが家族の結束を生み出していると捉え直すように，問題の視点を変えることで問題の意味やありようが違って見えるようになり，行動も変わってくる。

抱えていて，このメッセージを運ぶために「利用」されているのかもしれなかった。

照会された個々の少年たちのアセスメントを続ける代わりに，ロクサンヌはいじめが何を示しているのか調べるために，ステップサイドのスタッフとの会合を提案した。浮かび上がってきたのは，深刻な管理の問題だった。校長はいじめる人と見られていて，実際にスタッフを管理するためにいじめの方略を使っていた。一旦このことが明るみに出ると，校長に対する個人的な役割コンサルテーションと，これらの問題を話し合うためのスタッフグループ全体へのコンサルテーションの助けもあって，いじめの照会数は劇的に減少した。

ロクサンヌは「部外者」だったので，個々のいじめの事件を直接的なアクションが必要な危機と見る――その学校ではそう見ていた――のではなく，むしろ照会のパターンに注目することができた。彼女は無意識のグループプロセスに気づいたおかげで，有効なやり方で介入ができた。つまり，何人ものトラブルメーカー個人の問題としてではなく，施設全体の問題として，その問題に取り組むというやり方である。施設全体が投影をやめ，そして施設の問題を取り扱うようにするための作業は，スタッフや校長，照会された少年たちに有益であることが証明されただけでなく，ロクサンヌ自身にとっても有益であった。もはや彼女が対処できる以上に照会が殺到することはなくなったのである。

結論

マネジメントの役割には，内部と外部の間の境界の立場を維持することが求められる（第3章参照）。これは，自分自身を管理することと他者を管理することの両方に当てはまる。もしある人が過度に内向きで，内部のグループプロセスや自分自身の内的世界に囚われていれば，その人は，この項の最初にあげたクリスタルのように，投影された役割をうまく処理するのではなく，演じるようになってしまいかねない。もしある人が距離をとり過ぎていれば，感情体験が伝えてくる重要な情報との接触を失ってしまったり，あるいはグループプロセスの知識を防衛的に使うようになってしまいかねない。私たちは，施設が根本的な施設のジレンマを表出するために個々のメンバーを利用するいくつかの

方法を示してきた。そして，こうしたプロセスに気づくことが，いかに個人と全体としての施設が前進しようとするのを助けることができるかを説明した。こうして，人々は閉じこめられていた無意識の役割から抜け出すことができるようになるのである。

第15章
不確かな未来に直面する

フランチェスカ・カルドーナ

　多くの組織が不確かな未来に直面している。そのために，人々の不安とストレスのレベルが上がるのは当然ともいえ，人は何も考えることができず，ただ無力を感じるだけになってしまう。それはまた，不信感や情報不足，減少し続けるリソースをめぐる争いの激化によって，人々の協働はより難しくなっている。それでもこうした状況だからこそ，考え，共に計画を立て，まだ変えられるところを見つけ，そしてクライエントのニーズをしっかり心に留めておくことは，これまで以上に重要である。本章では，この種の状況を示す一例を記述し，コンサルテーションを通して不確かな未来にそれでも直面し，計画を立案する能力をどのようにして取り戻していったかを見ることにする。

第一印象

　グリーンロッジは大都市郊外にある，重度の行動上の問題を抱える思春期の若者のための居住型施設であった。もともとは更生施設として設立されたもので，2つの居住型ユニットがあった。1つは9人まで，もう1つは14人までの少年少女を収容するユニットだった。ほかに，退所の準備をしている年長の思春期の若者のための半独立型アパートがあった。
　コンサルテーションの要請があったのは，2つのユニットの小さいほうが再開され，そのために子どもたちとスタッフの再編成が行われた後であった。管理部は，この変化がユニットに与えたインパクトを検討する必要があると感じていた。ユニットはかなりのストレスに見舞われているように見えたのだ。所長代理のピーターが電話してきた時，私は妊娠していて，新しい仕事を引き受けることにまったく気が進まなかった。けれども，彼はたとえコンサルテーション自体は数カ月待たなければならないとしても，すぐにも私とつながりを

もちたいと切望しているように見えたため，私は産休に入るすこし前にコミュニティの幹部職員[1]と会って，彼らの要請についての初回調査を行うことに同意した。

　到着した時，私はその広大な敷地と両翼が広がった建物，そして運動施設がないことに驚かされた。すぐに気づいたのは，その環境にまったく特徴というものがなく，まわりに子どもたちの姿がないということだった。コミュニティは空っぽで，孤立しているように見えた。その場所の冷やかさは，管理部との初回のミーティングの温かさと比べると極めて対照的であった。彼らは，自分たちの心配について話し合いたがっているように見えたが，それは新たに再開したユニットのスタッフが抱えるストレスが中心だった。私は，全体としての組織という文脈のなかでこの問題を理解してみることが重要だと感じ，グリーンロッジで働いている人全員がかかわるコンサルテーションプロジェクトの計画案を私が送ることを提案した。そして，7カ月以内には始めることで私たちは合意した。後になって私は，自分が妊娠していたのは，何かが生み出されるという希望を表していたのではないか，同時に，開始が延期されたのには，現状になんらかの変化をもたらすかもしれないプロセスに対する管理者のアンビバレンスが表れていたのではないかと思った。

計画案

　私は，グリーンロッジが問題についての何らかの共通理解と「見立て」に到達するように援助することが中心になると思った。そこで私は，介入の3つの主な目的を心に描いた。

- 組織の各セクションのスタッフに，最近，管理部によってもたらされた変化に着目して，彼ら自身の状況について最初のアセスメントをする機会を提供すること。
- 人々が，組織中で起きていることについて情報を交換し，考えていることを話し合い，自分たちの感情を共有することができる話し合いの場を創り出すこと。

---

[1] こうした機関や施設は，1つのコミュニティとして関係者の話し合いによって運営されることが多い。治療共同体はそのモデルの1つ。

- いずれは永続性のあるものとなるような，振り返りと発展の枠組みを提供すること。

そこで私が提案した計画は，それぞれ異なる部門が別々にミーティングを何回かもつというものであった。これには，ケアユニット，学校，事務局，管理者と幹部職員があった。その後，私はグリーンロッジのすべての職位および専門職グループの代表と最後のミーティングを行うことになった。私はこのプロジェクトを**過渡的構造**transitional structure（Bridger 1990）としてとらえた。過渡的構造transitional structureでは，スタッフは自分の組織を見直し，その目的と業務だけでなく，組織のほかの人々との関連性や，どのように最近の変化がこれらに影響を及ぼしてきたかを再検討するプロセスを始めることができる。率直さの感覚を生み出すこと，そしてさまざまな場や異なるグループのそれぞれで表出される考えや感情，疑いなどを関連づけることが重要と思われた。私が期待したのは，その共同作業が終わる時までに，自分たちがコミュニティの共通イメージをもてるようになり，今後発展させるべき部分を明らかにすることができていることであった。

初回ミーティング

7カ月後，私は復帰して最初に管理者グループに会った。私はまず，ここ数カ月で病気休暇がかなり多くなっていることに気づいた。スタッフは，何人かの子どもたちの攻撃性と非行のひどさに対処しきれず，組合に支援を求めていたが，組合はその職場の状況が悪くなったことについて管理部を非難していた。管理者たちは，グリーンロッジの仕事がそもそもとても手におえない難しい子どもたちの世話をすることなのに，その子どもたちから「虐待だ」と文句をいわれることに矛盾を感じていた。私の最初の訪問から数カ月の間に，以前は主に1つの部門――新たに再開したユニット――にあった悩みが，今や組織全体に広がっていたのである。

ともにユニットの長を務めていたクレアとピーターが，自治体の柔軟性のなさと些細な変更でさえ交渉することの難しさについて不平を言った。例えば，入居者が中央のキッチンを使わずに自分の朝食や軽食を準備することができるように，居住ユニットの1つに別のキッチンを最近設けたのだが，それだけで

も大きな手柄と見なされるほどだった。このような官僚制の網のちょっとした突破でさえも，それに至るまでには果てしない交渉と長々しい引き延ばしがあった。

　私は，管理部でさえもコントロールすることができないような状況に直面して，絶望とお手上げの感じに圧倒されてミーティングを終えた。一方では，管理者たちは複雑な官僚的なシステムの一部であり，もっとも些細な決定さえ管理し，コントロールしていた。他方で彼らは，自分たちの仕事のまさに本質を受け入れることを望まず，怒りと不満でいっぱいのスタッフを抱えていた。彼らにはこれらすべての問題や葛藤に取り組むようスタッフを導き，サポートする明確な目的意識がまったく欠けているように，私には思えた。

　この段階での私の仮説は，自分たちに適切なサポートや指示を与えることができない組織構造への深刻な欲求不満感を表現するために，みんなが子どもたちの難しさや，子どもたちとかかわることの困難さを利用している，というものだった。同じように，権威構造の頼りなさとあいまいさが，子どもたちの行動をますます煽っているように見えた。私が最初の訪問でまさにショックを感じていた空虚さや運動施設がないことは，中心となる一貫したアプローチが欠けていること，そしてまた，善意はあるが無力な管理部と怒れるスタッフグループの間の距離を映し出していたように思えた。

　同じ日に，私は教師たちと会った。彼らは組織について，とくに規律が欠けていることに非常に批判的で，若くあまり経験のない居住ケアスタッフに不安を感じているようだった。教師たちのほとんどは長年そこに勤めていて，子どもたちに安定と構造を与えることのできる学校を，それがなければ規律のない，混沌とした組織になってしまいかねないグリーンロッジの大きな強みと見ていた。彼らは，学校がコミュニティの他所の部分で起きていることに比較的影響されてこなかったと感じていた。「この10年，外では劇的な変化がありましたが，私がやっていることは同じですよ」と，教師の1人があっさりと言った。学校はまるで，安全で安定はしているが，システムの他の部門とコミュニケーションをとることが容易ではない島のようだった。

　私は次の訪問で居住ユニットの2つのチームとそれぞれに会った。チームAは，自分たちの仕事についてドラマチックな絵を描いてみせた。子どもたちはたいへん難しく，スタッフに対してとても乱暴な態度だった。スタッフにはコミュニティでの生活はほとんど耐えられないものとなっており，子どもたちにも何もよいことはなかった。彼らはコミュニティ内での可能な変化と発展につ

いて建設的に考えることができないようだった。これとは対照的に，再開されたユニットで働いているチームBは，とても明るく気さくな雰囲気でミーティングにやってきた。彼らは温かみのある口調で子どもたちについて語ったが，子どもたちが皆同じ年齢であることと，あまり長くいないことに不満を語った。彼らは，子どもたちに世話と思いやり，そして安定を与えることができる「普通」の家族のような環境を作ることを望んでいた。そして，彼らはどのようにコミュニティを発展させるかについていろいろと考えをもっていたが，それを実現するのはとても難しいとわかってもいた。確かにユニットは，子どもたちが一時的にしか滞在しないこともあって，家庭らしさに欠けており，収容施設のような印象も与えていた。

中間考察

　次第に私は，コミュニティが非常に不確かな未来に直面していることに気づき始めた。ユニットで通りがかりにちょっと言われたのは，子どもたちの数が少なく，23床のうちたった11床しか埋まっておらず，短期間で照会数が増えることもさほど期待できそうにないということだった。グリーンロッジはとても高くつくあまり利用されない機関となっていて，ますます競合する市場で生き残ることができなくなっていたのだ。私はまた，建物のリース期間が2年で期限切れになることを知った。驚くべきことに，こうしたグリーンロッジの生き残りに対するこの深刻な脅威がもっと早くわからなかったどころか，まったく問題にもされず，管理部とスタッフの間や，スタッフと子どもたちの間にある葛藤と問題の単なる背景要因くらいにしか考えられていなかったのだ。管理者の1人が言ったように，閉鎖の可能性ははっきり決まった事実ではなく，うわさでしかなかった。第2ユニットの再開は，自分たちの存続に対する現実の脅威そのものを否認するという組織のニーズによって無意識のうちに決定されたようだった。

　私が証言をまとめるのが遅れたことは，スタッフグループに何が起きていたのかをはっきりと示していた。人々は，子どもたちの乱暴さや規律のなさ，そして自治体の官僚主義など，いくつものことについて不平を言っていた。しかし，本当に彼らを悩ませていたこと，つまり差し迫った閉鎖の可能性については話さなかった。はっきりほんとうのことを言えば，こうした現実に直面する

ことに私自身，気が進まなかったのだが，それは私に事態の重大性を明らかにするのを避けてきたスタッフの態度を反映していた。彼らが外部世界――私はその代表であった――に対して，この問題を隠そうとしたのは自然なことだった。しかし，彼らはまた，自分自身とお互いに対してもそれを隠していたのである。

　私は，自分の仕事の中心は，組織がその未来を直視するのを助けることでなければならないと理解しはじめた。現在取り組んでいる仕事と内面的な変化にだけ注意を向けるという誘惑を受け入れることは，組織の中心的な問題を否認することに共謀することになるだろうと，私にはわかっていた。しかし私は，言わなければならないことを言うことがとてもつらく不安だった。私は，子どもたちの数が少ないことを隠しだてする理由の1つは，自分たちがあまり働いていないという罪悪感，費用対効果が悪く，たくさんの子どもたちを助けていないことに対する非難と罰についての不安ではないかと思った。しかし，人々が自分たちを脅かしている危険が何かをはっきりとさせることができるまで，その危険がかき立てる不安は，おそらくは子どもたちのなかへ置き換えられ続けるだろう。組織的防衛としての否認は，人々を考えられなくさせ，それゆえどんな変化をも不可能にする。しかし一方，現実に直面することは，たとえ外からの脅威は克服できなくても，自分たちの運命に影響を与える能力への自信を幾分かでも復活させることができる。

　そこで私の役目は，この「家族の秘密」をあばくようなこと，できるかぎりの機会にコミュニティ全体に知られている事実を公然と口にすることとなった。それを続けていくうちに，私はコミュニティ全体を覆う死と無力さという痛みを伴う感情にいっそう共感するようになった。私はよく，グリーンロッジを初めて訪れた時に自分がどのような感触をもったか，いかに大きく広がった空虚さが，私に鬱々とした感じを引き起こしたかを思い出した。それは，グリーンロッジの問題の本質をありありと映し出していたのであり，その時そこで働いているスタッフの経験を反映していたに違いなかった。

さらなるミーティング

　いろいろなグループと対話を続けるうちに，私にはバラバラな組織の絵が見え始めてきた。そこにはさまざまな文化の層と互いに対照をなすモデルが，実

際の相互交流がないまま共存していた。たいていのスタッフが，現在の仕事からではなく，過去の実務経験から職業アイデンティティを得ていた。例えば教師たちは，更生施設だったグリーンロッジでの過去の経験にまだ強くこだわっていた。そこには，もっと明瞭な境界ともっと多くの規律があり，彼らのタスクのあいまいさはもっと少なかった。彼らはかつてのシステムにあった多少の残虐さには反対していたが，ほとんどはより新しい治療共同体アプローチにもあまり傾倒していなかった。過去に刷り込まれたものはあまりに強烈すぎて，「ケア」という弱々しく漠然としたモデルに置き換えることはできないようだった。実際，すべての子どもたちが軽犯罪を犯していたので，教師たちは，コミュニティの本当の仕事は，そうでもしなければ保安病棟やさらには刑務所で終わってしまいかねない子どもたちを一時的に収容する場所を提供することだと見ていた。

　他のスタッフもまた，かつてのより明確な境界がなくなったことを惜しんでいた。事務職員や，何人かのケアスタッフでさえ，指針となるものが不足していると感じていた。そして，組織が対極のケアに向かってあまりにも劇的に変化しすぎたと感じていた。例えば，夜勤スタッフは，子どもたちがお手伝いをしたり，自分がしでかしたことを説明したりすることが期待されるような，家族にふつうにみられる常識というものがまったくない状況を説明した。グリーンロッジでは，たとえ子どもたちがひどい悪さをしても，彼らは週末には家に帰ることが許された。過去に保安病棟で実務経験のある住み込みのワーカーは，ある子どもが彼に物を投げつけた出来事を私たちに話した。彼は，「子どもを閉じ込めることができなかった」ことに，そして，その攻撃的な少年をほかにどう扱えばよいか考えつかなかったことに，無力感を覚えたのだった。多くのスタッフが，このような子どもたちを扱うための設備が整っているとは思えないと，不平を言った。

　スタッフは自分たちのタスクと役割について，非常に異なる認識をもっていた。何人かは，ケアの倉庫モデル（第8章参照）に沿って働いているようで，子どもたちが従順で，行儀良く，おとなしく，手なずけやすいことを望んでおり，それをもっと多くの規律，きっちりした組織の枠組み，保安病棟の必要性というような言葉で表現した。彼らは，子どもたちを基本的に危険で，コントロー

▶2　日本でいう医療観察病棟のようなもの。精神障害をもつ犯罪者に，安全な環境と医学的支援や教育訓練を提供する施設。裁判所から送致される。

ルが必要だと考えていた。他の人たちは，**ケアの園芸モデル**を支持していた。それは，個人の感情的欲求によりオープンにアプローチしようとするものであり，「普通であること」や家族のようなユニットでの子どもたちとの親密な関係を重視していた。彼らは，子どもたちを基本的によい子だが，虐待され，励ましと養育を必要としている子どもと見ていた。

　こうした意見すべてを聞いて私は，子どもたちを扱うことをめぐる彼らの困難は，グリーンロッジの一次タスク（プライマリ）（第3章参照）について共有された明確な理解というものがないことと大いに関係があるという印象をもった。コミュニティは，ケアの要素をもつ収容施設なのか？　あるいは，思いやりのある保護的な環境で子どもたちが世話される小さな家族ユニットを作ることを目指すのか？　コミュニティの外では，両方の意見が自治体によって検討されていた。そしてどちらかを選択することはできたはずだったのに，どちらも選択されなかった。私はこの，目的がはっきりしない感覚の元は，更生施設というこの組織の由来と自治体から派生する官僚的モデルとの組み合わせにあると理解するようになった。それは，より自主的で革新的な，一貫したアプローチを創り出す能力をむしばんでいた。根底にある依存の文化が，組織全体の機能に影響を及ぼしていた。

　コミュニティは，子どもたちとスタッフ両方の基本的ニーズのほとんどを満たしていた。彼らのために食事が調理され，寝場所が供給され，ユニットは清掃スタッフによってきれいにされた。この状況では，スタッフは改革を計画し実行する主導権をにぎる能力を失ってしまい，それを上層部や組織の外部に委ねてしまっていた。この態度はまた，居住者である子どもたちとの投影同一化と見ることもできた。彼らは自分の人生をコントロールできないと感じていて，どちらも自分の衝動を閉じ込めておくことを求めると同時に抵抗もしていたのである。結果として，スタッフと居住者は，自分の経験や能力や考えを使って現実に大きな変化を引き起こすために，もっと積極的な役割をとる方向に進むことが難しかった。権威は遠いところにありはっきりしないが，同時にとても強力で，時に乱用されるものとさえ感じられていた。

　さらなる困難の源は，組織の過渡的な性質だった。他の援助機関や里親でうまくいかなかった時，子どもたちはここにやって来て，そして大部分はさほど長く滞在しなかった。一時的であるというこの感覚は常につきまとっていた。何年も前から，リースの契約終了についてのうわさがあったが，誰もそれにつ

いてはっきりさせようとはしなかった。これらのすべては，共有されたビジョンの欠如や，処遇の哲学と組織開発への計画的アプローチの欠如の要因となっていた。私が見たように，以前の更生施設体制からそれとは異なる組織モデルへの本当の移行はまだ行われておらず，一次タスクもまだ生まれていなかったのである。

最終ミーティング

　私は，最終ミーティングのプランとその内容について，自分のメッセージを伝えることに決めた。最終ミーティングは，コミュニティの過去と未来の「橋渡し」となり，その仕組みは永続的なものとなって，計画立案のための意見交換の場として活用されることになるというものであった。ミーティングの参加者は，管理部のメンバー全員と他の部門のそれぞれの代表者であった。

　私は，自分が主な問題と見なしたものを中心に，簡単な前置きから始めた。つまり，リース期限が差し迫っていることと照会数が少ないということのために，閉鎖の脅威があること，そしてあなた方はそれについてどうしたいと思ったのか，と問いかけた。私の前置きの後，人々は小グループに分けられ，30分かけてコミュニティの閉鎖がありうるということについて話し合った。これは，彼らがこの問題について公式に考えることを奨励するための企画であった。そして，もしコミュニティが閉鎖されるとしたら，自分たちが直面しなければならない主な問題は何かを一緒に明らかにしようというのである。彼らは大きな紙に，後で大グループで議論する主なポイントを書き出した。それからもう30分が与えられ，もしコミュニティが生き残るとすれば，これからどう発展していくかを話し合った。この後，グループは再び集まり，1時間，グリーンロッジの閉鎖か発展かという2つの考えられる未来について，自分たちの考えや心配，感情を共有し合った。

　みんなが自分たちの未来についてどれほど不安で途方に暮れているか，そして彼らがコントロールすることも変えることもできないと感じる仕事の環境のなかで計画を立て，責任を引き受けることがどれほど難しいことかに，私は衝撃を受けた。多くは，給料や住居や組織の保護を失う心配について語った。彼らは主に自分のことに気を取られていて，全体を見渡す感覚を失ってしまっているように見えた。組織の状況によって不安が引き起こされたために，組織の

将来を考える彼らの能力は損なわれてしまっていた。一方，管理者たちは，外の世界にこのコミュニティのための潜在的には前向きなシナリオがあることを知ってはいたが，システムのなかにこうした希望をうまく伝えることができなかった。

理事長室で会食した後，私たちは計画に集中するために再度集まった。スタッフは，コミュニティが死ぬか，あるいは生き残り発展するかのいずれにせよ，彼らがどのようにアクティブな役割をとることができるかを考えるよう促された。可能な積極的な活動として，もし自治体が組織の閉鎖を決定するようなら，前もってうまく子どもたちを移動させること，順序だった閉鎖計画を立てることが話し合われた。コミュニティの強さと可能性を明らかにすること，積極的にもっと多くの照会を得るよう努力すること，もっと多種多様なプログラムのために広い土地と建物を活用することが，発展のための方略として考えられた。ミーティングはクレア部長が，1日を通して話し合われた問題を要約し，私たちが着手していた仕事を続けるための実行部会を設けるという考えを発表して，終わりとなった。今後ありうる閉鎖の脅威に直面することが可能になり，それに対処する方法についても考え始められるようになったようであった。

結論

私の介入について考え，そしてグリーンロッジとの関係における私の逆転移（第1章参照）を分析しようとすると，私はしばしば，自分がこの組織の仕事でいったい何を達成しようとしていたのだろうかと思った。振り返ってみると私は，プロジェクトを企画すること，そして私自身の存在を通して，システムにエネルギーとアイデアを注入し，初回のミーティングで生まれていた何かが生まれてくるという希望を育てようとしていたのだと思う。私のねらいは，依存のシステムを揺さぶり，そしてスタッフと管理部が自分たちの状況と未来に対して，しっかりした権限を行使するようになるのを手伝うことであった。それは不可能な任務だったのだろうか？

しばしば，コンサルテーションの途中で，私はさまざまなグループで表出される消極的な感じ，主体性の欠如，お手上げの感情といったものに圧倒されるように感じた。私はその状態に対してネガティブで，寛容でなく，腹を立てて，チームAが居住者に感じていたように，自分が介入してもどんな肯定的な結果

も起こすことができないように感じた。別な時にはチームBのように，私は希望をかき立て，組織をもっとアクティブに，目的をもって機能するように変えたいと思った。次第に私は，自分がファシリテーションと過渡的環境とを提供することで，そこで不確かな未来にかかわる問題を探究していたのだという事実を受け入れるようになった。それはコミュニティの実際のタスクとよく似ていた。けれども，彼らが自分たちの未来に変化を起こすかどうか，起こすとしたらどのようにかを決めるのは，管理者とスタッフだった。結局，子どもたちが自身の生活をどう考えるかは，子どもたち次第だったのと同じである。

　コミュニティでの仕事のなかではっきりしてきた仮説は，「コミュニティの差し迫った死の可能性」という組織の現実的な問題が隠し立てせず公に認められることを通してのみ，人々が自分たちの未来は自分たちのものだという感覚や未来に対する責任を分かち合うことを受け入れ始めることができるというものだった。これなしには，ほとんど何もできない。私はコミュニティを救うためにいたのではなく，彼らが自分たちの権限を見いだし行使して（第4章参照），コミュニティの未来に影響を与えるだけではなく，彼らの仕事のやりがいや自尊心に影響を与えるのを手伝うためにそこにいたのだ。それはひるがえって子どもたちの未来につながっていた。もしスタッフが自分たちの生活をコントロールすることができないと感じるとしたら，ここの若者たちはどのように彼らの生活をコントロールすることを学べるだろうか？　私は終わりにクレアがミーティングの責任をとろうとしていること——それは計画にはなかった——は，支配的な「依存文化」からの大きな転換を示しており，そして閉鎖の脅威をめぐる問題に積極的に取り組もうとする新たな意思を示していると感じた。言い換えれば，彼女は自分の権限を見いだしたのであり，それは，コミュニティの他のメンバーが自分たちの権限を見いだし，自分たちの運命と仕事に対する責任を引き受けようとする第一歩であった。

　組織とスタッフが何らかの変化を考えることは，得てしてたいへん難しいものである。たとえそれが，ひどく不確かで満足のいかない状況から，より良い何か，少なくともよりはっきりとした何かへの変化だとしても，変化が確立された個人と組織の防衛を脅やかすことは避けられない。そしてこれらの防衛がどんなに不十分であるとしても，それを断念するのは難しいのである。本章で紹介したコンサルテーションは，不確かな未来に直面できるよう，不安をコンテインするために企画されたのであった。

第16章

声を発見する
脅威のもとにある組織における差異化, 代表選びとエンパワメント

ジェームス・モス＋ヴェガ・ザジェ・ロバーツ

　近年，広範囲にわたり予算削減，事業の廃止，リストラや管理システムの再編によって，多くの組織がたいへんな脅威を感じている。こうした脅威が引き起こす組織の混乱を管理するために，しばしば多くの組織がコンサルテーションに助けを求める。他にも，研修やチーム構築のような組織の発展を助けるために，コンサルテーションが求められることもある。しかしこのような時，探索していくと，生き残りへの脅威——それは心の内にあって，認めることができないもの——がたいてい明らかになる。ここでは，私たちが繰り返し遭遇してきたある種の組織的防衛について考えてみよう。それは組織が脅威に抗して生き残る能力を著しく損なうものである。

外からの脅威

　教育行政機関[1]全般に及んだ大規模な財政削減の一環として，南トレントン学校の諮問機関であった南トレントン人材開発部門と研修部門は解散されることになり，職員も異動させられることになった。私たちは，この移行をやり遂げるための研修を企画するよう依頼された。それは，職員が差し迫った変化に対する不安に対処するのを助けるものであった。

　研修の準備のために，大量の書類が私たちに送られてきた。そのなかにあった小さな表を見ると，来たるべき変化によって何人かの職員だけが飛びぬけて大きく影響を被ることがわかった。私たちが説明を受けた時にはこの点にはまったく触れられていなかったが，そのことについて尋ねると，誰もが驚いた表情を見せた。一方，労働組合が動員されて，私たちがそのグループと会った日に

▶1 英国では local educational authority という教育行政機関が自治体ごとに設けられており，すべての学校の入学試験や教員の採用に至るまで，教育に関するすべての事業を管轄している。

は，高揚したけんか腰の雰囲気が漂っていた。ある女性が自分は戦いたい気分ではないと言うと，誰かが，みんなしっかり連帯しなければ，「ひとりずつ狙い撃ちされるぞ」と言った。

　研修の最初の演習は，ロールプレイで構成されていた。参加者はランダムに3つのグループに分けられた。1つは教育行政機関の管理者としてものを言うグループで，もう1つは訓練部門の職員として，そして3つ目は事業のユーザーとして発言するグループだった。それぞれのグループは，ほかの2つのグループに言う意見を用意することになった[▷1]。「ユーザー」グループは非常に精力的に事業を批判し，目的がずっと明確でなかったし，もし事業が廃止されても学校にとってはさほど大きな損失ではないと見ていると言った。この時点までは，事業の価値は当然視されていて，「彼ら」が学校の重要性をじゅうぶん評価してこなかったことが問題であるとされていた。「ユーザー」グループが早々とその疑いを表明できたことは，その部門が本当に何かをやり遂げているのかという不安はずっと表面近くにあったにもかかわらず，公には気づかれず，結局取り扱われてこなかったことを示していた。

　　2つ目の演習は，彼らが自分たちの置かれた状況にもっと効果的に反応できるようになるプロセスのスタートとして企画された。私たちはその部門の4つのチームそれぞれに，事業予算を他の方法で削減する企画を立てること，そして，他のグループの代表者と一緒に外部の管理組織に対する共同提案を立案するための代表者を選ぶように求めた。この演習は，代表者を選べなかったのか，もしくは離れたところで自分たちを代表して意見をいう人を信用できなかったのか，いずれにせよグループ全員が代表者会議に参加すると主張して大混乱となった。こうして，内部的にも対外的なマネジメントの面でも，交渉が不可能になった。

　ここに内部の脅威と外からの脅威の相互作用をみることができる。コンサルテーションが必要となった危機より前に，自分たちの仕事の有用性についての抑うつ的不安（第1章参照）があったのだが，それは抑圧されていた。そして管理当局からの削減提案は，おそらく無意識のうちに「当然の報い」のように感じ

▷1　この演習の企画については Eric Miller に感謝したい。

られたのだろう。防衛のなかで、彼ら自身もしくはお互いへの非難はすべて管理者たちへ投影されていた。罪悪感から被害感へのこの種の移行、すなわち、抑うつ不安から妄想的不安への移行は、グループが効果的に思考したり行動したりすることを大変難しくする。お互いを縛り付け、そして問題を外部の敵になすりつけようとする圧力は、このケースでは異動の提案が一部のスタッフにだけ強く影響することがうすうすわかったために、いっそう強まった。まさに、グループ内のあらゆる差異はすべて否認されなければならなかった。そのために、誰か1人にグループを代表して行動したり話したりする権限を与えることはできなかったのである。

　コンサルテーションの目的は2つあった。まず、グループが、事業の有用性に対する疑いと財政削減の必要性とを、ともに外からの攻撃として経験するのではなく、「自分たちのもの」とするようになる必要があった。言い換えると、彼らは現実と向き合う必要があり、個人とグループの生き残りが焦点の基本的想定心性から、自己評価を行うことと外の世界での組織の生き残りという一次（プライマリ）タスクが焦点の作業グループ心性に移行する必要があった。2つ目の目的は、内部が分化し始められるように援助し、自分たちのために交渉する何人かのメンバーに権限を与えることができるようにすること、すなわち、聞いてもらえる可能性のある声を見つけることであった。

危機まっただなかでの日帰り研修[2]

　日帰り研修 Away-days は近年ますます普及しているが、それにはある特徴があり、企画と結果の両方に影響している。「アウェー」の部分は、意識的理性的なレベルで、あらゆるものを浸食する毎日の仕事の場から参加者が離れて、振り返りと話し合いと新しい思考のための場所を創り出すことを表している。しかし、翌日には――この場合、物珍しさや学びが生まれた場所から――それらを後に残して職場に戻るのもまた、何かから離れるアウェーの行動である。もし外部のコンサルタントが日帰り研修のファシリテーターとして招かれた場合、契約上決められた時間枠は、コンサルタントが自然な設定のなかでアウェー経験を実行するプロセスに何の影響も及ぼすことはないだろうということを意味

▶2　原書では'Away-days'。英国鉄道が発売している行楽客用の日帰り切符のことであるが、ここでは職場から離れた（アウェーでの）研修の日という意味をかけている。

している。コンサルタントらとそのアイデアは，グループの無意識のニーズ次第でとり入れられたり，忘れられたりする。

　私たちの経験では，そのような日帰り研修は，意識してかどうかはわからないが，たいてい危機の際に計画され，参加者はその危機に対してある特定の立場をとらされた人たちのことが多い。あるグループは，自分たち対彼らという強い二極対立を示し，「塹壕戦」のように，みずからを防衛的立場に埋め込んでいく。他のメンバーは，明らかに身動きすることができず，ただ斧がふり下されるのを受け身に待っているだけである。典型的には仮定や憶測の霧が事実に置き換わり，事実がそこにあっても探されず理解されることもない。グループは，メンバーのなかのどんな違いも崩壊を引き起こすのではないかという恐怖で麻痺させられ，「現実」の敵に抵抗するのに必要なエネルギーを奪われてしまったように見える。

　参加者が中に閉じ込められてしまった防衛的な態勢から抜け出すことができるように，私たちはよくゲームの要素を含む企画を用いる。いち早く解決策を見つけるというプレッシャーから離れて，「アイデアと遊ぼう」と招くのだ。しかし，私たちはほどほどに現実的な課題も設定する。それは，現実のホームに戻った状況と同じような不安を引き起こすほどは現実的ではないが，参加者がまねごとのゲームとして片付けてしまうようなものではなく，結果に本気になる程度には現実に近い。その企画には通常，メンバーがいつもと違う役割をとる要素が含まれており，またそれによって参加者が違いを示す必要があるために，見方を変えることを促すことになる。さらに，この企画にはサブグループ間の交渉ということが含まれている。それは，このことがいかに困難かを示す「今，ここで」の経験をその場で提供し，役割をはっきりと区別しないとどんな大きな代償を払うことになるかを，ドラマチックに示すことになる。同じように，意見の一致に力を注ぎすぎると，そして権力と権限の委譲に関心が払われないと，どんな悲惨な結果になるかがはっきりとわかるのだ。

　企画全体が，参加者たちがごっこ遊びと参加者のホームでの仕事の現実性との間を容易に行ったり来たりできるよう意図されている。最もうまくいった場合，参加者は自分の組織のほかの部門とどのようにしてもっとうまく交渉するか，そして，自分が直面している外からの脅威をどのように扱えばよいかを考えはじめることができるだけでなく，これまでの未分化な状態へと退行する力を減少させ，一人ひとりが内部での議論ができるようになる。

内部の脅威

　フェラム心理カウンセリングおよびサポートプログラム（FICS）は，実際的援助や心理学的援助が必要とみられる被雇用者にそれらを提供するためにフェラム保健機関が作った事業である。当初，FICSには6人のカウンセラーからなるチームがあり，FICSのオフィスで個人カウンセリングを提供していた。のちに，5人の経験あるグループワーカーのチームによる新たなプロジェクトが立ち上げられ，ストレスを訴えるスタッフグループへのコンサルテーションを提供することになった。FICSのスタッフは毎年1回，成長と研修のための日帰り研修を行っていた。そのような研修の1つで私たちは2つの事業部門の統合を援助するため，チーム構築の演習の企画を依頼された。

　私たちはそれぞれのチームに，FICSの発展に影響を及ぼす問題のリストを尋ねることから始めた。この議論の途中，私たちはグループワークのチームが1年間のパイロット事業として設立されたものの，予算削減で6カ月以内には再開されそうにないことを知った。彼らのリストが完成した後で，それぞれのグループに，たった今判明した問題を取り扱うための研修会の計画案を作るよう指示した。それから彼らは，次回の研修日の共同案を練るために，ほかのグループと会合をもつことになった。

　グループワーカーたちは私たちが設定したタスクに熱心に取り組んだが，一方，カウンセラーたちは，それをしなければならないのかどうかということについて自分たちだけで論争することにほとんどの時間を費やした。共同案について交渉する時が来ても，彼らはなんだか漠然とした，間に合わせのアイデアしか出せなかった。もう一方のグループの丁寧に練られた計画を見て，彼らは驚ききまりが悪そうだったが，そのことは話し合われなかった。その日の最後になっても，共同案は壁に貼られたまま，修正されず，承認も否決もされることがなかった。

　何も提案しないことで，カウンセラーたちは交渉するというタスクを回避した。何も交渉することがなかったからである。グループワーカーたちは，次の研修日にはもうFICSでは働いていないだろうということがほぼ確かな事実で

あったにもかかわらず，自分たちの案に非常な努力を傾注した。彼らはタスクを果たしてしまえば，それ以上提案に関心はなく，清掃員が片づけるまで壁に貼ったままにした。そして，彼らもまた，もう1つのグループとの交渉を避けていた。私たちの仮説は，目前に迫ったパイロット事業の終了にかかわる罪悪感と羨望をめぐる不安のせいで，スタッフグループ全体のなかの違いを認めることが耐えがたいのだろうというものであった。この重大な事実は私たちが事前説明を受けた時には伝えられることさえなく，その重要性は研修中もずっと軽視され続けたのだった。

閉会のミーティングで，私たちは，メンバーがその朝リストアップした問題が2つのチームで異なっていたこと，そしてそのいくつかは，むしろチームが別々に働いたほうが，もっと効果的に取り組めるかもしれない問題であり，もしみんなが一緒に働きさえすれば，あなたたちの問題は解消されるだろうと期待されるようなものではなかったことを指摘した。その証拠に，彼らが一緒に働こうとすると，グループ内のもっとも明確な違いでさえ認めることを避けようとする欲求が，交渉や議論を不可能にしてしまっていた。それどころか，どちらかのチームが何か思いついても，まとまりを維持するために，忘れられたり無視されたりするしかなかった。

差異化の問題

FICSは南トレントンと同じような状況に直面していた。すなわち，差し迫った組織の解体と多くの職員の異動である。事前に説明を受けた時，なぜ私たちにこのことが何も伝えられなかったのだろう。もうすぐ存在しなくなるチームなのに，そのチーム構築をするように招かれたのはなぜだったのだろう。FICSと南トレントンの状況は明らかに違っていたが，その裏には，基本的な類似点があった。どちらの組織にも，ある職員だけが他より大きな影響を被ることになる外からの脅威があったことである。とりわけ直面できなかったのは，このことだったのだ。つまりどちらのグループも，内部にある差異を否認していたのである。両方ともお互いがもっと密接に結びつくのを助けるために，実際には，共謀して防衛的な脱差異化を図るために，コンサルタントを招いたのだった。どちらの場合も，差異の否認と明瞭な展望——それは互いに対立している可能性があるが——を示すことの回避があり，それが将来にかかわる交渉を妨

げていた。
　生き残りへの脅威は，極端な不安を生み出す。脅威にさらされたグループでもっともよくみられる防衛は，お互いを縛るような感情的な結びつきを強めようとすることである。これには，グループをバラバラにする一因となるかもしれない，いかなる差異をも否認することが含まれる。基本的想定の影響下にあるグループ（第2章参照）を見いだすのは，まさにこういう時がもっとも多いのである。南トレントンは闘争の基本的想定を使い，メンバーが一緒になって敵と闘うことを要求していた。FICSは，1つのチームは従順な方法で，もう1つは私たちに従うか否かを討論することで，依存の基本的想定を使っていた。両方とも，コンサルタントが基本的想定のリーダーシップを提供して自分たちの防衛的脱差異化を支えてくれると見なしており，私たちが差異を明らかにしようとする努力や，誰もが気がついているが声に出さないことに「同意」した外的現実を口にすることに対してさえ，激しい反感を示した。しかし，内部の差異を認めて話し合うことができないと，グループは効果的に働くことができない。次の事例は，それをさらに示すものである。

　　身体障害者のデイセンターであるアーガイルハウスは，少数のきわめて重度の障害をもつ，依存度の高いクライエントを対象としており，彼らは提供されるどんな援助にも感謝していた。
　　センターが障害のもっと軽い人をこれまでより多くとることにしたため，それに備えて建物がちょうど拡張されたところだった。スタッフは，今度の新しいクライエントはもっとはっきりと要求や怒りを声に出すだろうと予測していた。彼らがコンサルテーションを必要としたのは，共有された不安と変化への抵抗，そしてどのように新しいプログラムを計画すればよいのかわからないことからと考えられた。
　　最初のミーティングで，これは誤解だったことが明らかになった。何人かはこれまでの仕事は退屈だったと思っていて，以前には使う機会のなかったスキルを用いて，もっとアクティブで変化に富んだ仕事ができるのをとても心待ちにしているスタッフもいた。その他のスタッフは，これまでなれ親しんできて，何が起きるか予測可能であった仕事を失うこと，そして新しい仕事に必要なスキルをもっていないことの両方について不安を抱いていた。一方，スタッフはもうすぐやってくる新しいクライエントへ

のサービスを計画することができないでいた。アイデアは一応出されるものの，ほかの提案が出されるとすぐに取り下げられた。
　私が行った最初の介入の1つは，2人がペアになってアーガイルハウスの目的とさまざまなタイプのクライエントを対象に行わなければならないと思う活動の目的のリストを作るようにということであった。そしてそのリストを，優先順位の点から，あるいはそれぞれにかかる時間の量の点から順に並べるように指示した。そのリストに含まれるものについては，ほぼ全体に共通性があったが，それぞれの項目に付与された相対的な重要性についてはきわめて大きな不一致があった。そこで私は次のミーティングまでに，共同してリストを完成しておくように依頼した。こうしたことによって，彼らの新しい行動方針の基礎が作られるだろうと思われた。

　優先順位とどうやってその仕事をしていくのかについて意見の不一致があることを無視していたために，チームは新しいサービスのかたちを決めることができないでいたのだった。新しい仕事のせいでバラバラになってしまうのではないかという不安のために同意も討論もできず，彼らは前に進めなかったのである。ようやく，彼らは運営方針の書き換えに着手することができた。しかし，6カ月後にそれを見てみると，多くの項目が指針とするにはあまりに曖昧で，厄介な欠点があることがわかった。この曖昧さは，グループのなかの差違をあいまいにさせたいという，無意識のニードの結果だった。葛藤が表に出るのではなく，チーム内の反目は覆い隠され，仕事そのものについての議論よりは，むしろ個人的な批判というかたちで時折噴出した。異論の多い項目がより明確に定義づけられると，決められた内容に同意しない2人のチームメンバーがどこかほかに仕事を探し始めた。はじめのうち，これは破滅的な失敗の証拠と見られた。まるで，すべての人を満足させる方法を見つけることが可能なはずとでもいうようだった。しかし，はっきりしたねらいや価値観，方針が定まると，自分がどのような組織に所属しようとしているのか，それに何が期待できるかについてかなりはっきりとしたイメージをもった職員を採用することが可能になった。チームメンバーは，グループをいずれかの方向へ動かそうとする仕事を隠れて妨害するのではなく，合意された境界（バウンダリ）との関係のなかで自由に自分の

▷2　たった1人の著者がかかわっていたかのような記述であるが，私たちは「私」という言葉を他に言い換えるとややこしくなるためにあえて使っている。

仕事を管理することができるようになった。

　脅威のもとにあるグループでは，あたかも1つになりさえすれば安全だというかのように，差異をあいまいにしようとするメンバーへの無意識のプレッシャーがきわめて大きくなることがある。新入りのメンバーは，グループを危険な外の世界からの攻撃に弱くしないように，どんな不一致からもグループを守るという暗黙の誓約を迫られる。何かが間違っていると気づく能力さえも抑制されなければならない。所属することの代償は，個性を表に出さないことであり，抑圧のもとははっきりとはわからないにもかかわらず，メンバーには抑圧的に経験されるのである。

　　ある新人メンバーが，人々が会議に遅刻して来るためにどれだけたくさんの時間が無駄になっているかを指摘した。2週間後，彼女自身はいまだに時間どおりに到着しているにもかかわらず，もはや以前の腹立たしさをちっとも感じていないようだった。私がこのことについて述べた時，彼女はまごついたように見え，私は問題を蒸し返すのは間違いであり，とても悪趣味なことのように感じた。アフリカ系の労働者が全然グループ討論に参加しないこと，もしくはチームメンバーの給料に差があること，法的に異なる義務を負っていること，熟練の度合いに違いがあることなどについて私がコメントした時にも，同じように反応がなかった。私がしつこくこの観察したことを述べていると，グループは私に対しかなりの反感を示すようになり，そして私がその話をやめるとすぐに，雰囲気はふたたび友好的なものになった。

　グスタフソン（Gustafson 1976）はこの種のグループを「偽相互的」と呼んだ。そこでは，役割はぼやけて，「援助的」といったあいまいな言葉が歓迎され，すべての人は「平等」でなければならず，そして「平等」とは同じであることを意味している。すべての人が仲良く親切に行動する傾向がある。

　もし誰かが何かに異議を唱えると，最初は心配されたり，助けを申し出られたりし，のちには余計なことをというようなむっとした驚きが返ってくるような目に合う。心得違いのメンバーは，たいていすぐに匿名性のなかに逆戻りしてしまう。もしそうしないと，その人は隠されてはいるがかなりの攻撃性とともにグループからつまみ出されてしまう。仲の良い見せかけの下に，実際には

多くの抑圧があるのである。
　効果的な仕事には差異が必要である。それは，明快にタスクを定義づけること（第3章参照）と，スキルとリソースに合わせて仕事を割り当てることである。「偽相互的」なグループは，共有された目的という仕事を基盤にしたつながりによって共に支えられているのではなく，同一化というある種の「接着剤」のようなもので支えられている。そのグループは，分離していること，アンビバレンス，不完全であること，そしてその他の抑うつ不安のもととなるものに耐えることができず，羨望やライバル意識が出現するリスクにも耐えられない。したがって，健康な競争や本当の相互性の余地がなく，味方か敵かしかないのである。

代表の問題

　内部の差異をはっきりさせることができないと，当然の結果として，誰にもそのグループを代表して話したり行動したりする権限を与えられなくなってしまう。その人たちが他のメンバーとは異なる役割をとることになるからである。その結果，外部者との交渉はできなくなる。代弁者をもつことは可能だろう。しかし，グループが，誰かが自分たちを代表して他の人たちと対話するために十分な権限を委ねることができないと，代弁者は用意されたメッセージを伝えるだけである。
　加えて，外の世界が危険に見えれば見えるほど，グループは生き残るために欠くことができないと見なしている団結を維持しやすくなる。そのために，交渉が確実に成功しないようにしたいという無意識のニードがあるのかもしれない。

　　職員が経営陣への不満を表明し，伝える手段として，シェーン病院に従業員委員会が設置された。それぞれの部署は，自分たちで選んだ代表者を送るように求められた。ほとんどの場合，自発的に名乗りをあげる人がいなかったので，いちばん下っ端のメンバーが代表になった。委員会は窓飾りとばかにされ，会議に出るのは意味のない雑用と見なされた。なぜ部署はいちばん聞いてもらえそうもない代表を選んだのかを探っていくと，経営陣がその委員会の設立を提案したのは，不満を本気で真剣に受け取ろうという意図からではないことを証明したいという無意識の働きが病院中に

あったと考えられた。従業員委員会と経営陣の関係の性質が議論され，公式のものとなった時，部署はもっと上の地位の代表者を選ぶようになり，委員会はグループ間の交渉のための実効性のあるシステムとなった。

　実効性のある代表を選ぶには，誰がいちばん代表者の役割をとることができるのかを，明確な基準に基づいて考える必要がある。それは，はっきりものを言えること，駆引きがうまいこと，あるいは交渉にかかわるほかの人から真剣に受け止められるだけの十分な地位の者であることなどである。そしてまた，グループが，代表者が任せられたタスクを遂行できるような十分な権限を彼らに委ねることも必要である（第20章参照）これは，代表メンバーがグループに代わって責任をもって行動すると信用することができることを意味している。しかし，代表者は明らかにいいかげんな方法で選ばれることが多い。これは選ばれた人に対するライバル心や役割が異なることに対する不安の両方を回避するのに役立ち，そうすることで大したことは何も起こらないようにしているのだ。私たちはすでに，アーガイルハウスでどのように偽相互性が差異化を抑制するかを見た。チームが誰も代表として仕事をさせることができなかったのは，驚くべきことではない。

　　アーガイルハウスでは，誰かが新しいアイデアを紹介するといつも，作業部会が作られ，職場外で集まって検討した。そのタスクは，表面上はそのアイデアを実行する具体的な計画案を立てることだと，その時はチーム全体として考えていた。しかし，作業部会が計画を職場に持ち帰ると，だれも興味を示さず，プロジェクトは雲散霧消するというのが，いつも変わらぬ常であった。それとともに，毎回，作業部会にずっとかかわっている人，とくに最初にそれを提案した人のチームへの熱意や打ち込みがすこしずつ消えていった。時が経つにつれ，先行きが予測できるため，個人の自発性は徐々に減っていった。

このケースでは，情報を集めたり計画を提案したりする権限の委譲は明確にあった。結果として，作業部会を作るのは，アイデアを探究するよりもむしろ，アイデアを排除する方法であった。その要因となったのは，作業部会のメンバーシップであった。自発的に名乗りを挙げた者がメンバーということになっ

ていたので、そのアイデアに賛成したものだけが参加することになった。それに反対する者は、はっきりと反対の声を上げなくても、提案を無視することで抹殺してしまうことができた。それはちょうど FICS の研修で起きたのと同じことだった (p.205 参照)。全体のプロセスは、事業を発展させるのではなく、そうしなければグループのまとまりを脅かすかもしれない争いの種を取り除くのに役立っていた。

結論：誰が、誰に、何を言う必要があるのか

　生き残りへの脅威は、絶滅と崩壊にまつわる原初的な不安をかき立てる。非常によくある反応は、現実からひきこもることで、それは問題解決の能力をひどく損なってしまう。脅威が外からやってくることもある。組織が閉鎖や乗っ取りの危機にある時である。自尊心やグループ凝集性への脅威といったかたちで、内部から生じることもある。こうした異なる脅威が互いに相互に影響しあうこともしばしばある。

　「誰が、誰に、何を言う必要があるのか」という問いは、グループや組織が直面している脅威をどのように管理するかを計画する際に、しばしば役立つ前置きである。問いの「何を」の部分は、最初に取り組む必要がある。どんな危険な状況のなかでも、まず最初に何が危険なのかを理解することが不可欠だからである。例えば、前の章で述べたように、グリーンロッジでは、多かれ少なかれ誰もが知っていること——施設ではあまり多くの空きベッドをそのままにしているわけにはいかないということ——を誰も声に出していうことができなかった。人々がその危険を口に出して言えるような心理状態に到達した時、ようやくそのことについて何ができるかを考えはじめることができた。

　脅威の性質は、問いの「誰に」という部分への答えに役立つ。例えば、南トレントンでの資金の削減という外からの脅威によって、おそらく必要な財政的節約を達成するための別の方法について、部門外の人々との交渉が必要になった。一方、自分たちの仕事が役に立っているかどうかというスタッフの不安のような内的脅威は、グループ内で話し合われる必要があった。多くの場合、これは語られない意見の不一致をオープンにすることを意味し、そしてそのグループはこれまでは知りたくなかったことを知るだろう。さらに、内部の討論は、誰もが喜ぶ結果が得られるだろうという幻想を放棄することを含んでいる。勝者

と敗者がいるのが普通なのだが，グループがこのことに耐えることができなければ，誰もが敗者になる（気持ちのうえでは敗者になるほうが耐えやすいかもしれない）。正しい人と正しい戦いをすることは重要なことであり，さもなければ，その戦いはタスクを損なうように置き換えられてしまうだろう。

　最後に，誰に何を言う必要があるのかが決まると，誰がそれを言うのかという問いが残る。個人が，自分自身のためであれ，グループのためであれ，話す権限を与えられない限り，脅威的な状況は変わりそうもない。内部の差異という現実を否認すれば，権限を与えられないことになり，内部とも外部とも交渉は不可能になる。多くの場合，考える能力さえも失われるだろう。今では，以前にもまして，脅威のなかでも効果的に考えたり行動したりする能力を保つことが必須である。もし不安をコンテインすることができれば，語られる必要のあることを言葉にすることができ，有効性をいくらかなりとも回復することができる。脅威そのものにも打ち勝つことができることもある。そうならない時であっても，沈黙の被害者でいるよりむしろ，自分の経験に影響を与える力をもっているという内面的感覚をいくらか取り戻すことが可能となる。

第17章

助けを求める：
スタッフサポートと感受性グループ再考

ウェンディ・ボルトン＋ヴェガ・ゼジェ・ロバーツ

　援助機関のスタッフグループ自身が他へ助けを求める際によくあるのが、ミーティングの「ファシリテーター」の要請である。感受性グループ、サポートグループ、スタッフダイナミクスグループと、いろいろな名前で呼ばれているが、たいてい期待されているのは、週に1回または2週に1回、1～2時間のミーティングを開き、とくに職場での体験のストレスフルな側面やどのようにグループメンバーがお互いにかかわっているかを話し合うことである。
　こうしたタイプのミーティングの名前の違いは、その前提がいくつかあることを示している。「感受性グループ」の依頼は、「物事をオープンにしていくこと」はそうしないでいるよりも健康であり、お互いの感情により気づき、敏感になることで、こうした感情が仕事の邪魔になることを防ぐという信念に基づいていることが多い。メンバーはいつも個人的な感情にさらされる不安や、そしておそらく攻撃されるという不安をもっているので、外部からくる人間はたいてい安全を守るために迎え入れられる。「サポートグループ」という言葉は、コンサルタントからのサポートと同じように、同僚からより多くのサポートを得ることで、仕事のつらい面にもっとうまく対処できるようになる、という希望を示している。「スタッフダイナミクスグループ」では、グループのなかやスタッフ－クライエント関係での無意識のプロセスに気づくことを学ぶことの有用性により強調点を置いている。
　この3つの目的の要素はすべて、私たちがコンサルテーションを行ったグループのほとんどでさまざまな割合でみられた。精神力動的な志向をもつコンサルタントは、特に3番目の目的を支持しそうである。そして、グループが時とともに十分な自己内省力と洞察力を発達させて、もはや部外者からの助けを必要としないようになることを期待して、そのプロジェクトに着手するだろう。
　仕事でのつらい体験について定期的に話し合いを行うことの重要性は、前述

の多くの章で描かれてきた。だが，グループメンバーもコンサルタントも，往々にして自分たちのやっていることがその困難と取り組むのに役立っているように見えないことに気づく。ミーティングが中断されたり，あるいは驚くほど長期にわたってかなりの欲求不満や失望，どちらとも決めかねるあいまいな感じとともにふらついたりする。そのようなグループは，たいていグループに相応しくない間違った捉え方をされた問題に対する出来合いの解決策として求められている，というのが私たちの仮説である。そのうえ，細やかなアセスメントがなされ，十分に考えられて選択された介入であっても，こうしたグループは，コンサルタントを含む参加者たちの無意識の目的と共謀のために，特に反-生産的な活動になりやすい。本章では，私たちはこうしたグループがどのように立ち上げられ，使われ，そして何がうまくいかなくなるのかを「再-考 re-view」することにする。

実践におけるスタッフサポートグループ： ものごとがうまくいかない時

　もっともよくある批判は，話し合っても仕事のやり方や人々の感じ方には何の変わりもなく，同じことの繰り返しで意味がないというものである。また，思いもよらない破滅的なかたちで感情が表出され，血を流すような恐ろしいセッションとみなされることもある。出席が不定期になり，メンバーが遅刻したり，終了前に呼び出されたり，出席者の多くがほとんど話さないか沈黙してしまったりする。
　理解したり学んだりすることが可能になる前に，グループが困難な時をくぐり抜けなければならなくなるような時，コンサルタントは無力感と絶望と怒りで圧倒されそうになる（第7章参照）。「ファシリテート」という言葉は，プロセスがスムースに，さらには楽に進むことを示しているが，たいていは緩慢でつらいものである。こうした体験がいずれは理解を深めるために利用され，メンバーにとっても彼らの仕事の質にとっても得るものがあるというのが理想である。それでも，批判を深刻に受け止めることは重要である。というのも，グループがタスクから逸れて，そしてもはや満足のいく作業がなされていないことを暗に示しているかもしれないからである。
　どのような活動も，その価値や成功をアセスメントする際には，明示されて

いるか否かは別にして，その企画の目的に沿った評価基準に基づいて行われる。したがって，こうしたグループのメンバーは，どれほどお互いにオープンであるか，どれほどサポートされていると感じるか，もしくはどれほどの気づきがグループプロセスから得られるか，そしてそれが何の役に立つのかを基準にして，グループがうまくいったかどうかを判断するだろう。それにかかわるメンバー，（ミーティングのお膳立てをしたわけではないにせよ，それに同意した）管理者，そしてコンサルタントなどは，それぞれに異なる目的をもち，それゆえ，異なる評価基準をもっているはずなので，状況はさらに複雑である。

　私たちは，**表向きの目的**，つまり自覚されており公になっているものと，少なくとも参加者の何人かには知られているが，認められてはいない**裏の目的**，そして依然として見出されないままの**無意識の目的**（Colman 1975）を区別することがとても有益であることに気づいてきた。次にあげる事例では，小見出しが援助を求める表の理由を示している。そしてそれはサポートグループが立ち上げられるもっともよくある問題のいくつかを含んでいる。私たちの見解では，参加者の裏の目的と無意識の目的のせいで，グループは大きく本来の方向から逸れていったのだが，初め私たちはそれにじゅうぶん気づいていなかった。結果として，私たちは気づいてさえいれば避けられたかもしれない罠にはまってしまったのである（各々のコンサルテーションは私たちの誰か1人によって提供されたものなので，説明には「私たち」ではなく，「私」を使うことにする）。

手に負えない葛藤という問題：アスペンロッジ

　問題を抱えた家族のための入所治療センター，アスペンロッジは，スタッフが安全規則を守っていないという理由から，閉鎖の危機にあった。入所家族はキッチンを使わず自室で料理をしていた。そしてある時，ぼやを出してしまったのである。施設長と3人のチームリーダーからなる管理職チームは，スタッフとの間に根深い反目があるために，どうやっても事態は変えられないと感じていた。社会事業部門の上級管理者が，組織が互いの違いを克服し閉鎖を免れることを期待して，私に毎週1回のスタッフサポートグループのコンサルテーションを依頼してきた。

　最初の数カ月間は，ほとんど成果はなかった。人々は攻撃されることを怖れて，あえて話そうとはせず，地雷原をつま先立ちで通り抜けるような雰囲気だった。そして，時折激しい爆発が起こり，ミーティングは中断さ

せられた。実際に議論になったのは，ほとんど表面的にはささいな問題に関することであった。そして入所者の話題はめったに出なかった。私は危険という感覚に圧倒されて，だんだんと役に立つコメントを言うことができなくなった。彼らだけでなく，私自身もセッションでの仕事の能力を取り戻すために，私は3つのスタッフチームに分け，特定の家族を対象とした仕事に焦点を当ててコンサルテーションを行うことにした。また，管理的な問題については管理職チームにコンサルテーションを行うことにした。

クライエント相手に働いているスタッフの体験を探っていくうちに，家族たち自身のなかにある爆発性や絶え間ない暴力への恐怖が，スタッフグループに投影されているさまが見えてきた。火事は，助けを得るか閉鎖させられるかの緊急事態という危険を知らせる組織からの無意識のコミュニケーションとして理解できた。

ここで，スタッフグループがアスペンロッジでの家族全体を相手にした仕事のモデルを映し出していたという，全体としてのミーティングという考え方からすれば，お互いに相手を破壊することなく毎週1時間半，同じ部屋に一緒になんとか座っていられたということは，すなわち同じ屋根の下で家族が生き残っていられるということであり，じゅうぶん期待される結果をもたらしたといえるだろう。表向きの目的は，気持ちを率直に語り合い，グループ内にある敵対関係の解決を図るために話し合いの場をもつことであった。怒りや葛藤が主要な徴候となっているグループではよく起こることだが，無意識の目的はすべての悪い感情を取り除くことであった。このような状況では，スタッフはミーティングを，終了時にはコンサルタントが持ち去ってくれるある種の容器として，もしくは悪いものがいっせいに消滅してしまうブラックホールとして使う。そうであれば，ミーティングを続けることを断固として主張しながら，メンバーが出席したり参加したりすることを渋るのは驚くことではない。

クライエントについての話がほとんど出ないまま，延々とサポートグループをやっていると，グループはアンチタスクの活動に迷い込みがちになる。アスペンロッジでは，仕事自体に焦点を当て，そこを出発点として仕事によってかき立てられる感情が立ち現れるがままにすることによって，仕事の性質に内在する困難さと，センターでの業務と，それに関連した感情体験との間に意味あるつながりを見いだすことができ，いろいろと考えながら情報にもとづく変化

を起こすことができた。

危機のなかのチーム：ウェストブリッジ知的障害ユニット[1]

ウェストブリッジ知的障害ユニットでは２年間コンサルタント精神科医がいなかった。チームリーダーがいなかったので，個々のチームメンバーがあらゆる厄介事と同僚とのいざこざを，それぞれの部門の管理者に持ち込んでいた。彼らがささいなことも大変な危機だと言わんばかりに言ってきたので，管理者たちはチームの力量を疑うようになった。

初めてのミーティングでは，私のチームコンサルテーションに何を期待するかについて上級管理者たちと話し合うことになった。7人中5人が忙しくて出席できなかった。出席した2人は，チームが自分たちの仕事をうまく管理して，関係がより良くなり，管理者がユニットのその日その日の運営にかかずらう必要がなくなるよう，スタッフサポートグループが助けになることを望んだ。

私がチームと会って，提案されたサポートグループから何を得ると期待しているのか聞いてみると，彼らは管理職に無視されていると激しい口調で不満を言った。1つの例として，彼らは壊れた天井からぶらさがっている裸電球を指さした。それは数カ月前の嵐の時から修理されないままだという。彼らは自分たちが求めているのは，この状況について感情を表現できる公の場だと言い募った。私はたしかにしばらくの間，それで彼らの気分はよくなるかもしれないが，もし6カ月経っても電灯がまだ一時しのぎの方法でぶら下がっていたら，チームはおそらくミーティングは役に立たないと思うだろうと言った。しかし，彼らはその約束のグループを長いこと待っていて，私と一緒にミーティングをすることに熱意を感じたので，私は承諾した。

はじめのうち，コンサルテーションはとても役立っているように思えた。チーム間の意見の衝突のほとんどは，どのように仕事をするべきかについての合意がないことと関係があった。彼らは，空いていた〔コンサルタント精神科医の〕ポストが埋まるまで，ユニットの理念と運営方針を文章に

▶1 英国では，障害 disability よりも困難 difficulty のほうが，印象がより軽く感じられ，偏見が少なく好ましいという理由から，知的障害を learning disability ではなく，learning difficulty という。なお，日本では学習障害といえば，読み，書き，算数などの学習に強い困難を示す障害を指すが，英国では specific learning difficulty（SpLD）と呼ばれている。

することを延ばしていた。しかし，今や彼らは自分たちでこの重要な文書の原稿を書くことを引き受け，上級管理者との月1回の合同ミーティングで承諾を得ることになった。このタスクに取り組むうちに，チームはもっとも経験がありはっきりものが言えるメンバーであるダフネがリーダーシップの役割をとることを徐々に認めるようになった。管理者との合同ミーティングを通して，これも私がコンサルタントをしていたのだが，彼らは広い管轄地域に向けたユニットのサービスを著しく改善する数々の新たな創造的な提案をしていった。

　それからウェストブリッジ保健局が再編成され，その移行期間中，管理者との合同ミーティングは中断した。それからまもなくダフネが短い闘病ののち，突然亡くなったのである。管理者たちからは弔問どころかお悔やみの言葉もなかった。チームは憤慨して抗議の手紙を送った。彼らがようやく受け取った返事は，「そのためにあなた方のサポートグループはあるのです」というものだった。この後，ミーティングは再び，管理者への不満を繰り返すばかりで，クライエントを置き去りにしたものとなった。そこで私は，もうこれ以上有益な仕事はできないと確信するようになった。私は，チームとも管理者たちとも詳しく話し合った管理上の危機を訴える報告書をまとめ，そこにコンサルテーションを終わりにする旨を記した。私がウェストブリッジを引き上げてから数週間のうちに，長く空席だったポストの求人広告が再度出され，そして埋まった。

　私を連れてきた管理者たちの表向きの目的は，より効果的なサービスが提供できるように，チーム内の意見の相違に折り合いをつけさせることだった。しかし，これはあと知恵だが，彼らの裏の目的は，コンサルタント精神科医のポストが空いていることで生じた管理上の隙間を私が埋めること，もしくは少なくとも曖昧にすることであり，そして彼らに課された余計な要求を減らすことだったのである。スタッフは変化を期待しているというよりもむしろ，この状況が耐えられるものになるようなサポートを求めているようだった。それによって管理上空席があるということの深刻さを共謀して否認していた。私は意識的には自分のタスクを，チームが自分たちの違いを探索し，公式の目的と運営方針を受け入れ，グループのなかに自然なリーダーシップを生み出すことを通じて，制約があるなかでできるだけ効果的にチームが機能できるようにすること

だと見ていた。これはかなりの時間、役立っているようにみえたので、私も実際にはこの状況の悲惨な結末を隠ぺいするのに共謀していたことに気がつかなかった。

　コンサルタントが管理上の隙間を埋めるために呼びこまれるというこのシナリオは、驚くほどよく起こることである。管理者のポストがすでに空いているか、あるいはコンサルテーションが始まるやいなや、管理者が去ることが公表されるという現場に出くわすことはよくある。他のケースでは、本章の後のほうに出てくるキャノンフィールドのケースのように、管理職がとても弱いために、機能面での真空状態をもたらしていることもある。非公式の管理職の役割を引き受けてほしいという裏の誘惑は魅力的で、コンサルタントは絶えずアンチタスクの活動に引き入れられる危険に用心深くなければならない。

変化に対処する：パインハウス

　パインハウスは、感情障害や精神障害を抱えた人々のための福祉デイセンターである。センターのスタッフは、新しいチームリーダーを含め、数名の新人スタッフの受け入れに追われていた。また、問題視されていた業務の変更を強いられていて、すでにその時チームは動揺し、不安な気持ちを抱いていた。つらく不幸な時間が延々と続いた揚げ句、前のチームリーダーは、スタッフに怒りと罪悪感を残して辞めてしまった。スタッフは、自分たちが彼を病気にさせたのではないかと思っていた。

　私は、スタッフサポートグループでの激しく辛らつな議論と、その同じスタッフが事業の再編計画を立てる日に問題なく共同作業を行ったという報告とのあまりのギャップにショックを受けた。しかし、週に一度の運営会議でさえも、その日決定したことが何度も忘れられたり、妨害されたりした。それで私は、何が起きているのか理解するのに役立つだろうから運営会議に出席すると提案した。

　運営会議では毎回、異なるスタッフが準備したアイデアを発表して、その日考えるべき議題についての話し合いを始めた。同じ人が、その会議の司会を務めるのだが、自分の考えを発表しながらでは難しかった。記録は新人クラークに任されていたが、彼は議事録をとることに慣れておらず、話し合われている議題について何も知らなかった。後で、何が話し合われたかも、何が決まったかも合意に達することはほとんどなく、記憶さえも

残らず，議事録はほとんど助けにならなかった。私がこうした明らかな機能不全を指摘した時，スタッフは驚いた。スタッフはたしかに機能していなかった。そして，彼らが新しい方針についての意見の不一致に向き合うことを避けるために，いかに会議が無意識のうちにまとまりのないものになっていたかに気づいたことは，彼らにとっては大きな教訓となった。スタッフが率直に意見の相違を表明できるようになり，記録し，思い出し，自分たちの決定の結果を受け入れ始めた時，スタッフサポートグループで個人的な敵意が噴き出すことがずっと少なくなった。

スタッフサポートグループの表の目的は，最近の変化すべてに対処し，新しいチームリーダーと一緒に働くやり方を見つけることであったが，裏の目的は，スタッフサポートのためのミーティングに相違を「とどめ置くこと」によって意思決定のための会議で方針をめぐる対立を避けることであった。ミーティングでは対立は仕事から離れて，個人のかたちで爆発したが，それは何の解決にもならなかった。その無意識の目的は，誰も納得できない決定を強いられて傷ついたり腹を立てたりすることがないように，確実に勝者も敗者もいないようにすることだった。何よりもまず，新しいチームリーダーを傷つけるようなことをしたり，逆に彼に傷つけられたりしないことであった。彼らは自分たちが前のチームリーダーを傷つけてしまったのではないかと恐れていたのである。

スタッフが非常に苦しんでいるクライエントのケアに従事する際には避けられない問題やフラストレーション，苦痛といったものを抱えて働いている時，方針や業務のミーティングとは別にグループミーティングを行い，仕事柄かき立てられる強烈な感情について探索することは，とても有用であり適切でもある。しかし，この2つのタイプのミーティングが感情と行動をスプリットするために使われる時，サポートグループが悪用されるのはほぼ確実である。

孤立感を抱く：ビーチズ

　高齢者のためのデイセンターであるビーチズで，スタッフがサポートグループを要請したのは，センターが外部機関から批判を受け，職員がそれまでの方向性を失ったことに困惑と不満を感じた時であった。このグループはとりわけ仲が良かったが，メンバーの主な訴えは，仕事でそれぞれがひどく孤立感を抱いているというものだった。なぜそんなことになってい

たのだろうか？

　彼らの仕事はたいへんで，報われることはほとんどなかった。高齢のクライエントは良くなるよりはむしろ悪くなる傾向にあり，えてして非常に要求がましく，自分がだんだん無力になっていくことに腹を立てていた。スタッフもまた，やれることがわずかであることに直面し，無力感と闘わざるを得なかった。スタッフサポートグループのミーティングでは，主に悲しみ，寂しさそして喪失感が表現された。例えば，チームは何度も何度も長く勤めていたメンバーが辞めていくことについての気持ちに戻っていった。これは確かに重要な出来事であったが，受け入れられる感情を共有する一方で，ほかのより受け入れにくい感情を避ける手段として，防衛的に使われ始めた。それは，クライエントへの怒りや与えることに対する見返りの少なさへの憤り，自分たちがクライエントのために役に立っているのかという疑問などであった。

　アスペンロッジの時は，クライエントについてはほとんど話されなかった。実際には何人かのメンバーは，サポートグループを「クライエントのためではなく，私たちのためのもの」とはっきりと言葉にしていた。そのグループミーティングは，見たところは居心地が良く，サポーティブでもあったのだが，孤立感を減らすことにも，効果的に働くためにも助けにはならなかった。

　サポートグループの表向きの目的は，スタッフが方向感覚と目的意識を取り戻すために困難な感情を話し合うことのできるスペースを提供することだった。しかし，裏の目的は，クライエントからも，やらなければならない仕事からも，そして仕事がかき立てる感情からも一時的に離れる時間（タイムアウト）をもつことにあったようである。外部からの批判によって，グループ内での意見の不一致という危険を冒すことがますます困難になったために，対立は注意深く回避された。すでに揺らいでいる自尊感情をさらに損なわないよう，罪悪感や恥を引き起こすもっともやっかいな感情を共有することはおろか，自分自身に認めることさえできなかった。このことが彼らの孤立感を高め，グループは自分たちの仕事について実際的に考えることができなくなった。ハンナ・シーガルが述べているように「外部の権威の恐怖が私たちを話せなくするのと同じように，内なる権威の恐怖は，私たちを考えなくさせる」(Segal 1977: 219) のである。

サポートグループがタイムアウトのために使われるのはアンチタスクであり，コンサルタントはタスクとの関連を失うことなく，グループが自分たちの感情について考え，語れるように援助しなければならない。ビーチズでは，クライエントの不安や憤り，そして混乱がどのようにスタッフのなかに「入り込んだ」かをチームがわかるように援助したことで，スタッフは自分たちの感情だけでなく，仕事の仕方についての批判や異論を明らかにすることができるようになった。その時初めて，彼らは一緒にサービス内容の変更や開発に取り組むことができたのだった。彼らの孤立感が部分的には苦痛なほど孤独な高齢者との仕事そのものの本質に根ざしたものである限り，それは持続するものであった。しかし，良いサービスを提供している優秀なチームの一部であるという意識，そして仕事が自分たちのなかにかき立てる苦痛な不安を分かちあうことができるという感覚は，彼らの孤立感を相当和らげる助けになった。

効果的なチームワークを育む：キャノンフィールズ

　地域精神保健センターのキャノンフィールズについては，第3章ですでに述べたが，本章でこれまで論じた例とはまったく異なり，表向きは何の問題もなかった。実際，そこの多職種チームが感受性グループのファシリテーターをやってほしいと私に連絡してきたのは，センターがオープンする前であった。

　最初のミーティングでは，2人の作業員が窓をドンドン叩いたり，外から覗いたりしていたために，一人ひとりの言っていることがほとんど聞きとれなかった。だが，みんなは何事もないかのように，ディスカッションを続けていた。私が，これが邪魔だと感じるのは私だけなのかしらと大きな声で言うと，彼らは，その作業員は病院の「中央の幹部」から派遣されてきた者たちなので，自分たちは何の権限ももっていないのだと説明した。私が，あなたがたは自分たちで思っているほど力がないのかしらと言うと，ようやく1人のメンバーが外へ行き，作業員に建物の別のところで作業するようにと指示した。

　彼らは新しいセンターはオープンドア方針でやっていくと説明した。それは，病院の患者にとってもスタッフにとっても，QOLをひどく損なってきた抑圧的な規則や柔軟性のない手続きなしに，地域で苦しんでいる人は誰でも助けを求めにくることができるというものだった。それからディス

カッションは，毎朝センターに酔っぱらってやってきて悪態をつく1人のクライエントについての問題に移った。その日の朝，そのクライエントが別のクライエントをひどく怯えさせたため，スタッフは彼に立ち去るように言わなければならなかったというのである。自分たちは薬物や飲酒に関する方針をもつべきだろうか？ しかしすべての人に開かれているという方針はどうなるのか？ そして，決定権は誰がもっているのか？ 最終的に，彼らは他のクライエントへの危険を考えて，気が進まないが規則を作ることにした。そして彼らは，薬物やアルコールの影響下にある者は一切センターへ入ることを認めないという規則に合意した。ほぼ1年間，これだけが公式の方針であり，唯一覚えられていて，新しく来た人に伝えられる決定事項であった。

　チームでは総意での決定事項であっても，お互いにそれを強いることはほとんど不可能であることもまた明らかになった。3回目のミーティングで，1人の新人スタッフがタバコに火をつけた。誰も，先週のセッションの半分をつかって話し合い，やっとのことで下したミーティング中は禁煙という決定について，彼女に言う人はいなかった。彼女は目に見えて落ち着かなくなり，タバコの半分だけ吸って，結局何気ないふりをしてタバコを消した。私が，今何が起きていると思うかとコメントすると，私の脇にいた1人だけが，下された決定のことを思い出した。

　公式のルールがない一方で，グループはますます増え続ける暗黙のルールによって，制約されることが多くなっていっているようだった。もっとも強力だったのは，皆，平等であるというもので，皆が等しく責任と専門的技術をもっているというルールだった。皆が同じように困っていることでない限り，困っていることについて問題提起することは，誰にとってもたいへん難しかった。結果として，多くのセッションで，何度も上級管理者への文句がくどくどと無意味に繰り返された。それは，全員が問題と認めることのできる体験の一側面だったのである。

　その感受性グループの表の目的は，「よいサービスが提供できるように，効果的なチームワークを促進させること」であった。しかし，無意識の目的は，グループがすべての個人の違い，専門分野や地位の違いを完全になくすことだった。すぐに表れた結果は，すでに最初のミーティングで明らかになっていたの

だが，何人かのメンバーが他のメンバーよりも力をもっているように見えてはいけないので，誰もグループを代表して行動を起こすことができず（第16章の「問題の差異化」参照），全員一致でなければ決定もできなかった。そしてたとえ決定することができても，決定に参加していなかった人たちには何の効力もなかった。リベラルであるつもりが，事態は非常に窮屈なものとなった。誰も存在しないルールには反対することができなかったため，チームメンバーはなぜかはわからないが，抑えつけられているように感じた。

　指名されたチームリーダーがいたのだが，彼女はどんな力をもつことも，もしくは権限を行使することも認められなかったし，彼女自身も認めなかっただろう。それゆえ，管理上の隙間があったのである。あとでよく考えてみると，私はこの間隙を埋めようとする罠にはまって，彼らの「親」病院（彼らはその病院からの照会，資源，そして援助を当てにしていた）とその力に対する根深いアンビバレンスを彼らとともにもっと吟味すべきところを，グループの方針について話し合っていた。このアンビバレンスは，彼らが受け持っているもっとも難しい慢性期の患者たちの無意識の葛藤を反映していた。その患者たちは，チームに対してどんな治療プログラムにも取り組むことを拒んでいながら，絶えず助けを求め，自分が憎むと同時に必要としている病院に繰り返し再入院していた。確かに，チームが患者との実際の仕事について話し合うことをまったくといってよいほど回避していたのは，私たちがタスクから逸れてしまっていることを，私にいち早く警告していたのに違いなかった。

結論

　ストレスの下にあるグループはみな，変化を拒み，「魔法のような」解決を追い求め，自分たちのタスクから共謀して逃げようとする傾向がある（第2章参照）。サポートグループの助けによって，仕事によってかき立てられる不安がコンテインされ，現実に直面する能力を取り戻すことができる。そのことなくしては効果的な仕事は不可能である。自分たちの仕事の体験を探索することを通じて，メンバーは反生産的な防衛に気づき，それまでは当然のことと思っていた実践に疑問をもち，孤立感がやわらぐのを感じられるようになる。しかし，その困難なことがより大きな組織レベルの防衛や他の問題から生じている時には，スタッフサポートグループだけでは十分ではないどころか，有害でさえある。

本章では，私たちはサポートグループの潜在的な価値を損なう無意識のプロセスのいくつかを例示してきた。いくつかのケースでは，問題はおそらく，まったく違った種類の介入を必要としていたのかもしれない。例えばサポートグループは，管理が欠けていたりもしくは不適切であったために生じたような危機を取り扱うにはふさわしくない。その他のよくある間違いは，役割，権限，もしくは考え方の違いといった参加者間の相違をなくすために，そのようなグループを使うことである。なかでももっとも頻繁に起こる間違いは，おそらく業務ミーティングとサポートミーティングを分けることである。つまり，実践と感情を切り離すことである。ホーンビーが述べているように，必要なのは，「仕事上の役割とつながりのある個人的な感情をオープンに話し合うことを奨励する構造とグループ精神をもった，タスク志向のスタッフグループ」（Hornby 1983: 49) なのである。彼女は，スタッフが困難な問題から逃れるのではなく，むしろ直面できるようになるためのサポートが必要であると付け加えている。

　コンサルタントがスタッフサポートグループや感受性グループのファシリテーターを依頼される時，介入の方法についての同意を得る前に，できるかぎり徹底的にそして率直にグループの問題のアセスメントをすることから始めることが不可欠である。このプロセスの役割は，スタッフ，管理者，そしてとくにコンサルタント自身の，全員に関係する表向きの目的や裏の目的，そして無意識の目的をできるだけ多く明らかにすることである。もしサポートグループが効果的で最適な方法として選ばれたなら，これらの目的を絶えず振り返ってみる必要がある。振り返ることによって，参加者全員が困難と反生産的な共謀に対して，そして前に示したいくつかの例のように，介入を変更することが必要な時を警戒して見守ることができる。

　非常な苦しみと障害をもつ人々と親密に接触する際にはいつも逃れられない投影同一化のプロセスと，それがケアスタッフに引き起こす危険については，前の多くの章，とくに第5章と第7章に記述されている。人はこれを，職員がさらされる「毒素」として，そしてサポートグループを（それがうまくいった時には），職員が大きく痛むことなく機能しつづけることができるようにその毒素を取り除く「透析」の一種を提供するものと見なすことがある。そのような透析のプロセスは，そうした感情にさらされる限りずっと必要なものであり，コンサルタントたちがいずれ成功して余計なものとなるという期待は，非現実的かもしれない（スタッフが絶えず入れ替わるので，それはますます非現実的なも

のになっていく）。

　しかし，コンサルタントたちは，マネジメントや組織構造やサポートシステムが不適切なために生まれたのであって，避けられないわけではない毒素を加工するのにサポートグループが使われることを警戒する必要がある。さもなければ，彼らは耐える必要のないものを耐えられるようにするために働いていることに気づくことになるかもしれない。コンサルタントは自分たちにも同じ毒素が「入り込む」ことがあるということに気づかなければならない。そしてみずからの不安をコンテインし，自分たちの体験を理解する助けとなる彼ら自身のサポートシステムが必要なのである。

　無意識のグループと組織のプロセスに巻き込まれる方へとひっぱっていく力は普遍的にあり，そのためにグループが存在するタスクを推し進めるよりもむしろ，その人個人のニーズを満たすためにグループが使われるようになる。コンサルタントたちが，みずからをこうしたプロセスからじゅうぶんにふりほどいて考え，過剰な罪悪感をもつことも他人を責める必要もなくみずからの弱点を自覚し，そして，グループメンバーの体験だけでなく，みずからの感情や行動を振り返ろうとする姿勢を保ち続けることさえできれば，グループも同じように思慮深く，簡単に決めつけるようなことなく，自己探索的スタンスを発展させていくことができる。

第IV部
より健康な組織へ

はじめに

　組織はいつも危機状況にあるわけではない。しかし，管理が必要な組織的な緊張は常に存在する。本書のこれまでの章では，持ち上がった特定の問題をどのように管理するかということについての示唆を与えるセクションが多く含まれていた。第IV部ではふだんから理解し管理しておく必要がある組織のいくつかの特徴について検討する。

　第18章では，英国の大規模な公共機関が，基本的な人間の不安の容器(コンテナ)として役立つという考え方を提示する。死の不安から社会を防衛する機能をもつ医療機関，そして子どもたちの将来の不安から私たちを防衛する機能をもつ教育機関を主な事例として検討するが，健全なマネジメントの基礎についての結論は，あらゆる公共機関やその他多くの組織に等しくあてはまる。

　第19章では，対人サービスに固有のケアとコントロールの間の緊張，とりわけ管理者と管理される者との間の監督関係のなかに表われる緊張について検討する。この関係は，スタッフサポートの主要な源となりうるし，なるべきである。それはまた，彼らの仕事の質をモニターするためのメカニズムも提供する。監督関係のこの2つの目的をうまく結合させることは，組織が健康に機能するための鍵となる。

　第20章では，サービス提供機関同士や，あるいは1つの組織内での部門間やグループ間，あるいは1つのチーム内でのメンバーとサブグループ間に生じる困難について考察する。グループ同士の投影は，これらすべてのレベルで起き，組織生活を苦しめる多くの葛藤の誘因となる。この章では，開放システムモデルを用いて，第4章で検討した権限の行使に関する考え方とともに，グループ

同士の関係の上手なマネジメント方法について概説する。

　最後の章では，評価に焦点を当てる。最近，ほとんどの対人援助機関に，業績や成果をもっとシステマチックに査定するようにという新たな圧力がかかってきているが，何らかのかたちで評価することはどの作業グループにも欠かせないものである。その有効性を知ろうとしなければ，グループは否応なく適応と発展の力を失ってしまう。この章では，ある特別な評価のアプローチについて述べるとともに，組織内部に調査に対する意識を育て，評価が経験から学ぶためのツールとなれるようにしていくことの重要性を述べる。

第18章
公共機関における
社会的不安のマネジメント

アントン・オブホルツァー

　今日の公的サービス（あるいは公共機関）がうまくいっていないのはマネジメントのせいであるという結論は避けがたいものである。記事という記事，番組に次ぐ番組が，財務基準がしっかり守られなくなっている，従業員が大きな力をもちすぎる，仕事の仕方が時代遅れだ，わが国は思っているほど成功した国ではない，などと言い立てている。その意味するところは，私たちが軟弱になりすぎているということである。つまり，健全な経済学の原則に基づいた，もっとしっかりしたマネジメントが必要であり，コンサルテーションではなくむしろ，アクションが必要なのだというのである。

　こうした情報のいくつかが真実であることは疑いない。だが私は，精神分析家として，また組織コンサルタントとして，人間の心のプロセスと組織のプロセスとはパラレルに生じると思っている。個人においては，私的なものにせよ，あるいは夫婦や家族のものにせよ，潜在的な困難を無視することは大惨事のもととなる。それを否認したり抑圧したりすることで処理するのは，例外なくさらなる困難や障害を引き起こす。組織に内在する困難を回避したり，たんに「管理」して片付けてしまっても，同様の結果をもたらす。そこにひそむ不安とファンタジーに気づくことができれば，心理的にも物質的にもリソースを有効利用するやり方で，自分自身や自分たちのシステムを管理できるようになる。それを怠ると，人的および物質的リソースの両方に大きすぎる消耗をもたらす結果となる。

　マネジメント，構造，組織が重要でないわけではない。実際，極めて重要である。そしてまた，金銭面を強調するのは不適当だといっているわけでもない。財務上の制約は現実である。けれども，私の組織コンサルテーションの経験では，いつも決まって社会的現象やグループ現象，そして心理的な現象にはなんの注目も払われていないということに気づかされる。結果として，よいマネジ

メントにとっては不可欠の要素が無視されることで事業の土台を崩しかねない要因そのものとなってしまうのである。

　例として，だいたい12名以上の構成員からなるグループは，作業グループとしては効率的ではなく，有益な討議や効果的な意思決定ができないというのが常識である。しかし，12名以上の大人数で構成されている委員会は非常に多い。そうした委員会の目的は意思決定ではなく飾りにすぎないと想定されているのかもしれない。あるいは，無知だということなのかもしれない。すなわち，ある一定のサイズのグループには一定のダイナミクスがあり，そしてそれに適した一定のタスクというものがあるということが知られていないのである。もしそうだとしたら，マネジメントにおけるグループダイナミクスの知識が不足していることを裏づけている。3つ目の可能性としては，そうしたグループは，仕事が確実になされないように，無意識のうちに設定されているのかもしれない。つまりアンチタスク現象である（第3章参照）。

　グループの大きさの他にも，グループを効果的にするために必要な要素には，タスク，時間の境界（バウンダリ），そして権限の構造の明確さがある。だが，いわゆる作業グループでは，議題を受け取るのが遅すぎて準備が間に合わなかったり，ミーティングが定刻に始まらなかったり，議事進行がはっきりとしないといったことは，よくあることである。グループがその作業には大きすぎるということはよくあるが，それだけでなく，ある代表者が来られなくなると，代わりにもう1人が送られてくるという具合に，グループメンバーに一貫性がなさすぎて，仕事ができなくなるということもよくある。そのうちに，構成員がどんどん入れ替わり，メンバーが誰なのか，あるいはその人が何の代表なのか，誰も確かにはわからないという段階に至ってしまう。こうなると，仕事の進行の筋道を維持することが非常に困難になる。代表者の集まるグループが，なぜ評判が悪いのかがよくわかる。代表者もコンサルテーションもうまくいってないという結論になるのは容易である。しかし，問題は人数と構造であって，コンサルテーションプロセスではない。問題は，どのようにそのグループが構成されているか，そしてどのようにマネジメントされているかにかかわっているのである。

　最近，「もっときびしい」マネジメントとコントロールが強調されているのは，こうした類のプロセスへの反応なのである。公共機関での以前のマネジメントシステムが役に立たないことは理解できるが，新しいコンセプトには，これまでのやり方で何がうまくいかなかったのかについての理解が根本的に欠け

ているように思われる。そのため，私たちは，何も知らないまま組織の再編と失敗を繰り返してきているのである。こうした変化は，組織の効率を高めることを目指しており，リードとアームストロングが「目的あるシステム思考」と呼ぶ，インプット－変換－アウトプットのプロセスに焦点を当てた考え方から来ている。しかし，効果的なマネジメントもまた「コンテインするシステム思考」を必要とする。こちらは，人々の欲求や信念や感情が，どのように関係のパターンや「ルール」，習慣といったものを生み出しているかということに焦点を当てている (Grubb Institute 1991)。これらは，たいてい構造的な変化には影響されないものである。

社会不安のコンテナとしての組織

さて，私は保健，教育あるいは福祉のような大規模な社会的システムに言及するにあたって，「制度 institution[1]」という言葉を使うことにする。各々は，その一次タスク(プライマリ)を通して，保健医療，学校などの特定のニーズに応えるものであるが，同時に生と死にまつわる人間の基本的な不安——もっと精神分析的な用語で言えば，絶滅不安[2]を常に取り扱っている。これまでの章で論議されたように（第1，5，7章参照），これらの原初的な不安に苦しめられている人は，こうした不安を他者に投影することによって安心を得ようとするが，これは最早期の母子関係で体験したものでもある。もしすべてがうまくいくとすれば，母親は赤ん坊の不安をその感情に耐えられるようなかたちに加工し，また「代謝」させることができる。そしてその時，私たちはその不安がコンテインされた (Bion 1967) と言うのである。現実の断片化と否認からなる妄想－分裂態勢から，現実の統合と思考，適切な反応が可能になる抑うつ態勢へと成熟していくことができるのが，このコンテインするプロセスである。これと同じように，前述した組織は，全体としての社会のためにこうした不安をコンテインする役割を果たしているのである。

▶1 本書では，これまで文脈によって，institutionを施設や組織と訳してきたが，ここにあるように，institutionには制度という意味もある。

▶2 Annihilation anxiety：自己が破滅してしまうという発達早期の根源的不安のこと。赤ん坊が適切な母親的なケアを受けられない場合に，この絶滅不安が引き起こされる。

保健医療システム(ヘルスケア)

　無意識のなかには,「健康」という概念はない。しかし,「死」の概念はある。そして, 私たちはこの死の不安を常に抑圧しようとして, さまざまな無意識の防衛機制を用いている。そこには, 防衛機能として役立つ社会システムを創り出すことも含まれる。実のところ, 私たちの保健医療サービスは, まさに「死を寄せつけない」サービスと呼ばれてもよいようなものとなっている。

　すべての社会は死を怖れている。そしてこの不安に対処するために, あらゆる社会にたくさんのシステムが存在する。死を生命の延長の一形態とみなすことによって, 死に対処しようとしている社会もある。多くの宗教において, 信仰は社会的に認められた否認の一形態としての機能を果たしている。つまり, あなたは死んで無になるのではなく, 死は単なる移行であり, 生命の通過点なのである。しかし, もっとも原初的な死の恐怖とファンタジーから私たちを防衛するために求められるのは, 宗教ばかりではない。医師は常に同じような防衛システムに組み込まれてきた。

　元来, 聖職者と医師は, たいていは1つのもので同じ職業であった。古代ギリシャにおいては, この2つの分離が早くから起こっていたが, 他の社会では, 例えばアフリカの呪術医のように, この2つの要素が依然として1人の人間のなかにある。今でも, 多くの田舎のあるいは孤立した共同体では, 聖職者がいまだに癒す力をもっているとみなされていて, 医師も実践の役割として多少の「魔術」をもつことが必要となる。私たちのいわゆる文明化された世界のなかでは, 魔術的な儀式の実践は衰退してきたが, もはや重要ではないと思うとしたら, それは大間違いだろう。私は, 病院のなかで生じる多くの組織的な困難は, 死や臨死体験が患者や家族, そしてスタッフに与える無意識の心理的な衝撃を無視することから生じると思っている。病院は, 教会と同じく, 社会や市民を守るために存在する社会システムを具体化したものであり, 心的観点からすると, 医師は聖職者と同様の地位を占めているのである。

　いくつかの国には国営の保健医療サービスがあるが, それは国家が死を投影する器として, また, 病気や死すべき運命を自覚することから生じる不安に対する盾となって人々を保護するための集合的な無意識のシステムとして使われている。サービスの「不安をコンテインする」機能という見方を失うと混乱が拡大し, 意識的な機能のみならず無意識的な機能も十分に役立てられなくなる。

例えば，先進国での，すべての人が先進医療技術を利用するわけにはいかない時の憤慨について，あるいは試験的な治療に対する根拠のない希望について，そして治療介入が失敗に終わった時にだまされたと感じる傾向について考えてみてほしい。こうした状況では常に，個人も一般社会も，ほどよい医療が病気や死を防ぐべきだとでもいうように，すぐに責め立てる。患者と医師は共謀して，死への恐れに向き合うことから患者をかばい，誤りを犯すことに直面することから医師をかばおうとするのである。

教育システム

あらゆる社会は教育サービスをもっている。その目的は，もっとも広い意味では，社会のメンバーが生き延びるために必要な道具(ツール)を使うことを教えるためである。無意識の観点からすると，教育サービスには負け犬になる危険から私たちを守ろうという意図がある。それゆえに，教育サービスはまた，励ましによってであれ否認によってであれ，競争と対立に対処する制度と考えられている。どこの国がもっともよい教育システムをもっているかという議論は，誰が生き延び，誰が壁にぶつかって終わりになるかという議論としてみることができる。

制度はしばしば私たち自身の，望まれない，もしくは対処が難しい面の容器(コンテナ)として役立つ。社会における不安の原因の1つは，子どもたちを育てる責任があるという感覚であり，社会で生き延びるために必要なスキルを子どもたちに学習させるという責任の感覚である。こう考えてみよう。もし，私たちが責任を免れるために，それを「彼ら」――教師や学校，政府の教育部門――に負わせるとすれば，それはぞっとするような責任である。そのシステムのトップにとって，これは諸刃の剣である。一方では彼らはその仕事に伴う力を歓迎するが，その一方で，その責任は，とりわけ期待に応えられない時には，恐ろしいものとなる。

無意識のレベルで教育システムから期待されているのは，非現実的なものである。すなわち，すべての子どもたちが，人生におけるあらゆる困難に備えて，じゅうぶんな――かつ理想的には平等な――条件が整っているということである。例えば，重度の身体障害のある子どもの学校であるグッドマン校のコンサルタントをしていた時，校長はこう言って私を歓迎した。「この学校では私たちは子どもたちはみな心身ともに健康とみなしています」。これは，ある点では，

賞賛に値する言葉ではあるが，子どもたちの問題の深刻さについての否認を内包しており，問題に対処しようとするあらゆる試みを妨害していた。教師たちは，もし自分たちが最善を尽くせば，そして生徒や親たちが多少とも協力すれば，最終的には，ほとんどの生徒が社会で成功への道をたどるような結果が得られる，という信念のもとでトレーニングを受け，仕事をしていた。実際には，外部の世界への移行をなんとか成し遂げる子どもたちはほとんどいなかった。多くは，学校から保護作業所[3]や居住施設に直接移った。そして，進行性疾患をもつ子どもたちは，ほとんどが亡くなったのだった（このことについては，第9章で詳細に検討している）。

　普通の学校でも，スタッフが教育を受けていた時に抱いていた希望や理想はどれほど実現できているだろうか？　どれだけの子どもたちが，自分たちのあるいは私たちの期待を満たしているだろうか？　この失望から生まれる痛みを減らす方法の1つは，一次（プライマリ）タスクを改めることである。例えば，「ライフスキル[4]」へと微妙に修正し，子どもが今生きていくための条件が備わっていることを示す標準試験に合格することへと改めるのである。当初の目標に達することが難しいという理由で，より達成しやすい目標への移行が決定されることがある。そして目的が微妙に変更される時，私たちは，その目的が現実的かどうか，目的へのアプローチを変更する必要があるかどうかを査定する機会を失ってしまう。言い換えれば，私たちが無意識の防衛の作戦にはまってしまうと，タスクを見直し，システムを適切に調整する能力が損なわれてしまう。組織内部の観点から，このプロセスを見抜くことは非常に困難であることが多い。

公共機関における防衛の構造

　投影された不安を容器がコンテインし，代謝する絶好の機会とするためには，抑うつ態勢（第1章参照）のモードでなければならない。それは，外的現実およ

▶3　sheltered workshop：障害者のための保護つき作業所。保護および指導の下で就業の機会を提供しながら技術修得を促す。

▶4　Life skills：世界保健機構（WHO）が提唱した，日常のさまざまな問題や要求により建設的かつ効果的に対処しながら生き抜いていくために必要不可欠な能力・技術のこと。障害をもつ子どもたちの目標とも考えられている。①問題解決，②批判的思考，③効果的なコミュニケーション，④意思決定，⑤創造的思考，⑥対人関係，⑦自己への気づき，⑧共感，⑨ストレスや感情への対処，などのスキルが含まれる。

び心的現実の両方に向き合う能力をもっていることを意味している。組織にとって，これは，組織の一次タスクに合意する必要があるだけでなく，不安を自覚しないように防衛的にブロックするのではなく，容器のなかに投影された不安そのものに触れ続けている必要がある。システムがこの原理に従って働くためには，さまざまな構成部門同士の対話のために構造化されたシステムが必要である。これは，タスクの困難さと生活や社会のかたちを根本的に変革することに無力さを感じているすべての関係者にかかっている。

しかし，多くの公共機関の現在の態勢はそれとはまったく異なっている。新しいマネジメントスタイルは，管理者により強力な権限を与え，コンサルテーションを「非能率」として排除しようとする。異なる部門同士の対話や協同は時代遅れであると見なされ，ケアスタッフを方針決定や意思決定からますます締め出すような，トップダウンモデルになってきたのである。そして，このマネジメントの方法は，協力を促進するかわりにシステムをばらばらにスプリットさせるもので，「妄想－分裂寄り」と言うことができる。機能をスプリットさせることによって，管理者たちは決定を下すことがずっと楽になるのである。

例えば，保健医療システムにおいては，管理者たちは，臨床医や患者から切り離されている。この仕組みによって，管理者たちは自分たちのアクションの結果を心理的に見て見ぬふりをしてしまうことができる。これは短期的には，効果的な変化という印象を与えるが，長期的には，結果は悲惨である。マネジメントシステムからいわば「吸い取られた」ケアが，どっとケア提供者のなかに投げ込まれる一方で，ケア提供者は逆に，自分たちの経営・財政という現実の側面を管理者たちに任せたのである。例えば，英国では，保健医療サービス（NHS）の再編に関するグリフィズレポート[5]（Griffiths Report 1988）において，新しいスタイルのマネジャーは医師が大半の割合を占めるようになるだろうと予想されていた。しかし，結果としてその割合は5％以下であり，まるで財政的関心とケアの質への関心は，1つの役割には収まりきらないようである。

こうした心的形態の存在であることは，医師にどんな影響を与えるのだろうか？　それは，グループプロセスと組織プロセスによって強化され，個人的・

▶5　Griffiths Report（1988）：破綻しかかった英国の国民保健医療制度（NHS）を立て直し，地域ケアを推進するためにケアマネジメントの概念を提唱した報告書。これに基づき，保健医療福祉の一体化を図った1990年のコミュニティケア法（National Health and Community Care Act）が成立，英国の国営医療にとって，大きな転換点となった。

職業的万能感を助長するようなシステムを創り出す。そのシステムでは，弱さ，疑い，悩みなどは望ましくない特質と見なされ，さらに失敗は思いやりのないマネジャーと不十分なリソースのせいにされてしまいかねない。私たちみんなを死から保護しようとする無意識の社会システムにとって不可欠な部分は，そのシステム内の幹部——この場合では医師——が，できるだけ強力な権限をもつ必要があるということである。マネジメントと医療サービスの臨床部門との隔たりが広がった結果，医師たちはこれまで以上に，彼らが万能であるという社会的ファンタジーを投影されやすくなり，英雄的なことを行う能力は医師にあるとして彼らがその任務を遂行することを期待されるような，社会の無意識の投影システムに巻き込まれてしまうようになった。だが，そのシステムとその機能に疑問を投げかけることは難しい。というのも，医師と一般大衆の双方が，そうであってほしいと思っているからである。システムに干渉するものはどんなものでも，あらゆる面で大きな不安や抵抗を引き起こすのである。

心的現実に向き合う

　さまざまな構成部門間に最小限の接触しかないようなマネジメント風土では，医師は，資金がもっとありさえすれば，もっと死と闘うことが可能になるだろうと信じ込むような心理状態に陥りやすくなる。医師と一般大衆とメディアは，医療への資金が無限にありさえすれば私たちは永遠の命をもつことができるというファンタジーを共有しているようである。

　病院のなかでも，スタッフは病気，痛み，死といった現実から自分たちを守ることを必要としている。どの施設に行っても，おそらくその場の恐怖にうろたえるだろう。しかし，そのことを正規職員に話しても，彼らはあなたが何のことを言っているかわからないだろう。これは，恐怖が存在していないからでも，恐怖に慣れているからでもない。ある種の善意の受容とでもいうべきものなのだろう。彼らが表現しているのは，あなたが観察したものの否認もしくは抑圧である。この現実からの逃避は，徐々にそして多くは無意識のうちに起こる。新メンバーを誘い込む過程で，グループは無意識に次のようなメッセージを与える。「こうやって私たちは起きていることを無視するのよ。私たちの仲間のふりをしてみて。そうすると，あなたはすぐに私たちの一員となれるわ」。こうして，落ち着いたと言われるようになるが，それは施設化されたということ

もできる。実際は，グループが共謀して仕事の困難さを否認しているのである。

　一次タスクを遂行するというより，耐えられないことに対して自分自身を防衛するもう1つの方法は，原初的な不安を切り離すようなやり方で仕事を組織化することである。多くは，劇的な救命をめぐってではなく，苦痛，老衰，そして死を前にしては，人はその無力さを受け入れなければならないということをめぐって起きているのである。スタッフはみな，原初的な不安に対して十分な準備教育を受けておらず，職場では自分たちの苦悩を吐き出すことはたいてい社会的に是認されていない（第11章参照）。そうなるとこれは，病気や長期休職，高い離職率，モラールの低下，時間厳守の乏しさなどのかたちで表現される。看護師の離職率に関する研究では（Menzies 1960），辞めていくのは常にもっとも感受性の高い看護師であることが確認された。彼女たちは看護にもっとも向いた者たちであり，おそらくは否認という組織のシステムに加わることをもっとも好まない者たちだった。

　あるセミナーで，保健医療サービスの管理職のトップにある者たちが，自身の最悪の個人的な不安を挙げてほしいと求められたことがあった。彼らは，死，進行性の病，離婚，精神障害，見捨てられること，失業などを挙げた。これらすべては，保健医療サービスはもちろん，実際のところすべての公共機関の仕事（と働き手）の中心となるものである。彼らは，みずからの職務をマネジメントの1つとみなしており，さらに，法律上課される唯一の必要条件は，割り当てられた予算内で収めることだと力説した。こうした管理者にとって，患者のニーズにふれること，そして自分たちがしていることの結果を知ることはあまりに苦痛すぎ，予算に焦点を当てるほうが心理的により楽なことは明白であった。これこそ，抑うつ態勢の痛みを避けるために使用されるスプリッティングの古典的な例である。組織の分裂，開かれたり開かれなかったりして時間を無駄にする委員会，官僚主義などの多くは，患者とその病に直接ふれあうことを避ける方法なのである。

　他の公共サービス部門においても似たプロセスが起きている。痛み――それはクライエントの痛みでもあり，自分たちの痛みでもある――との接触は常に，自分たちが無能であり，そしてトレーニングが不十分で専門職としても不適格であるという感情を誘発する。経営上のあるいはマネジメント上の困難といわれるものの多くは，実は仕事の困難さから生じている防衛メカニズムなのである。そのうえ，「効果的な」マネジメントに財政上の報酬を与えるシステムは，

さらにこの防衛的スタイルの機能を強化する。精神分析的な観点からすれば、その時私たちは、管理者およびマネジメントシステムのケアする抑うつ態勢機能が罰せられ、その一方で、妄想－分裂態勢の防衛の構成要素が報われるようなシステムをもつことになる。

マネジメントへの影響

英国の公共機関（public sector institutions）は3つの下位部門から構成されていると考えるのが、有用である。それは、一般大衆と消費者の代表（患者、生徒とその親など）、ケアの下位部門（サービス事業のスタッフ）、そして行政システム（政府を代表する）である。これまでは、私たちは防衛されている不安について見てきた。しかし、他にもグループ同士の関係の性質をもつ要因が働いている。これらは、下位部門の内部で起こり、さまざまな職種や管理運営者のサブグループの間の競争と関連している。それはいつも存在しているが、プレッシャーが増し、スプリッティングと投影同一化の傾向が強まると、あきらかに悪化していく。

ケア部門では、その結果、さまざまな専門職同士の争いが増し、資金をめぐる競争が激化する。競争が増大する一方、コミュニケーションが減少するなかで、グループ関係カンファレンスでみられる混沌としばしば似ていなくもない状況が生じている（第4章参照）。カンファレンスでは、研究を目的として、グループ内およびグループ間に生じる不合理な無意識のプロセスを学ぶ。しかし、ここ〔公共機関〕では、ほんものの現実であり、永続的なものである。管理部門の内部でもまた、さまざまな部署間で深刻な分裂が見られることは珍しくない。これはもちろん、有能なマネジメントを妨げ、グループ同士を互いに対抗させて漁夫の利を得るテクニックを助長している。どのような組織であれ、もっとも効果的に機能するには、グループ関係の理解と健全なマネジメントの原則に基づいて確かな指針が定められる必要がある。

清掃作業員であれ管理責任者であれ、組織の**すべての**メンバーにとって必要なのは、以下のものである。

- 組織のタスクの明確さ
- 権限に関する構造の明確さ

- 参加と貢献の機会

加えて，権限をもつ者にとって必要なのは，以下のものである。

- 心理学的な知識に基づくマネジメント
- 働き手にとっての危険(リスク)を知ること
- 消費者に対する開放性
- 公的説明責任

組織のタスクの明確さ

例として，現在，保健医療サービスにおける清掃請負契約は外注となっている。その契約書では，清掃作業員は清掃するためにいるのだが，同時に不安や痛みに耐えている患者のいる病院で清掃をしているという事実が考慮されていないことは明らかである。人間的な触れ合いは，患者と清掃作業員の両方にとって重要である。全体としてのタスクに関与することから排除することは，あらゆるものにとって損失となる。

権限に関する構造の明確さ

権限の明瞭なラインは，説明責任を生み出し，その結果，仕事の実践をより適切なものへ変えていく可能性をもたらす。例えば，英国の国民保健医療サービス（NHS）では，どの町の保健医療当局の総責任者も，その地域の保健医療当局の長に対して説明責任がある。後者は，保健省の大臣によって任命され，地域の利益を代弁するメンバーからなる委員会を率いている。しかし，町の保健医療当局の総責任者は，地域の統括者に対して別々にそして独立して説明責任がある。誰も2人の主人に仕えることはできないにもかかわらず，これが現在の位置づけである。地域の保健医療当局を廃止するという話があるのも，あまり驚くことではない。もしそれがなくなれば，地域と患者の代表制度の最後の名残も消え去るだろう。

▶6 district：英国の州（county）の下部行政区に当たる。日本では町に該当する。Health Authority：保健医療当局は，地域や地区ごとにあり，その地域・地区のNHSの活動を監督し，サービスの向上を図る責任をもっていた。

参加と貢献の機会

　契約労働は，よいスタッフのモラールあるいは効果的な組織には役立たない。第一に，契約労働は組織への忠誠義務を負わないためである。第二に，終身雇用のスタッフのなかに敵意が引き起こされるためである。ある時期，保健医療サービスの秘書の半分以上が臨時雇いだった。というのも，終身雇用のスタッフよりもそのほうが高い給与をもらえたからである。出稼ぎ外国人労働者 Gastarbeiter▶7（「ゲストワーカー」——市民権を奪われたスタッフの婉曲表現）の原理で組織が運営されるのは，良い考えとは言えない。

心理学的な知識に基づくマネジメント

　これには，組織のタスクを妨げる可能性のあるグループと社会的要因についての気づきが含まれる。そのような気づきによって，管理者がアンチタスク現象に立ち向かうための方策をとることが可能になる。例えば，ほとんどのミーティングが時間通りに始まらないばかりか，さらに驚いたことに，終了時間が決まっていない。一見，論理的に聞こえる理由は，協議事項がどれだけあるか，どれくらい時間がかかるか，ということにかかっているからだという。委員会のミーティングではだいたい90分が，誰もが注意力を有効に保っていられる時間だということは広く認められている。だがこの時間の長さは，予定とされないばかりか考慮もされない。そのため，徹底して話し合ってというよりも，人々の消耗具合をもとに決定がなされる。策略を弄したり，疲れさせたりして反対に打ち勝ってなされた決定は，マネジメントを成功に導かない。それは，たいてい非常な犠牲を払って得た勝利なのである。

働き手にとっての危険を知ること

　どのような組織でも効果的に機能するためには，管理者はスタッフが行っている仕事の結果として彼らにかかってくるストレスに配慮しなければならない。管理者はスタッフの悩みに対処するためにじゅうぶんな対策を立て，一見関係のないアンチタスク現象がスタッフの苦悩の表われではないかと自身に問う必

▶7　ドイツ語 Gastarbeiter は，英語では guest worker となる。高度成長期の労働力不足の解決策として1955年〜1973年に260万人近い外国人労働者がイタリア，トルコ，ユーゴスラビアなどから募集協定によって西独に移り住み働いた。当初はこの名の通り帰国を前提としていたが，その後定住した労働者も多く，ドイツは今なおこの外国人労働者問題を抱えている。

要がある。働き手が遂行している特定のタスクの性質から生じる特定の危険を認識したうえで，システム全体のストレスがオープンに認められるような風土を創りだすことは極めて重要である。その危険は，援助専門職——教師，ソーシャルワーカー，刑務所の看守など——によって，さまざまに異なるだろう。苦痛や不安，そして苦悩を，大気の一部と同じように，そして鉱山のなかの炭塵と同じように広く存在するものと考えることは有効である。炭鉱と同じく対人サービスのなかでも，「炭塵」を最少限に保ち，働き手のなかに慢性もしくは末期の病が広がる前に，いち早くその悪影響を探り当てるため注意を払う必要がある。

消費者に対する開放性

もしも保健医療サービスに，患者や彼らが必死で我慢しているものを排除しようとする防衛的な傾向があれば，概して患者が忘れられてしまいがちになるのも意外なことではない。不満（たいていはまさに本物の訴え）をもっている人に対処するよりも病気の臓器に対処するほうが，ずっと簡単なのである。そしてスタッフはしばしば人との接触から彼ら自身を防衛するために，臓器に焦点を当てる。同じように，保健医療サービスの上級管理者は，個人について考えることの痛みに対する防衛として，全住民の観点から考え，話をすることがある。

公的説明責任

地域の病院に救急時に利用できるベッドがないということを，マスコミ経由で知る権利を一般大衆がもっているかどうかは，議論の余地がある。管理運営責任者は，地域や国に関連した問題をマスコミに知らせることを嫌う。もし情報が漏れれば，出所を追跡しようとして多くの時間とエネルギーが使われ，その過程で大きな怒りが生じる。当局はラインの上のほうにいる人々に対して説明責任があり，公の情報と世論はほとんど重要でないように見える。しかし，公共機関を運営する権限は，結局のところ一般大衆（有権者）に由来するのである。そして，一般大衆への説明責任を念頭に置き，それをシステムのなかに組み込んでいかなければならない。

結論

　ここに記述されたさまざまな防衛パターンを見ると，組織とその環境の間であれ，あるいは組織内部であれ，人間同士の間であれ，本質的に一貫して防衛的なやり方が，その仕事ばかりでなく，個々の働き手にとってもいかによくないものであるかがわかる。職場での心的現実の多くの局面と常に接触をもっていなければ，仕事での防衛と個人の傷つきやすさが組み合わさって，自分自身がつかめなくなる危険性がある。そこで，アルコールや鎮痛薬，睡眠薬などのアディクションに陥る傾向が高まる。これは，夫婦や家族のメンタルヘルスにさらなる危険をもたらす。そのパターンは，子どもたちの行動やストレスへの反応に影響し，そのためにそのパターンがずっと永続することがある。ストレスに関連する疾患が発生する可能性もまた増大する。こうして私たちは，道の終わり──不健康な組織には不健康な身体が宿り，不健康な心が宿る──にたどり着くのである。

　グループと組織は新来者を受け入れ，物事を運ぶその組織なりの方法という鋳型に彼らをはめ込むが，そこには組織的防衛の特有な型も含まれる。やがてその人は，物事から距離をとり，外部の視点でそれを「見る」能力を大きく失ってしまう。それでも，批判的思考や疑問をもつ能力をもち続けるには，外部の視点から見る力を多少なりとも維持することが不可欠である。こうしたことなくしては，私たちの組織・制度は，現実の否認にますます基づいて動かされることを余儀なくされる。その現実とは，人々が苦痛や成就しない希望，病気，死に対処することを援助するために組織・制度が存在しているということである。このことを否認すればするほど，システムは効果的ではなくなり，それにかかわる者により大きなダメージを与えるのである。

第19章
ケアとコントロールのバランスをとる
組織の健康増進を焦点としたスーパービジョン関係

クリストファー・クルロウ

　ケアとコントロールの間の葛藤は，組織生活に特有なものであるが，問題を抱えている人々に対応するために存在する機関においては，なおさらである。管理者たちは，スタッフがクライエントを相手にする仕事をスーパーバイズ[1]する際には，とくにケアとコントロールのバランスをとる必要がある。スーパービジョンは，サポートと学習との主要な拠りどころとなりうるし，なるべきである。それは，管理者が責任を負うサービスの質をモニタリングするためにも，不可欠なメカニズムでもある。さらにまた，援助組織においては，スタッフとクライエントの関係自体にたいていケアとコントロールの両方の要素が含まれているために，スーパービジョン関係に組織のタスクにおける基本的な緊張が映し出されやすい。そうしたことから，スーパービジョン関係は組織のプロセスを理解する鍵となりうるのである。

　犯罪者を監督（スーパーバイズ）することが活動の中心である保護観察サービス[2]以上に，これがよくわかるものはない。そこで，私は保護観察官の仕事についての簡単な考察から始めようと思う。さらに続いて，スーパービジョンのプロセスでの鍵となるいくつかのジレンマを検討する。それらのジレンマは，保護観察官へのスーパービジョンに関する管理者向け研修プログラムのコースのなかで浮かび上がったものである。

---

[1] スーパービジョン supervision という言葉は，通常，職場での上司が部下を監督する際に用いられる。この場合，スーパーバイザーとは上司のことである。一方，教育や研究では，指導教員や研究指導者による助言や指導の意味で用いられる。

[2] 有罪認定を受けた者の刑の宣告や執行を猶予し，保護観察官の指導監督にもとづき社会内で改善や更生を図ることを目的とした制度。日本では，執行猶予，仮出所，保護処分への保護司などによる保護観察が該当する。

スタッフスーパービジョンと保護観察サービス

　イングランドとウェールズでの保護観察サービスでは，ケアとコントロールのバランスが，長年，優先事項となってきた。1970年代後半，保護観察の実践の「治療」モデルと「処罰」モデルとの間で議論があった。1980年代後半にも議論が続いたが，どちらかといえば処罰とソーシャルワークの援助のほうに重きが置かれていた。財政的逼迫，定員超過の刑務所，そして法廷が拘留判決を宣告しないようにさせる圧力といった事情を背景に，政府はこの議論に積極的に参加するようになり，保護観察官と犯罪者の関係の性質を変え，保護観察官がもっと懲罰的で取り締まるような活動をするようにしようという提案をした。多くの観察官は，自分たちが「車輪の止めねじ」にさせられたことや，中央からの指示のレベルが高まったことについて，抗議した。それは，一部の地域で専門家としてのアイデンティティや自律性への脅威とみなされたのである。

　この話は，ケアとコントロールの間にある葛藤の厳しさや目立ちやすさに影響を与える3つの要因を示唆している。まずは仕事の性質——この場合は，観察官が地域社会で犯罪者を監督するという仕事——である。次に，その仕事に従事している人のパーソナリティと，その仕事の目的をどのように思っているかである。そして第三に，これまで築かれてきたバランスを崩しかねない変化への圧力である。

　第一と第二の要因は，個人の不安と防衛と施設のそれとの間に微妙な相互作用を引き起こす。このことは組織生活のあらゆる局面に浸透しており，本書で繰り返し論じてきたテーマでもある（とくに第2章と第12章参照）。保護観察サービスに関して，ウッドハウスとペンジェリイ（Woodhouse & Pengelly 1991）は，クライエントが明らかに扱いきれない緊張を，保護観察官が自分自身と組織の内部で管理しなければならないと指摘している。その緊張には，ケアとコントロールの葛藤だけでなく，依存と自律，そして個別性と画一化の葛藤をも含んでいる。

　第三の要因，つまり変化への圧力は，しばしば外部のコンサルタントや教育研修組織の援助を求めるきっかけとなる。私と同僚が保護観察サービスの上級管理者全員を対象としたスタッフスーパービジョンのコースを実施するために招かれたのは，管理コンサルタントの助力を得て，サービスの目的と組織構造

の見直しが行われた期間が終了し，共同の目的，価値，方略についての声明が公表されるところだった。声明では，来る5年間の行動計画が概説されているとともに，組織の独自性，スタッフのサービスへの説明責任，そして行動計画が確実に実行に移される必要性が強調されていた。上官のスーパーバイザーとしての機能は，どのように変化が導入され成し遂げられるかを決定するうえで鍵となる重要なものと考えられていた。

教育的スーパービジョンへのコンサルテーションアプローチ

　企画会議が何回か保護観察部長補佐と共に開催された。彼は，スタッフスーパービジョンのコースへの要求と期待を明確化するための研修の責任を負っていた。私たちは，どのような研修の求めにも潜んでいる危険に注意を払いたいと思っていた。それは，組織のニーズに注意を払っているように見せかけながら，無意識の目的が組織のニーズから注意を逸らす危険である。また私たちは，外部の専門家という役割に踏み込むのは避けたいとも思っていた。それは，とくに最近済んだばかりの組織の見直しの直後であり，私たちが招かれたのは，上官が力をつけて変革を実現する責任をもてるようになるプロセスを援助するためだという認識からであった。

　保護観察サービスへのコンサルテーションとして，私たちはスーパービジョン関係の管理的，コンサルテーション的，技術的側面に焦点を当てた研修プログラムを計画した。形式的な授業を提供するよりもむしろ，私たちはメンバーやスタッフが組織生活のある特徴を再現し，経験することで，そこで起きた問題を直接取り扱うことを通して全員が学ぶことのできる仕組みを創り出そうとした。私たちはそのコースをワークショップと新しく名づけなおし，そのイベントの探索的な目的をはっきりと示す一方，私たちの責任で仮の組織を作りあげ，その目的も設定した。保護観察部長からの権限を得て，私たちはスーパーバイザーとしての役割を獲得した。そして，ワークショップの（効果的なスタッフスーパービジョンについて学ぶという）一次タスク〔プライマリ〕を管理し，スーパーバイザーとしてのスキルを向上させるための機会を参加者に与え，仕事上の問題へのコンサルテーションを行う責任を，仮の組織のなかに移したのだった。

　活動の中心になったのは，作業検討グループとスーパービジョン4人組〔カルテット〕であった。いずれもブリッジャー（Bridger 1990）とミラー（Miller 1990a）が創始

したグループ関係トレーニングのデザインに負うものが大きい。作業検討グループは，メンバーのスーパーバイザーとしての役割から生じた問題を話し合い，またこのタスクを果たすためにグループがどのように行動するかを振り返る機会をメンバーに提供した。スーパービジョン4人組（1人のメンバーがもう1人に現実の仕事の問題を提示し，残る2人は観察する）では，参加者はスーパーバイズしたり，同僚からスーパーバイズされたりする経験，またそこで起こるスーパービジョンのプロセスについての同僚の観察から何か役に立つものを得る経験をすることができた。この2つのグループの構造は，アプリケーショングループと全体セッションの組み合わせとなっており[▶3]，メンバーのための学習教材を生み出した。

　私たちは，犯罪者をスーパーバイズすることを一次タスクとする機関において，スタッフとスーパーバイザーの両方ともが，スーパービジョンについて否定的なことにショックを受けた。その仕事特有の3つの問題がこのことを説明するのに役立った。それは，権威に対するアンビバレンス，開示することへの恐れ，そして「三角形をめぐる問題」である。それぞれは，プログラムの間中，繰り返し現れたテーマであり，そしてスーパービジョンの関係の根本にある緊張に関連しているものである。それらは，保護観察サービスの管理者のためのスタッフスーパービジョンに関する研修というイベントの文脈のなかで表面に浮かび上がってきたが，他の多くの組織環境における実践家，スーパーバイザーそして管理者にも該当するものである。

権威に対するアンビバレンス

　「スーパービジョン（監督）」という言葉は，上司の部下に対する関係と同様，保護観察官の犯罪者に対する関係を説明するのにも使われてきた。それぞれの関係はお互いを映し出す。そして当然であるが，両方ともアンビバレンスを生み出すことがある。スーパーバイズされるということは，保護観察に置かれていること，信用されていないこと，正しい基準に達していないことなどの，隠れた意味合いをもつ。あるスーパーバイザーは，スーパービジョン関係につきまとう支配や甘やかしのイメージを嫌っていた[▶4]。そのために，彼らが意気に燃

▶3　さまざまな企画されたタスクを遂行するために行われるグループのこと。例えば，ここではスーパービジョン4人組のグループなど。

えてその役割に就くことは難しかった。とりわけ，こうしたイメージがスタッフに共有されている場合は難しく，この困難は言葉では言えないものであった。次の事例は，危機状況において権限を引き受けることの問題への，別のアプローチを描き出している。

　　上官であるロバートは，ある出来事について述べた。それは，もう1人の上級職の同僚であるビルと共同して責任を負う，ある保護観察事務所で起きた出来事だった。保護観察事務所に展示されたポスターをめぐって，部下のフィリップと秘書スタッフの間にたいへん騒々しい言い争いが勃発したのだ。フィリップが一方的にそのポスターを撤去するという行動に出たために，秘書スタッフから抗議が巻き起こり，フィリップはポスターを元通りにするようにとビルから命令された。ロバートが気がかりだったのは，その状況の取り扱い方と，その問題に対してあまり教育的でない解決の仕方を招いたことに自分が抱いた無力感だった。

　フィリップと秘書スタッフの間で何が起こっているか，2人の上官にとってそれがどのような意味があるのかに，注意が向けられた。上官の1人は，一方的にポスターを撤去した部下と同じように，命令によってポスターを元に戻すという独断的な行動をとった。支配的な男性権威者というステレオタイプのイメージを拒絶してきたもう1人の上官は，この件に何ら関与することができなかったことで，無力さと，秘書スタッフと同じような憤懣をむしろ感じていた。秘書スタッフと保護観察官の関係にとってこの出来事が意味するもの，上官が2人とも男性であるという保護観察事務所のマネジメントスタイル，そして2人の関係が，プログラム参加者に実り豊かな議論の焦点を提供した。

　同様に嫌われてはいるが，時にコントロールするためのもう1つの方法とみなされるのが，次に紹介する例に見られる，スーパービジョン関係の甘やかす「過保護」のイメージであった。

▶4　原書ではnanny（乳母）という言葉が使われている。動詞として使われると過保護にする，甘やかすという意味になる。

▶5　英国の病院や公的機関では，多くの秘書スタッフが働いている。専門スタッフが口述したものを文書にしたり，スケジュール調整を行うなど，チームの一員として重要な役割を果たす。にもかかわらず，専門スタッフに軽視されているという側面が，この事例に描かれているものと思われる。

上官のマイケルが，過保護になることについての懸念を語った。彼は，非常に有能な新人ジリアンの上司だった。ジリアンは新しいたくさんの仕事を嫌がることなく自発的に引き受けた。同時に，彼女は病気になりやすい傾向もあった。マイケルは，ジリアンが必要以上に自分に頼りすぎてはいないかと気にしていたが，彼女のために時間を割くことを拒否するのは難しいと感じていた。彼の見たところ，ジリアンは十分に有能で，彼女が彼に求めるようなサポートはさほど必要ではなかった。

　この事例から，何が起こっていたのかについては 2 つの可能性が考えられる。第一に，ジリアンは仕事で援助を必要としていても，直接自分から頼む権利はないと感じているという面に注意を引こうとして，適切に行動しているのかもしれない。言い換えれば，過保護であることへの恐れがスーパーバイザーとスーパーバイジー▶6双方に共有されているのかもしれない。第二に，自分の時間を割くことに対して，上司であるマイケルが「ノー」と言う時に体験する難しさは，新しい有能な部下（ジリアン）が自分のクライエントに過保護にならないようにする時に体験している問題でもありうる。

　2 つの可能性は両方とも，スーパーバイザーとスーパーバイジー間のコミュニケーションは，語られたことにだけでなく，彼らの間に繰り返し起きることのなかにも生じるということを想定している。そのうえ，スーパービジョン関係のなかで無意識に起きたことは，いまだ意識的な自覚にまで精製されていないスーパーバイジーとクライエントの間での仕事のジレンマを映し出しているということを想定している。この実践とスーパービジョンの文脈の間の力動的なつながりは，「リフレクションプロセス」として説明されてきた（Mattinson 1975）。そのつながりを認めることによって，スーパーバイジーにとって重要なのは，スーパーバイザーが何を言うかだけでなく，彼／彼女がどのようにその経験を取り扱うかでもあることが示唆される。スーパービジョンと仕事の文脈に起こっていることの間につながりを見いだすことと同様に，スーパービジョンの境界（バウンダリ）を管理することは，起きていることを洞察へと進めるための機会となる。

　支配者か乳母かのジレンマは，他の話し合い，とくにスーパーバイジーの業績を評価するレポートを書くことについてのディスカッションのなかで何度も

▶6 スーパービジョンをするスーパーバイザーに対して，スーパービジョンを受ける立場の者をスーパーバイジー supervisee という。

繰り返された。スタッフスーパービジョンのプログラムでは，保護観察官の管理者にとって同僚についての評価レポートを書くことが難しいのは明らかだった。彼らは，自分がコントロール対ケアのジレンマに陥っていると感じていたのである。同僚に対して裁判官やケースワーカーになりたい者は誰もいなかったが，しかし，時にはそれは避けられない唯一の選択肢のように感じていた。その結果，どっちつかずの没個性化した評価の演習になるか，あるいはスタッフの個性の特異性に埋めつくされたレポートになるかのどちらかであった（第21章では，評価と実践と，組織の不安の間のつながりのいくつかについて，さらに詳述する）。

　熱意あるスーパービジョンの実践に対する組織の期待を大きくしようとするプロセスではかならず，権威に対するスタッフのアンビバレントな感情にかかわることになる。逆にまた，このアンビバレンスは保護観察の仕事やクライエントグループの性質と無関係ではありえない。実際，権威と支配をめぐる未解決の葛藤は，たいていこの職業選択のなかに表われている（第12章参照）。権威に対するアンビバレンスは，時にはスーパービジョンが必要なことへのリップサービスに終わってしまうこともある。そこには，積極的にスーパービジョンにかかわろうとするほんものの信念はまったくない。

開示することへの恐れ

　権威ある人々へのアンビバレンスは，学識があるふうを装うのと同様に，他者への深い不信に基づくものである。マッティンソンとシンクレア（Mattinson & Sinclair 1979）は，ソーシャルワーク部門の研究において，クライエントから非常に悪く思われているソーシャルワーカーをしばしば「騙されやすいやつ」と「くそったれ」に分類することによって，クライエントが彼らに対する不信をうまく処理していることを見いだした。このスプリッティングは，援助を提供する，とくに権限をもつ立場にいる者への相反する願望と恐れを管理する1つの方法であった。このような状況においての自己開示は，厚い信頼感と自分自身を傷つきやすい立場に置く能力を必要とする危険な仕事であった。

　スーパービジョンの実践に焦点を当てた私たちのトレーニングイベントは，とくに「身内」で開催されるため，開示にともなうのと同様の不安を，同じ理由から否応なく引き起こすことになった。人々に実際にどのようにしているかに

ついて話し，やってみせてくださいということは，批判されたり信用を失ったり，もっと悪いことが起きるのではという恐れを引き起こすのである。自己開示に続いて起きる危険な成り行きについてのこの不安は，ソーシャルワークでも保護観察の仕事でも，なかなか開示しようとしないクライエントの傾向を反映しており，少なくとも部分的には投影同一化なのである（第5章参照）。

　秘密の保持の問題は早くからずっとあった。あるメンバーが，プログラムに参加していない職員はどのように保護されるのかと尋ねた。なぜなら，彼らはスーパービジョンの実践を検討する文脈のなかで，その場にいないが誰だかがわかる人の仕事の話をすることになるかもしれないからである。この秘密の保持を尊重する正しい懸念に対して私たちは，プログラムのタスクを繰り返し言うことによって答えた。そのタスクは，メンバーのスーパービジョンの実践に焦点を当てることであって，彼らがスーパーバイズしている職員の仕事ぶりを扱うものではないということである。続く話し合いのなかで表明された不安は，スーパーバイジーについての秘密保持をめぐる不安だったが，同じように上官が自分たちの実践をお互いに詳しく開示しても安全なのかという不安を表しているのだということが徐々に明らかになっていった。同僚が秘密を悪用しないと信じることができるだろうか？　ある人の無能力ぶりをあばいても安全なのだろうか？　もし，秘密を打ち明けるように勧めた結果，何らかの行動をとる必要がでてきたら，どうなるだろう？　どのように感情を管理すべきなのだろうか？　こうした問いは，組織内部においても，また犯罪者との関係においても，スーパービジョンの実践にとって要となるものである。

　心配はたいてい，なんらかの行為や怠慢，「違反行為」を告白することより，例えば能力への不安といった感情を開示することにかかわっていることが明らかになった。信頼感，つまりクライエントにとっての「街の評判」に相当する「専門家としての評判」を失わないことが職員にとって重要であり，しかも面目を失うことへの恐れは伝染する可能性があった。クライエントが約束の報告を怠ると，職員は自分に信用がないのではないかと疑った。スーパーバイジーが嫌々スーパービジョンを受けていると，スーパーバイザーは自分に何か与えるものがあるのだろうかと思うのだった（もちろんどちらも，その場にいない者が何かを隠しているかもしれないという疑いを引き起こした）。相互の取り決めが，スーパーバイザーと職員の間に意識的無意識的に作用し，互いの防衛を支えることになった。現実であれ想像であれ，失敗を開示することは無謀で安全

でないと考える職員は，スーパーバイザーに失敗を隠すかもしれない。役割に確信がもてないスーパーバイザーは，時間がないことをよいことに，職員と共謀して自分たちが確実に会わないようにする。あるいは，もし彼らが会っても，どちらの側もほんとうの関心事を話さないようにする。ある上官は，ますます負担が増している仕事量についての不安に対処する手段として，書類仕事に没頭する様子を語った。

　仕事の問題について話すことが，失敗と見なされる結果になるかもしれないという恐れは，関与している人々のなかに直接に，あるいは不安を順に下の者に伝えていくことによって，被害を生み出すリスクを大きくすることがある。スーパービジョンの関係のなかでもし開示が奨励されるなら，まず最初にこの恐れを認めて，焦点化しなければならない。スーパーバイザーとスーパーバイジーの感情を正当と認めることは，それが何を意味するか，そしていかにしてそれがクライエントのためになるように使われるかに関心を向けるための必須条件である。

三角形をめぐる問題

　スーパービジョンはクライエント，スーパーバイジー，スーパーバイザーがかかわる三方向のプロセスである。保護観察の仕事の文脈では，犯罪者がクライエントであり，機関を代表して1人の保護観察官からサービスを受ける（保護観察サービスはほかのクライエントもかかえている。特筆すべきは裁判所である。誰が主要なクライエントであるかの問題は，前に述べたケアとコントロールに関する議論に関連している）。上官は機関を代表し，スーパービジョンを通じて職員とクライエントの相互交流の性質や程度を統制する。その担当職員の苦境を考慮するあまり，もし犯罪者のことが忘れられてしまったら，いずれ問題が生じるだろう。同様に，犯罪者の苦境を考えるなかで，もしその担当職員のことを見失ってしまったら，あるいは職員が犯罪者相手に仕事をするなかで，もし上官（機関）が見失われてしまったなら，困難が予想されるだろう。もし組織が一次タスクを効果的に遂行しようとするとしたら，常にこの3つをすべて念頭においておくことによって，**スーパービジョンの三角形**（Mattinson 1981）を維持することが，必須である。

　3人組を管理するのが難しいことはよく知られている。三角形の一部を無視

したり忘れたりしようとする企ては，全体との関係において，無力であること，あるいは破壊的であることへの不安に対する防衛として理解することができる。例えばスーパービジョンの必要を盾に，職員とクライエントとの関係に立ち入る上官，あるいは苦情を申し立てることで職員と上官の関係に立ち入るクライエント，あるいは所長と上官の特別な関係に，おそらくは上官の頭越しに立ち入る職員には，能力にまつわる不安やダメージにまつわるファンタジーが生じているのである。

　スーパーバイザーが，もし自分がスーパービジョンに携わったら，自分の無知が透けて見えてしまうのではないかと怖れる「裸の王様」症候群（Dearnley 1985）を経験するのは珍しいことではない。そして，スーパーバイザーが，もし何かを見抜いて介入しようと行動することが潜在的にクライエントや機関にダメージを与えることになるのではないかと，自分を破壊的な存在と感じることも珍しいわけではない。自分を愚か者と感じるにせよ，迫害者と感じるにせよ，人の親密な関係に立ち入ると恐ろしいことが起きるというファンタジーが引き起こされることもある。スーパーバイザーとスーパーバイジーの両方にこうした不安がある時には，スーパーバイジーにとってもサービスにとっても損失であるにもかかわらず，彼らは共謀してスーパービジョンのセッションを回避しようとするかもしれない。

　　上官のアランは，自分のチームの専門職スタッフであるダニエルの仕事をスーパーバイズする自分の能力に自信がなかった。彼はダニエルの仕事に立ち入りたくなかったが，何が起きているかを知るべきだとは感じていた。しかし，アランはダニエルがキャンセルしてきたスーパービジョンのセッションを彼に強いることに気後れを感じていた。なぜなら，アランは，ダニエルの仕事の専門家的な側面を自分はほとんど知らないし，そのためダニエルがそのセッションから得るものはほとんどないだろうと感じていたからである。

▶7　デンマークの作家ハンス・クリスチャン・アンデルセンの同名の童話（1837年）に由来する。Gross, F.（1971）が，医師や医学生が白衣を着るのは，威信を失うのを恐れてだとしてこの用語を創り出した。Dearnley（1985）は，信奉者ばかりに取り囲まれ，自分が独りよがりになっているのではないか，自分の無知や無能がいつか曝露されるのではないかと恐れるスーパーバイザーの不安にこの語を用いた。

ここに暗に含まれているのは，スーパーバイザーが役割能力をもっていると感じるには，つねにスーパーバイジーよりも多くの知識をそなえた技術的熟練者でなければならないという観念である。この観念は「素人」の問いの有効性を否定し，振り返るための自由な空間(スペース)を維持することの重要性や上官の総合的な経験の価値というものを見失っているだけでなく，クライエントに提供しているサービスについて個々の職員が機関へ説明する責任を否定してもいる。

　実践家－クライエント関係から感情を締め出されてしまったスーパーバイザーが，管理者としての役割を犠牲にしてまで，スーパーバイジーに過剰に同一化することがある。

　　　上官のタラが，彼女のスーパーバイジーであるダミアンとのよい関係が台無しになったと，不平を言った。上からの決定で，ダミアンが彼の「愛する担当区域」を離れて，コミュニティサービスを監督する仕事に異動するよう命じられたのだ。タラは，自分がダミアンと本部スタッフとの争いの「板挟み」になっているように感じた。彼女はまた，まさにダミアンが新しいクライエントに関して感じたのと同じように，ダミアンの監視役を押しつけられたようにも感じた。これまでの暖かく友好的な関係ががらっと変わってしまったことを，タラは個人的な喪失と感じ，一時的にダミアンが新しい役割や新しいタイプの仕事へと移行するのをサポートすることができなくなった。

結論

　スーパービジョンの三角形を維持するには，「第三の耳」を発達させる能力は欠くことのできない財産である。スーパービジョンの関係のなかにコンテインされたコミュニケーションを，距離を置いて考えたり解読したりする能力がなければ，組織のスーパーバイザーもスーパーバイジーも，クライエントをケアしたりコンテインしたりするのではなく，クライエントの行動を再現してしまう危険にさらされるだろう（第7章参照）。自分自身がスーパービジョンを受けることで得られたほどよい経験を通して，スーパーバイザーの機能のモデルは統合され内面化される。その状況の内にありつつ，外部からも見る能力，言葉通りの意味だけでなく，象徴的な意味をも聞きとる能力は，スーパーバイザー

からスーパーバイジーへと伝えられる。もしそれが起きれば，実践家からクライエントに伝えられるだろうと信じる根拠となるし，クライエントが地域社会とのトラブルのもととなる行動でコミュニケートする必要は少なくなる。

　本章で，私たちはスーパービジョンの関係がいかに無意識のコミュニケーションの受け手として行動することがあるかを見てきた。その無意識のコミュニケーションは，仕事ならではの不安の質に影響し，またその不安を管理するために動員される個人と同時に組織の防衛の質に影響を与える。この関係においては，いかなる組織的関係よりも，こうしたメッセージを解読し，そのメッセージが伝える不安に関心を向ける機会があり，それにより理解と学びが得られ，よい実践の一助となる。そもそも，その位置と可能性ゆえに，スーパービジョンのための備えの状態や質は，対人サービスにおける組織的健康の重要な指標と見なされるだろう。権威との関係にまつわるアンビバレンス，開示への恐怖，そしてスーパービジョンの三角形をめぐる問題は，犯罪者を扱う機関の領域だけのものではない。それらはあらゆる組織に浸透している。どのようにそれらを管理するかは，組織や組織のなかで働いている人たちの現在の健康だけでなく，将来の変化と発展の余地がどれほどあるかに影響を及ぼす。よってこれは，生き残りにかかわる問題なのである。変化する環境に適応することができない組織や，外側と内側からの徴候に敏感でない組織は，長く生き残る見込みはない。

第20章
対立と協同
グループ間の関係のマネジメント

ヴェガ・ザジェ・ロバーツ

対人サービス全般にいえることだが，複雑なタスクを果たすには，同一組織内の各部門であれ，同じクライエントを担当する複数の機関であれ，異なったグループのメンバーによる協同が必要になる。これまで，よりよい協調関係，協力，チームワークといったものの必要性について，多くのことが語られている。だが，サービスは絶えずバラバラにされ，グループ間の競争や対立は蔓延し，こうした困難に取り組もうとする試みはたいてい成功せず，フラストレーションや失敗に終わることになる。

関連する機関同士の関係

重度で慢性の身体的，精神的，感情的な障害をもった人々や，その他のニードの高いクライエントを対象としたサービスが，ますます大規模な施設からコミュニティへと移行してくるにつれ，こうした人々のケアに必要なさまざまな活動が，さまざまな機関によって担われるようになってきている。そこで，1人の人が，かかりつけの医師，地域のコミュニティ精神科看護チーム，ソーシャルサービスのデイセンター，住宅局，ボランティア団体によるソーシャルクラブ，およびその他の援助専門職団体の主催者といった人々とかかわり合うことになる。それぞれの機関は，クライエントについての自分たちの「取り分」のみを取り扱い，新しい問題は，さらに別の新たな機関へと回されがちになる。

関連機関の間で調整が行われなければ，サービスの隙間や重複が生じやすい。クライエントは次々に機関をたらい回しにされ，それぞれの機関は互いにどんな問題についても他の機関を非難することになる。

ニュースタートは，精神科病院に長期入院していた人たちが退院して地域で生活するための多角的なニーズに対応する方策の1つとして設置されたボランティア組織である。その狙いは，1つのチームであらゆる範囲の支援サービスを提供することであった。このチームのメンバーは，地域の精神科病院から直接的な照会がほとんどないことに驚いたが，その代わり，大部分が住宅局からの照会だった。住宅局は，朝食付き宿泊所（R＆B）に入居した人々が高い比率で再発したり，緊急再入院となったりするのを減らすための援助を求めてきた。しかし，ニュースタートチームは，彼らが慎重に考え抜いて決めた，引き受けられるクライエントの基準にあっていないという理由で，住宅局からの照会のほぼ3分の2を断った。そのたびに，彼らは自分たちの基準を繰り返し伝えていたが，仲間内では，また公的機関がだらしなくて，ニュースタートをゴミ捨て場として利用としていると不満を言っていた。

　住宅局の住宅あっせんチームは，誰が今空いている居住施設に最も適しているかを決めるために，2つの機関が退院する患者のアセスメントに加わることを提案した。ニュースタートチームは，これは自分たちの仕事ではないと拒否した。その間にも，住宅局に照会され入居した患者たちが，大勢，体調を崩し再入院することが続いた。住宅局からニュースタートチームへの照会も断られ続け，病院からニュースタートへの照会もほとんどなくなってしまった。

　私は，このニュースタートチームのコンサルテーションを行って，彼らのサービス向上を支援するよう頼まれていた。私たちが，このチームの目的についての話し合いを始めると，チームメンバーは公立の機関について，家父長的態度でクライエントを見下すようにふるまう，自らの力を乱用し，無力感を助長していると，自分たちが共有している考えを話しだした。彼らは，自分たちのクライエントのエンパワメントと，彼らに代わって虐待的な医療や福祉の実践と闘うことに熱心にかかわっていた。彼らは，新しく小さな組織であるため，クライエントと同じように，大きくて強力な機関に不当に扱われてしまいやすいと感じていた。彼らは意識的にも無意識的にもクライエントと同一化していたのである。

　彼らはまた，自分たちがクライエントを効果的に支援できることを証明したがっていた。この目的のために，彼らは自分たちの基準を練りあげ，

他の機関が見捨てた部分を拾い上げるものと，自らの役割を定義づけてきた。彼らは，病院や別の地域の機関から彼らに照会されてこない潜在的なクライエント，「露頭に迷った」人たちを非常に気にかけていたが，自分たちが満たすことができないニーズによって圧倒されてしまわないかと，この人たちの面倒を見ることに対してはアンビバレントな思いを抱いていた。

こうして，彼らが合同でのアセスメントに参加することを拒否したのにはいくつかの理由があることがわかった。彼らが最も意識していたのは，不当に扱われることに対する恐怖であった。そのことが，自分たちのタスクに設定した境界(バウンダリ)にしがみつく結果を招いたのであった。あまり意識されていなかったのは，みずからの役割は他の機関による権力の乱用からクライエントを守ることと考えているのに，クライエントに代わって意思決定に関与するとしたら，自分たちもクライエントを圧倒する力をもってしまうことへの不安であった。最後に，クライエントの再発に対して責任をより強く感じることへの不安があった。彼らは，自分たちが拒否した照会やここに来なかったクライエントたちのことで心を痛めていたが，その非難は自分たちにはあたらないと主張することができた。権力を否定し，それをどこか別のところに移すことによって自分たちの罪と責任の意識は減ったものの，必要以上に自分たちの無力さや弱さを感じてしまうという犠牲を払ったのである。

時が経つにつれニュースタートチームは，精神科病院からコミュニティへとクライエントがうまく移行することに関する問題は3つの機関がそろって分かちあうべき問題であると理解するようになり，従来の関係機関同士の照会の際に見られた順送りのモデルに代わって，みずからイニシアチブをとって合同アセスメントの仕組みをつくり上げ，成功したのだった。

部門間の関係

前の事例は，複数の機関が同じクライエントを対象に仕事をする時に生じる問題の一例である。1つの組織内で，異なる部門が全体的なタスクに貢献するような時にも，同じようなことが起きる。例えば病院内で，医師，看護師，清掃部門，ボランティアサービスなど，多くの部門が患者の福利のために貢献していることが多いが，調整が行われることはまれである。

シェイディグレンにおける看護部と他の部門の間のライバル意識，対立，相互非難については，すでに述べた（第8章参照）。そこでは，すべての部門のスタッフが，自分が関与していると感じることのできる，重要かつ実現可能なタスクを明らかにすることの必要性を述べた。コンサルテーションは，当初，看護部と看護部以外に分けて提供されたのだが，たまたま患者のQOL改善計画案を作成するために，この2つのグループが合同して作業部会を開くことになった。この計画には，業務を変更するための多くのアイデアが含まれていたが，勧告の中心は，タスクシステムの境界を変更することであった。

　もともと，学生を含めたあらゆる等級grades[1]の看護師は，特定の病棟にフルタイムで配属されていた。他の職種は全員，それぞれの部門に固定して配属されており，何か特別のことをするには，彼らが病棟に出かけたり，患者を病棟から移動させたりした。例えば，作業療法士（OT）は，作業療法部で料理やアートなどさまざまなグループをやっており，そこで患者が病棟から連れてこられるのを待っていた。病棟に人手が足りない時には，患者にグループまで付き添ってくる人が1人もいないことがしばしばあった。するとその日は，患者はやってこないのである。OTはまた，病棟で「最近の出来事」グループ[2]や「リアリティオリエンテーション」グループ[3]を実施していた。だが，OTが病棟に到着しても，患者がまだ入浴や排泄の最中で，準備ができた患者が誰もいないことがしょっちゅうだった。OTたちはしばらく待ち，やがて仕事が看護師に邪魔されたと怒って帰るのだった。理学療法士や言語療法士も，同じような問題に遭遇した。一方，看護師たちは，OTたちが「ぶらぶらと出たり入ったり」している間，自分たちは患者の清拭をし，更衣させるために持ち上げたり移動させたりの重労働を全部しなければいけないと憤慨していた。

　私たちは，病棟チームの境界を拡大して，すべての人が力を合わせて

▶1　grade：英国の看護システムには，看護助手から看護部長や看護教員までも含めた全国共通の階級制度があり，あらゆる看護師が等級に分けられている。給与も等級によって枠が決まっており，また等級によって就ける職位が決まる。本書が出版された当時は，Grade AからIまで9の等級があったが，2004年のAgenda for Changeという看護システムの改革によって，Band 2からBand 9までの8等級に変わった。

▶2　最近の出来事を話し合うグループ。現実見当識や，社会や人への関心を高めるとともに，対人関係能力やスキルの向上のために行われる。

▶3　現実見当識を高めるためのグループ活動で，認知症などの治療として行われる。

一次(プライマリ)タスクを見直すことにしようと提案した。このことは，部門を超えて，お互いの仕事に対する対抗意識や衝突，無意識の妨害行為を減少させる効果があった。また，いかにさまざまな活動が組織全体のタスクと関連しているかについて，クリエイティブに再考することも可能になった。例えば，OTが「最近の出来事」グループをするためにやってきて，今もっとも緊急に必要なのは，寝たきりの患者の排泄を介助するための2本の手だとわかった時，彼女はこの「看護の」仕事を手伝うことができるようになった。こうして，何人かの看護師が，「忙しすぎて」キャンセルしていたグループ活動に自由に参加できるようになったのだった。最終的には，患者がよくならないからといって誰かが非難されるようなことはなくなり，今ではみんなでその問題を共有するようになった。

多職種チームにおけるグループ同士の関係

シェイディグレンでは，異なる部門間で患者ケアを分割するという際立った難点があったため，私たちがすべての専門分野のスタッフを結集した新しいタスクシステムを提案することになった。しかし，このようなシステム——多職種チーム——は多くの病棟やデイセンター，地域医療の分野ではすでに存在している。希望としては，一つ屋根の下に必要とされるすべての専門的なスキルをもっているのだから，こうしたチームは効果的で連携のとれたサービスを計画し，提供することが可能なはずであった。しかしそうではなく，彼らはこれまで述べてきたのとまったく同じ職種間の争いやライバル意識を再現し，さまざまな活動の調整に失敗することを繰り返した。あるチームは，こうした過ちを繰り返すまいとしたが，新たな問題に直面することになった。

> 多職種チームのいるブラッドリーレーンの地域精神保健センターでは，さまざまな職種グループの分裂や闘争に何年間も悩まされていた。心理士，精神科医，ソーシャルワーカーたちは，センターのあまり障害の重くない患者たちの個人カウンセリングや治療にほとんどの時間を費やしていた。看護師と作業療法士は，もっと慢性の患者たちのグループをやっており，この「つまらない」仕事を割り当てられていることに憤慨していた。
> 新しく創設されたチームマネジャーのポストに，若く熱心な精神科看護

師のアンナが就くと，状況は一変した。アンナはこれまで治療共同体で働[4]いており，チームの凝集性が重要であると心から確信していた。続く数カ月の間，チームは時間をかけて自分たちの実践の見直しを行ったが，そのなかには外部コンサルタントが入っての2日間のチーム構築の時間もあった。これを基に，チームは全員一丸となって働くことを決め，すべてのセンターの活動は職種のいかんにかかわらず，全員で共有することになった。患者のアセスメントはチーム全体で行われ，特定の職種に関係なく仕事に空きのある人に割り当てられた。患者に提供されるグループは，ソーシャルスキルの訓練よりも洞察と変化を重視する方向に徐々に変わっていった。

1年間を総括して，チームの心理士はサービスにギャップがあることに気づいた。常勤の仕事をもっている患者は，どの治療プログラムにも参加できないのである。そこで，治療グループを夕方に実施するといいのではと提案した。心理士は自分の家族の面倒を見なければならなかったため，このグループには参加できなかった。そこで，シャロンという看護師がこの仕事を引き受けた。シャロンは同僚の助けを借りながら，何週間もかけてこのグループの計画を練り，その広報を行った。シャロンが看護部のラインマネジャー[5]のところへ行き，毎週1回，夕方に仕事をするので代休をくれるように求めたところ，ラインマネジャーはこの申し出を拒否し，看護師が最優先すべきことは慢性患者たちへのデイプログラムを拡大することであって，治療は心理士かソーシャルワーカーがやることだと言った。

チームのみんなはショックを受け，自分たちのプランがひっくり返されたことに激怒した。もっと上のマネジャーに書簡を送ってみたが，結果的に何の効果もなかった。そして，抗議の嵐が去った後には，モラールが急速に低下し，まもなく3人がチームを去っていった。丸々1年が過ぎても，彼らは「どうせあの人たちは私たちに何もさせてくれない」といって，どのようなプロジェクトも新たに開始することを拒み続けていた。

---

[4] 患者とスタッフが平等な立場で自分たちの問題についてオープンに話し合いながら，治療や治療の場の運営に携わっていこうとする社会療法的アプローチ。自由と責任が重視され，さまざまな活動のなかでの洞察と学習が治療の鍵となると考えられている。

[5] トップから末端に向かって単一の指揮命令系統でつながっている組織を「ライン組織」といい，ラインに連なる部下をもち，グループを束ねる部長，課長などの管理職をラインマネジャーと呼ぶ。(「日本の人事部」http://jinjibu.jp/keyword/detl/243/ より2012年6月23日取得)

グループ間の協同

「協同 collaboration」という用語は，たいてい一緒に調和しながら働くことを意味する「協調 cooperation」と互換的に使われる。しかし本章では，協同とは，タスクが重なり合う別のグループや組織の一員として，一団の人々が一緒に働くために集まるような特定の状況を指している。例えば，ニュースタートチームのスタッフとその地域の精神科病院と住宅局は，大勢の同じクライエントを別々にそして 1 人ずつアセスメントしてきた。合同アセスメントチームを結成したことで，彼らはこのタスクをもっと効果的に遂行することができるようになった。シェイディグレンでは，以前は競い合っていた部門のメンバーが，患者によりよいサービスを提供するために拡大された病棟チームに結集した。ブラッドリーレーンでは，グループをつなぐシステムである多職種チームがすでに実現した。

図 20.1 では，外の四角は，さまざまな機関や部署，専門分野など，もともとの，すなわち「ホーム」のグループを表しており，内側の四角はグループ同士をつなぐシステム，すなわち「協同」グループを表している[1]。そして，重なり合った境界部分は，協同グループのメンバーが自分のホームグループのメンバーであり続けていることを示している。ホームグループは，グループ同士の協同を必要としない独自の活動のためのタスクシステムである。

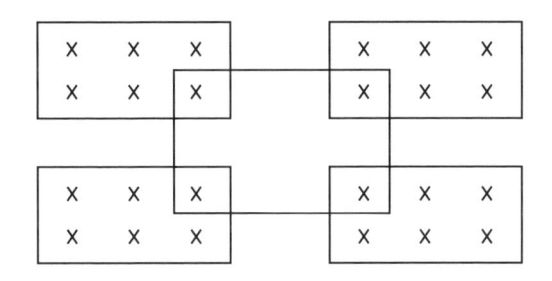

図 20.1　グループ間システム

---

[1] この章の図は，Miller & Rice（1967）より一部改変した。

二重のメンバーシップの問題

　グループのすべてのメンバーは，別のグループのメンバーでもありうる。それは，労働組合，教会，家族などの外のグループか，あるいはベテランと新人，男性と女性といったチーム内のサブグループかもしれない。その意味では，すべてのグループは，実際はグループをつなぐインターグループなのであり，そのグループ同士の関係は管理される必要がある。それぞれのグループの一員であること＝メンバーシップには，大なり小なり，**感じ方**sentience，すなわち感情的な意味がある（Miller & Rice 1967）。ここから，忠誠心や，グループが目指すものへのコミットメントが生まれる。必然的に，複数のグループのメンバーシップをもつ個人は，時として，所属する異なるグループの相容れない要求からトラブルを抱えてしまったり，一番重要なグループに対する感じ方が時間とともに変わってしまったりすることがある。

　作業グループに関する限り，このような複数のメンバーシップがたいていつきまとう。労働党のメンバーである教師，カトリック信者の看護師，母親であるソーシャルワーカーなど，すべての人はこうした別の「メンバーシップ」をもっており，それが仕事ぶりに影響する。しかし，仕事を離れると，彼らは異なるつながりをもつ人に入れ替わる。別の場合，ある人がほかのグループのメンバーであることが，そのポストに選ばれる1つの理由になることがある。すなわち，チームはそのタスクをうまく進めるために，一定の人数のアフリカ系のスタッフとか女性スタッフとか，住み込みのソーシャルワーカーとかを入れたいと思うことがある。最後には，ホームグループのメンバーであることが，協同グループに入った主な理由であるという状況もある。例えば，ニュースタートが立ち上げた合同アセスメントチームでは，それぞれのメンバーは自分のホーム機関の代表としてそこにいた。合同企画委員会のような多くの委員会は代表者の集まりであり，その合同プロジェクトに貢献するだけでなく，ホーム機関の利益を守るために送り込まれた人々で構成されている。この場合，この二重のメンバーシップを管理することが，個人にとっても，グループにとっても極めて重要になる。

　新しい協同グループが結成された当初は，メンバーはもっぱら自分のホーム機関の見地から自分を認識しがちである。これでは，協同グループが効果的に機能するのが非常に難しくなってしまうのはもっともなことである。それぞれ

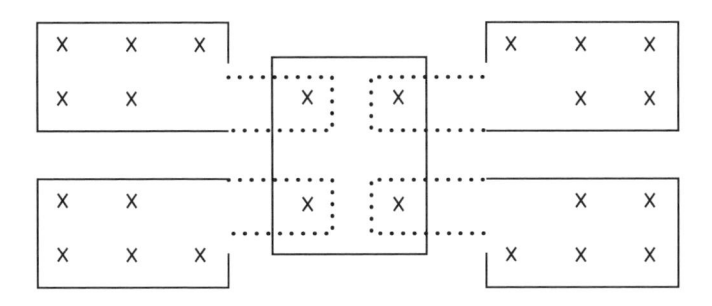

図 20.2　グループ間システムにおける感じ方の変化

　異なるホームグループに忠誠心をもつメンバーは競争的になりがちで，協同グループはバラバラになって派閥争いを引き起こしかねない。しかし，たいてい，時間とともにタスクの意味と重要性がわかるようになると，メンバーたちは次第に協同グループにもっとずっと打ち込むようになる。グループはメンバー間の個人的な関係のみならず，共有された価値システムを作り上げていく。メンバーの感じ方が変わるにつれて，彼らは自分のホームグループの目的よりも協同グループの目的のほうに身を入れるようになり，やがてもともと自分がどのグループのメンバーだったかさえも「忘れて」しまうようになるかもしれない。このことは，協同グループの仕事がホームグループの外か離れたところで行われた時や，スタッフがホームグループで過ごす時間より協同グループで過ごす時間のほうが長くなるような時に，とくに起こりがちである（図20.2参照）。ここでは，協同グループは擬－自立的な閉鎖システムになっていき，メンバーは自らの有効性の拠り所であった二重のメンバーシップとグループをつなぐ機能を感じられなくなってしまう。
　例えば，ブラッドリーレーンの場合は，もしシャロンがセンターの多職種チームの一員であると同時に看護部の一員であることをしっかりと心に留めていれば，彼女はマネジャーに夕方に実施する治療グループの計画のことを伝えていただろうし，彼のサポートも得られていただろう。あるいは，彼女は看護部の優先事項と看護師の役割観をもっと意識していれば，自分がグループを実施すると言いださなかったかもしれない。そして彼女のアイデアは，それが時間の適切な使い方と考えた部門の別のチームメンバーによって実現し，首尾よ

くいったかもしれない。

　もちろん,二重のメンバーシップを心に留めておくことができなかったのは,シャロンだけではない。チーム全体がやっとの思いで手に入れた凝集性だったので,これを何とか維持したくて,チームが一丸となって働くことを決めたのだった。このプロセスでは,彼らはホームグループの一員であることを「忘れる」と同時に,メンバー間のスキル,トレーニング,経験の違いを消し去ってしまっていた。1つの明白な代償は,「拒否されたこと」によってチームのモラールが大きく損なわれたことであり,夕方のグループから恩恵を得たであろうクライエントにとっての損失であった。同様に,嫉妬を引き起こしたり,かつての競争や争いが再燃したりしないように,個々の違いを否認することによる長期の「ツケ」もあった。メンバーが雇用されたそもそもの理由である,自分の特定のスキルでさえも使えなくなったことだった。みんなが同じようにうまくできるわけではないことが,誰にもできなくなってしまった。チーム,そして彼らのクライエントは,タスク全体に対する豊富な専門的貢献を奪われてしまい,個々のスタッフメンバーは仕事の満足の主要な源を失ってしまったのである。

　協同グループがうまくいくかどうかは,主として二重のメンバーシップを管理するメンバー一人ひとりの能力によって決まる。どちらか一方を犠牲にしてもう1つのメンバーシップに身を入れすぎると,タスクの遂行を危うくし,グループ同士の関係にも問題が出てくることは避けられないだろう。

二重のマネジメントの問題

　協同グループでは公式のマネジメントは行われないことが多い。メンバーたちは,自らのホームグループから管理され,「対等な者」として集まっている。すなわち,グループ内の誰も他のメンバーに対して権限をもたない。そのため,ブラッドリーレーンが開設された時,このセンターにはマネジャーがおらず,備品を注文したり,勤務表を作ったりするコーディネーターしかいなかった。スタッフはそれぞれの部門で管理されていたのである。このため,チームが決めたことを彼らが守るかどうかは,個人(とその部門のマネジャーたち)に委ねられており,チームの不一致を解消することは難しかった。チーム構築の作業と同時に,保健医療当局が再編され,その一部としてチームマネジャーのポストがこのセンターに新しく設けられた。そこで,それぞれのメンバーは2人の

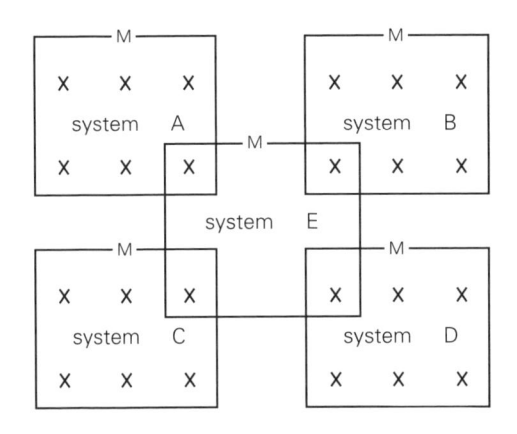

```
    ┌─── M ───┐      ┌─── M ───┐
    │ X  X  X │      │ X  X  X │
    │ system A├─ M ──┤ system B│
    │ X  X  ┌─┴──────┴─┐ X  X  │
    └───────┤ system E ├───────┘
    ┌───────┤          ├───────┐
    │ X  X  └─┬──── ───┴┐ X  X │
    │ system C├── M ────┤system D│
    │ X  X  X │      │ X  X  X │
    └─── M ───┘      └─── M ───┘
```

図20.3　グループ間システムにおける二重のマネジメント

ラインマネジャーをもつことになった。このようなことは，協同グループではよくあることである（図20.3のシステムEを参照）。

　タスクシステムが重なり合った領域をもち，そのメンバーが2つのマネジメントシステムの一部である時，誰が何の管理をするのかという問題――そこに権限がある――が重要になってくる。この問題が適切に取り扱われないために，多くの協同の試みが破綻してしまう。例えば，ブラッドリーレーンでは，チームは自分たちが夕方のグループを行うことを決定し，誰がそれを行うかを決定する権限をじゅうぶんにもっていると思っていた。これは，そうではなかったのだ。しかし，看護マネジャーが1人の看護師に許可を与えることを拒否したことは，計画全体の拒否と受け取られて，別の部門の誰かが引き受ける可能性については考慮されることなく，この計画は断念されてしまった。みんながこの決定に同じように傷ついたのだが，そうではなく，シャロンがショックを受けるだけに留めることもできただろう。この状況は，看護マネジャーの権限の曖昧さによってさらに複雑化した。彼は看護部の優先事項だけに基づいて拒否したのか，それともそれは，もっと上のマネジメントレベルからのチームは何を優先すべきかについてのメッセージだったのだろうか？　このことはけっして明確にはされないまま，「どうせあの人たちは私たちに何もさせてくれない」というチーム内に共有されたファンタジーが生まれるもととなった。こうして，彼らは自分のすべての権限を投影し，憤慨して無気力に陥ってしまったのである。

同じような難題がシェイディグレンでも起きていた。病棟チームの新しく提案された境界には他職種のスタッフが含まれており，患者ケアについて決定するのにじゅうぶんな権限をもった人が管理する必要があった。このマネジメントの役割を果たすのに最適な人物は，病棟師長だった。これまでは，看護師以外は，全員それぞれの部門で管理されていた。拡大された病棟チームがシステムとして管理されるためには，これまでは各部門に置かれていた権限のいくつかが，病棟最上位の看護師に引き渡されなければならなかった。

　実際はそうならなかった。私たちの報告書が上の管理者たちの間で検討されている間に，前述したように，専門のセラピストたちが病棟にますます関与するようになり，病棟ミーティングにも出席するようになった。そこでは，業務の仕方を変えることや患者の生活空間をその人らしくすることについて，いくつかの革新的なアイデアが論じられた。しかし，ついに，必要な権限が病棟師長に委譲されることはなかった。その結果，全体としての継続的なケアシステム──そして患者とスタッフのQOL──の根本的な変化は起きなかった。報告書の内容を実現できなかったことで，セラピストたちは打ちのめされ，失望感を味わうことになった。看護師たちは「やれやれ，やっぱりね」という反応を見せた。それから，異なる職種間にある断層線に沿った亀裂がもとに戻る動きが始まったのだった。

成功した協同

　本章で述べた3つの協同グループのうち最も成功したのは，ニュースタートチームが招集した合同アセスメントチームであった。そのタスクは，3つのなかではもっとも限定的で，クライエントだけでなく，それぞれのホーム機関の利益にもなることが容易に見て取れるものであった。さらに，その仕事はメンバーの全体の仕事のなかでも比較的小さな割合を占めるにすぎず，そのため二重のメンバーシップのマネジメントは，他の2つの例ほどむずかしくなかった。さらに，協同システムに権限が委譲されても，ホームグループを脅かすことはなかった。ニュースタートチームのスタッフと地域の精神科病院と住宅局の3つの機関はみな，そのタスクに必要であり，それぞれが独自に貢献するものをもっていた。グループ同士のシステムの管理もまた，かなりわかりやすかった。合同アセスメントチームは，どのようにクライエントの計画を立てるかを検討

するためにクライエントが退院する**前**に会うので，その時点ではクライエントは病院の責任の下にあった。したがって，ミーティングは病院で行われ，ニュースタートチームおよび住宅局のスタッフは話し合いの前にクライエントに会うことができた。ミーティングでは，クライエントの現在の状態か過去のヒストリーのどちらかをよく知っている看護師が司会をした。ニュースタートの成功を要約すれば，以下のとおりである。

- 協同グループのタスクが明快で，実現可能であった。
- ホームグループのねらいや優先事項と矛盾しなかった。
- メンバーにとっても，その仕事にじゅうぶん力を注ぐだけの重要性があった。
- ホームグループにとっても，当面のタスクのために協同グループにじゅうぶんなリソース（主として，スタッフの時間）を割り当て，じゅうぶんな権限を委譲するだけの重要性があった。
- 協同グループのメンバーであることはタスクと結びついており，各々のメンバーは，自分が必要とされる特定の貢献をしている，もしくはするものと見なされていると感じていた。
- グループは，合同のタスクを達成するために何が必要かを考えて，マネジメントシステムを作り出した。

　言い換えれば，グループ内（「下から」）と外部（「上から」）の双方から（第4章参照），じゅうぶんな権限の承認があったために，このグループとグループ同士の関係を管理することができたのである。これは，協同を成功させるための基本的な条件であり，本章で述べた他の2つのケースは，そのいずれかが欠けていたのである。

結論

　個人同士であれ，あるいはグループや組織を越えてであれ，うまく一緒に仕事をすることは一般によいことだと考えられているし，問題なくそうするべきだと考えられている。しかし，一緒に仕事をするために効果的なシステムが作り上げられ，適切に管理される前に，問われなければならない基本的な疑問が

存在する。第一は，協同を必要とする仕事があるかどうかである。もしそうならば，そのタスクを果たすために，誰が誰と一緒に働く必要があるのか？　そして最後に，どのような権限をもつ必要があるか，そして，どのように（そして誰が），それを管理することになるのか？　こうした疑問に適切に注意を払わなければ，一体感が強すぎるか，少なすぎるかのいずれかになってしまいがちである。強すぎると，無駄と思いながらも時間ばかりを食う大人数のミーティングが多くなってしまったり，個人の主体性やタスクに沿って特定の能力を発揮することを犠牲にして「凝集性」を追い求めるようなことが起きる。一体感が少なすぎると，関連した活動の調整がじゅうぶんにできず，長期にわたる対立が生じることになる。一方，対人(ヒューマン)サービスにおいて，単一チーム内のサブグループ同士の関係も含めて，グループ同士の関係のマネジメントがうまくいくと，モラールも効率も大いに改善することができる。

第21章
評価
経験から学ぶ組織

ロブ・ライパー

　もし，経験が学びの糧であるならば，評価とは学びを消化する過程である。経験から利益を得るためには，それを重視することが必要不可欠である。あらゆる開放システム——動物であれ人間であれ，あるいは組織であれ——が生き残るためには，その環境の経験から学ばなければならない。したがって，評価は生きていくための本質的要素の1つである。評価には，環境からのフィードバックを受け取り，それについて振り返って考え，その価値を熟考すること，そして将来の選択にとっての意味を判断することが含まれる。適応する能力は，陰に陽にこのプロセスを引き受ける意欲と能力にかかっている。

　公的サービスにおいては，時代が変わってきた。かつてないほど専門職の人々は自分たちの仕事を評価することを明確に求められている。この期待は，質の保証，医療監査，消費者の意見，あるいは個人の業績報告といった，さまざまなかたちをとって現れる。これらすべては，提供しているサービスの評価が核となる。ほかのどのような変化に対してもそうだが，それは見当違いの熱狂的な評価となったり，憤りや冷笑的な評価となったりすることがある。しかし，それは直面しなければならない現実なのである。評価の正式なシステムには正当な使い道も間違った使い道もあるが，より健康的に機能することを目指している組織が生き残るための建設的な機会とすることができる。

　専門資格とは，失敗のためのライセンスであると言われてきた。これは諸刃の剣ではあるが，そのポジティブな意味は，専門家であるとは，経験が教えてくれる教訓を学ぶために自分自身の仕事を評価し，それについて振り返って考える責任という重荷を背負っているということである。スーパービジョンやケースカンファレンスや専門職としての講習会など，この責任の荷を下ろすことができるようなさまざまな機会やシステムが，これまでも常にあった。グッドプラクティス[1]は常に，継続的な学習と仕事を互いに評価しあう相互レビュー

に高い評価を与えてきた。しかしこのようなシステムは，言い逃れに利用されたり悪用されたりしやすく，専門職への社会的な疑念が高まり，より徹底した情報の開示や，消費者の関心への応答性，そしてより明確な一般への説明責任が求められるようになった。このようにサービスが提供される風土が変化してきたことによって，正式なモニタリングや評価のしくみが強く求められるようになってきた。それは，公的サービス内部からだけではなく，外部からも施設ケアの質の低さやあからさまな虐待の例についての懸念が膨らんできたことと軌を一にしている。

　さらに，「効率」の探求がもっぱら優先されるようになってきた。契約文化によって，サービス内容を明確に特定することが求められるようになったが，それはまた，サービスの提供の仕方に対する責任を転嫁することにもなる。同時に，コミュニティケアの政策によってサービス提供の分散化が生じ，全体としてのサービスのコントロールや調整に対する懸念が高まってきている。こうして，サービスが継続的に自己評価をしていくという当たり前のニードは，今やそれを要求する組織のプレッシャーの高まりと闘わなければならなくなった。こうした現実に対する反応には，すでに認められた学習ニーズに組み込んでいく，比較的オープンで適応的なものもある。しかし，変化のスピードや批判の声，財政逼迫などから，おそらく，より妄想的で防衛的な構えが作り出されていきそうである。自滅的な反応を引き起こすことなく評価を実施し，組織の成長プロセスを支援することは可能だろうか？

評価システムを立ち上げる

　　大都市の広い範囲を受け持つサウスサイド地域精神保健センターは，巨大精神科病院の廃止によって資金が使えるようになったこともあり，18カ月前に開設された。そこには6名のスタッフからなる多職種チームが配置され，その指示内容は「地域コミュニティに包括的な精神科医療サービスを提供することで，入院を予防し，将来的に深刻な精神保健上の問題となるリスクを減少させること」となっていた。サウスサイドは自主運営的なトラスト[2]となるための申請の一環として，他のコミュニティ機関と協力し

▶1　Good practice：英国では，さまざまな領域で模範となるような実践例をグッドプラクティスとして公表し，推奨している。その情報はインターネットなどでも得ることができる。

て「地域に適した質の保証システム」を設けるようにとの指令を受けた。私は，外部のコンサルタントとして，これを行う部署を援助するように依頼された。

　サウスサイドでは，仕事上の多くのやっかいな問題に直面しており，なかでも目立ったのは，どのクライエントにいちばん多くの時間を割くべきかということだった。一般医（GP）からの照会患者数は着実に増えていたが，それは「予防」の考えと合致していた。一方，過去に精神科入院歴のあるクライエントたちがいた。彼らは，閉鎖のため資金が回されてきた病院のサービスを受けていた患者群であった。サービスは，さほど緊急度も高くなく，より障害の軽いクライエントたちに提供される方向へとゆっくりと流されているように見えた。サウスサイドには，基本的なタスクについての十分に明確な考え方が欠けていたため，結果として，センターが何を優先するかを決定するうえで助けになるものはほとんどなかった。

　この相対立する目標の裏には，核となる価値観やケアの適切なモデルについての異なる専門職同士の意見の不一致があった。そこにはまた，特定のクライエントにどんな治療プログラムが適切かについて自分の見解を言うコンサルタント精神科医の権利や，ケースを割り当てたりモニターしたりするチームコーディネーターの権限についても意見の不一致があった。こうした不一致のせいで，スタッフはクライエントに個々にかかわる傾向

▶**2** Trust: NHSを支え，実質的に運営する公営事業体的な性格をもった信託機関。提供するサービスに応じてさまざまなトラストがある。地域住民に医療保健サービスを提供する責任を担うのはプライマリケアトラスト（PCT: primary care trust）で，人口およそ15万人を単位に整備され，地域医療従事者の代表によって運営される。PCTは地方自治体や医療・ソーシャルケア提供事業者（プロバイダー）と協力して担当地域の医療ニーズを査定し，必要な医療サービス・製品を購入して地域住民に提供する。このプロセスをNHSでは「委託Commissioning」と呼ぶ。NHSでは，一次医療のプロバイダーにはGP，歯科，眼科，薬局，NHSウォークイン・センター，医療アドバイスを提供するNHSダイレクトなどがあり，二次医療には救急ケア，救急車トラスト，NHS病院を統括するNHSトラスト，精神医療トラスト，ケアトラストがある。2004年より，NHSトラストの中で高いパフォーマンス評価を受けているものに，地域住民等により選出された役員会による自主的な運営を認めるNHSファンデーション・トラスト（FT: Foundation Trust）制度がスタートした。

　2012年3月，NHSのさらなる改革をめざす「Health and Social Care Act 2012」が可決され，PCTではなくGPを中心とした医療従事者で構成される臨床委託グループ（CCG: Clinical Commissionig Group）とその監督・支援を行う全国機関が予算を管理し，提供すべき医療サービスを決定・調達することになった。（沼知聡子『英国の医療制度改革――連立政権下の政治的妥協が改革の前途を阻む』大和総研，2012年7月27日，http://www.dir.co.jp/souken/research/report/overseas/europe/12072701europe.pdfより）

が強まり，チームとして集まるのは，内部の取り決めについて話し合う時ぐらいとなった。個々のクライエントのケアプランの立案やレビューは，おざなりになっていった。

　こうしたあいまいさや対立があったために，質の保証システムを作りあげるという指令は，スタッフの著しい困難――しかもその半分しか評価されてない――の上に，さらなるストレスをかけるものと感じられたのだった。私がコンサルタントとして，そのシステムの開発を手伝うためにサウスサイドに呼ばれた時，私はサービス全体を建設的な方向へ進められるようなアプローチを見つける手伝いができればと思った。

　評価のプロセスには共通の基本的構造があるが，たくさんの異なるかたちをとることも可能で，数多くの変形版を生み出すことになる。ベーシックな基本計画には，サービスの目的を明確にすること，それを具体的な手段や目標に落とし込むこと，達成状況をよく観察し，意図した結果と比較することが含まれる。評価のこのプロセスは，問題解決や変化を導くようなアクション本位のものでなければならず，そのアクションの結果を振り返ることによる，継続した一連の学習プロセスとなるべきである。このベーシックな基本計画をアクションに移すには，さまざまな選択肢がある。どのデータが適切であるか，どうすればそれが得られるのかの選択肢はたくさんあり，それぞれに強みと弱みがある。

　いかなる評価のプロセスも，設定されたサービスの目的に基づいている。そのため，評価のプロセスは，組織がその目的の価値や目標を，じゅうぶん具体的で実行もモニタリングも可能かという観点から明確化することを促す。管理職もスタッフも優先事項に同意することを迫られ，同時に利用可能なリソースの範囲内でそれを達成できるかどうかを決定しなくてはならなくなる。サウスサイドでは，その目標についての難しい決定を迫られただけでなく，すべてをカバーしきれない評価の作業そのものについても現実的な選択を行わなければならなかった。仕事のどれかの面に焦点を当てることは，すべてを一挙に変えてしまおうとする試みに飲み込まれてしまうよりも，ずっと大事なことである。出発点は，どういう問いを立てれば答えが得られるのかを発見することである。しかし，いかに内部の見直しをしても，スタッフが共謀して自分たちが直面しているもっともつらくやっかいな課題を回避したり，それに蓋をしたりする危

険がある．これを避け，外から見た客観性をいくらかでも維持するには，外部のコンサルタントが見直しのプロセスにかかわることが大変有効である．

　私は，センターを理解し，質保証のための提言を彼らに伝えるために，スタッフチームのグループと会い，そして個別に何人かと会った．彼らが乗り気ではなく疑いをもっていることは，見た目にも明らかであったが，彼らは冷たく無関心であると思っていた管理職に，自分たちの仕事をはっきりと示すことができるよい機会とも思ったようだ．さらに，エリアマネジャーとの話し合いが設けられ，チームが自分たちの仕事を見直す権限をもつとみる点で，私は彼と意見の一致を見た．ただし，自分たちが経験している問題についてチームがエリアマネジャーに情報提供することが条件だったがこのことは，ポジティブな，興奮したと言ってもよいようなムードを引き起こした．だが，方向性ははっきりしなかった．

　私は，既定のスケジュール内で，精神保健サービスに典型的な問題領域に焦点を当て，私がファシリテーターとなって問題解決のための構造化されたミーティングを期間を決めて行うやり方を提案した．チームはただちに自分たちのサービスを全面的に見直すことを望んだが，そのミーティングの時間を設けることは難しかった．私は，スタッフグループに以下の2つの問題を押し付けなければならなかった．どちらも優先順位を決めることを含んでおり，当然ながら彼らの主要な問題の1つを反映するものだった．すなわち何かをあきらめなければならないということである．他の仕事をあきらめてレビューのための時間を作ることと，焦点を絞ることによって全部を評価したいという欲求を断念することの両方である．

　チームは，センターの目的やケアの方針の見直しに着手することや，自分たちが行った仕事について，とくにどのようなクライエントがどのようなサービスを受けたかについて最近の記録から情報を集めることにしぶしぶ同意した．私たちは，事例検討と方針の検討にあたって両方ともチームが一緒に働く方法を考えた．最初は，個人からアンケートで情報を集め，グループにフィードバックした．作業療法士は，私が長期のクライエントたちのグループと会ってサービスについて彼らの意見を話し合うのに，ボランティアとして参加した．この作業の段階で，2時間におよぶチームミーティングが4回行われた．

レビューのプロセスは，想像されたように，完全にスムースに行われたわけではなかった。最初の熱が冷めると，フラストレーションが起こり，レビューミーティングへの出席ぶりが問題になってきた。何人かのスタッフは退屈そうで，どのようなクライエントを優先グループとするかについての細かな議論から浮いているように見えた。これは，私が彼らに，私やレビューに対する不満を，管理者への不満と同様，私に直接言うようにさせると，やっと和らいだ。これによって，彼らは自分たちの過剰な負担や長期のクライエントが無視されていることを，自分たちが取り組むべき問題として認めるようになった。

　3回目のミーティングでは，アンケートの助けもあり，彼らはチーム内にある対人関係上の緊張を表に出し，またこのミーティングがどれほど内容がなくなってきていたかを振り返るようになった。4回目のミーティングでは，レビューを終了することへの抵抗がみられた。レビューは難しいけれど，サポーティブでもあると見られていたのである。

　あらゆる質保証システムにおける緊張は，次の2つの間に存在する。1つは，ある程度の客観性を獲得することによって，当たり前と思われている仕事のやり方を批判的に疑ってみること。そしてもう1つは，レビューのプロセスとその結果が自分たちのものであるという感覚をスタッフのなかにつくりだすこと，である。そうすれば彼らは得られた結論に対して，何かをしなければならなくなるだろう。正しくバランスをとることは決してたやすいものではない。スタッフには自己批判の責任を自分から切り離し，そしてそれを悪意や無知のせいと見たがる衝動が常にある。自分を振り返るどのようなシステムを取り入れるにしても，それはサービスのなかに組み入れられ，その機能の一部にならなければならない。そうして経験から学ぶ文化を支えるのである。サウスサイドのような過剰な重荷を抱えた場では，これはとりわけ難しいことである。

評価への抵抗

　どのような質保証のプロセスにも，さまざまな多くの機能がある。1つは，質の管理で，その目標は，受け入れられない質の悪い実践を防ぎ，認められた基準を維持していくことである。より野心的な目標は質の向上であり，その目的

は実践全体の水準を上げること，グッドプラクティスについて教育すること，そして将来起きる問題を予想し予防することである。医療福祉サービスシステム内には，たいてい相当な問題があり，その改善を支援することは，より重要な目的であるように思われる。したがって，説明責任という組織文化に向けた運動は，サービスが成長と発展のプロセスへと向かう新たな扉を開ける。

しかし，説明責任という要素は，その先の機能にとって重要である。システムの他の部署にサービスに関する情報を伝えることによって，リソース間の協調が可能になり，サービスにかかわり合いのある他のグループ（利用者，ケア提供者，紹介者，購入者）[3]がその質を信頼できるようになるというコミュニケーションとしての機能である。現在，サービスが相互に交流することが求められているこの複雑な利害のネットワークは，それ自体，さらなる緊張を生み出している。サウスサイドのような個別サービスの場では，これまで慣れ親しんできた人たちよりもっと広範なサービスの利害関係者からの要求や監視にさらされていると感じられがちである。質の管理，向上，コミュニケーションのどれもが，組織が適応し発展するために不可欠の機能である。しかし，そもそも評価の手順にはこの不可欠の機能が含まれるからこそやっかいで，脅威の感覚を生み出す。そこに，抵抗が生まれる可能性がある。

本書の他の章では，組織が「考える」のは決してたやすいことではない，と繰り返し説明してきた。いろいろな感情的なプレッシャーや不安が，サービスの提供を当たり前のルーチンにしてしまい，これを変えようとすることに抵抗する。あらゆる組織的介入と同じく，評価がもっとも大きな脅威となるのは，これによってこうした恐ろしい仕事の要素が甦ってくることである。品定めされるということが，この脅威の感覚を増大させる。どのような評価のシステムであれ，あまりにも容易に不十分さを非難するもののように感じられてしまうの

▶3 英国では，1990年の「NHSとコミュニティケア法」によって，NHSが直接サービスを提供するシステムではなくなり，NHSはプライマリケアトラストを介してサービスを提供する独立機関（提供者：プロバイダー）から患者（利用者：ユーザー）に必要な医療サービスを利用者に代わって購入する購入者（パーチェシャー）となった。

医療だけでなく，ソーシャルサービスについても同様のシステムが導入され，地方自治体のソーシャルサービス局が居住ケア，デイサービス，作業所などのサービスプロバイダーから適切なサービスを購入する。

◉参考文献──長谷川憲一「イギリスの精神障害者施策の現状」(財)日本障害者リハビリテーション協会「ノーマライゼーション 障害者の福祉」2000年7月号（第20巻 通巻228号）

である。そのため，サービススタッフ全体にとっても，またそれにかかわる個々の働き手にとっても，批判的な「親」の声のようなものになる。

この種の介入によって引き起こされる，さらけだされた感じや罪悪感に対して防衛が働くのは必然的である。防衛は，評価システムの建設的な機能に対するほんものの危険となる。サービスについて考える必要性を減らすためにルーチン化された量的なシステムが用いられ，それが評価を行うための必要条件である方法や技術の問題に対する出来合いの解決法となることがある。実際，最近の質保証の流行は，価値や優先事項に関する難しい選択を客観化し，科学的方法という外見を隠れ蓑にして，避けられない葛藤やあいまいさを免れようとする不適当な試みなのではないかと，疑いたくなる。考えて仕事することが個別サービスにふさわしいアプローチとなる時でさえ，当たり前と思われてきたことを再考することが新鮮なチャレンジではなく，すぐにルーチンの問題となってしまう危険性がある。

さらなる抵抗は，サービスの評価がサービスのためになることというよりむしろ，実施したと見せなければならないこととして，その責任が主として広報の仕事と見なされる時に起こる。外部の管理者が脅かされて，話し合い抜きに不適切にサービスを統制する手段として評価システムを用いるような時にも，〔評価に対する〕冷ややかな態度が増す。こうして，評価システムが，一次タスク（プライマリ）の要求や不安に対する組織の構造化された防衛の一部となってしまう可能性がある。

評価の本質は，したがって経験から学ぶプロセスであり，「組織が自分自身やクライエントについて考えるプロセス」(Clifford et al. 1989) なのである。このリフレクションや学ぶこと，考えることを重視するのは，問題は現在のサービスを評価するために情報を集めることではなく，その情報を組織の「精神 mind」のなかに置き，学びと変化を可能にすることだということを強調することでもある。

みずから学ぼうとすることを支援する

こうした抵抗についての理解を通して，評価が思慮深い行動へと結びつくような組織状況をいかにして創り出すのかを考えることが可能になる。私たちは常に，進歩したい，サービスを改善してもっとよい仕事をしたいという願望，

学習欲求をもっている。しかしそれは，そのサービスが取り扱う現実に直面するという恐ろしい結果を招くのではという不安によって覆い隠されている。もし評価が役に立つとしたら，それは成長したいという欲求やよい仕事へのコミットメントをこそサポートするものでなければならない。サウスサイドでのアプローチでは，暗にこのようなことが行われようとしたのである。

　最も基本的なことは，内部と外部のレビューの両方の要素が評価に取り入れられる方法を見つけ出すことである。こうして，スタッフが自分に求められていることに対して正直かつ率直になることによってスタッフを積極的に巻き込む試みがなされ，そして次には，彼らの関心事──この場合は，管理職とのコミュニケーション不足や過剰な仕事量に対する負担感──に焦点を当てることによって，その試みが進んだ。ストレスや困惑といった感情が，最初の2回のミーティングで共感的に聞かれ，それがセンターの目的にまつわる曖昧さや境　界(バウンダリ)の欠如と関連づけられたことで，評価に関係してくることになった。この時点では，何事も決めつけず，好奇心に満ちた態度のモデリングを示すことで，そして探究心を創り出していこうと努力することを通して，スタッフの不安やフラストレーションをコンテインすることが重要であった。このようにして，サービスの目的に関する問題に取り組んだり，スタッフが継続して見ている事例を紹介したりするためにデータを収集するプロセスにスタッフを巻き込んでいく次の段階に進むことができるようになった。次第に評価は，まったくの外部から押しつけられたものではなくなった。それと同時にスタッフは，自分たちの考えを認め，自分たちが困り果て混乱していた問題に直面することをあえて助けてくれようとする，共感的な外部者としての私の役割を受け入れるようになった。

　複雑なシステムを評価しようとすると，容易に挫けてしまうものだが，とくにスタッフがその複雑なシステムのなかに埋没している時はなおさらである。外部からの支援を得ることに加えて，何に焦点を当てるかを選択することへと導く構造を提供することは，コンテインされたと感じられることが多い。サウスサイドのケースでは，このタイプのサービスにおける特定の問題の領域に焦点を当てたアンケートの調査表がそれを提供することになった（Leiper et al. 1992参照）。その時，サービスのどの面をレビューするのかを選んで現実的に検討すること，そして「完全な」サービスを提供したいという願望に抵抗することもまた不可欠であった。

第三者の外部の管理者の支援や関与は，質の保証においては決定的である。管理者たちはプロセスの正当性を示さなければならず，また明らかになった問題を修正するために新しいリソースの提供を考えなければならなくなるかもしれない。マネジメントの権限を否定するために，スタッフが完全に自律性をもっているかのようなやり方で，評価がスタッフに「乗っ取られる」危険性が本当に現実にある。同様に管理者がシステムを押し付けたくなると，どんなに必要な改革であってもその実行にスタッフがかかわろうとしなくなるかもしれない。こうしたスプリッティングのプロセスは，保健福祉サービスにおいて特有の防衛であり，サウスサイドにおいて，それまでは距離のあったエリアマネジャーと一緒にスタッフグループミーティングが開始されたように，そもそもの始めから取り組まれなければならない。その目的は，評価が管理者とスタッフ双方のものとなり，口先以上のものを提供するように両者をこのプロセスに巻き込んでいくことである。質の保証とは，双方にとっての関心事にダイレクトに取り組むプロセスを具体化することである。そうして，管理者とスタッフ間にある溝の橋渡しとなり，対話を打ち立てる機会としての役割を果たすことができる。

　精神保健サービス内にあるもう1つのありふれたスプリッティングは，スタッフとサービスの受け手であるクライエントとの間に起こるものである。サービス利用者についてのステレオタイプで侮辱的な認識は疑問の余地さえなくたやすく受け入れられ，タテマエ上は彼らのためにサービスは提供されているはずなのだが，彼らのニーズはわかっても次第に考慮されなくなっていく。したがって，サービス利用者との対話を生み出すような組織を立ち上げることは有益である。サウスサイドの場合，作業療法士はこれを引き受ける準備ができていたが，それによって，医師と看護スタッフ対その他のスタッフという分割を激しくする危険があった。しかしそれは出発点でもあった。さらに，消費者へ仕事の現実をフィードバックし，長期的にみると冷ややかな態度を引き起こすだけになりかねない形ばかりのアプローチを避ける方法を見いだそうと努めることは重要なことである。

　指針となる原則は，情報はアクションを促進するように意図されたものでなければならないということである。そして，重要な問題を診断し，原因を示唆し，変化のための戦略を指し示すものでなければならない。ケアの質に間接的に影響を与え，変化を起こすのに決定的なものとして知られるチームの機能の

ような重要なサービスの流れについての情報を含むことが有用であるのは，この理由からである。同時に情報は，それによって行動しようとする人にとって意味があるものであり，はっきりとわかりやすく伝えられ，スタッフや利用者の生活と直接関連するようなものでなければならない。とりわけ，情報は関係者によるアクションがいくらかなりとも影響を与える可能性のある問題を示していなければならない。もちろんそれでも，そのような影響が自分の利益や安全を脅かすと見て，サービスのなかの何人かはそれに抵抗し続けるかもしれない。

　サウスサイドでは，最後にチームコーディネーターと私が協同で結果についての報告書を書くことに同意してレビューを終えた。それには，最初にスタッフが話し合い，そして次にエリアマネジャーと話し合ったさらなるアクションについての提案が含まれていた。提言には，マネジャーと仕事の優先事項に関する文書を取り交わすことも含まれていた。それは，主なクライエントグループに対するさまざまなタイプの仕事に充てるスタッフの時間の割合を規定するものであった。これには，今の仕事の優先順位がより深刻な精神障害をもつ人々へとシフトすることが含まれており，それをモニターするための新しい情報システムを開発する必要があった。その一部として，こうした難しいクライエントたちを対象とする合同チームでの仕事を増やすことや，それを支援するためにチームミーティングを再編して，業務と臨床的問題を話し合う時間を分けることが同意された。もっとも困難な患者たちを対象とした仕事に関する月1回のピアレビューが始まった。長期のクライエントの相談に乗れるように，定期的な「利用者フォーラム」を設けることや，治療に関する情報シートを（クライエントが求めていた）文書で提供することが提案された。マネジャーはこうした変革を支持し，地域のGPにそのことについて説明すること，情報システムの電子化に資金を投入すること，未解決のままになっているチーム内の人間関係や説明責任の問題について，コンサルタントにスタッフと一緒に取り組んでもらうことに同意した。

　チームは，大変な痛みを伴ういくつかの選択に直面しなければならなかった。スタッフの何人かは，自分の仕事の大事な領域をあきらめたり，または慣れ親しんだ個々の仕事のやり方を変えたりしなければならなかったからだ。最終ミーティングは，消極的で以前の話を蒸し返すようなこと

が繰り返された。メンバーは，コンサルタントである私との関係性に助けられ，また報告書やミーティングのなかで，スタッフが示した自分たちの現在の仕事に対する技量とコミットメントの高さが認められたことでケアされ，助けられたのだった。

　評価のプロセスにおけるファシリテーションの必要性は，しばしば見逃され過ぎるきらいがある。とくに，グループとしてスタッフが評価の結果がもたらした問題に向き合っている局面での必要性である。修正のためのアクションを起こそうとする時，またもやグループプロセスによって変化が阻止されがちになる。そのような困難を予想することや，いかなる組織的介入でもそうであるように，サービスの評価がすぐに大々的な変化を引き起こすわけではないことを認めることは，きわめて重要である。それは，とりわけ粘り強さが要求される，長期にわたって継続するプロジェクトである。サウスサイドでは，サービスのさらなる領域のレビューを続けるつもりで私と設定したアクションプランの見直しの日付は，8カ月後であった。質の保証は，1回限りの演習ではなく，ゆっくりと進むプロセスなのである。その目的は，適切な自己評価が組織文化の一部となることなのである。

結論：探究する心を育てる

　近年，評価については多種多様なアプローチやシステムが開発されている。しかし，その方法や材料は，評価を行う時の心構えに比べれば重要性は少ない。探究する心や経験から学ぶために必要な条件を育てることが求められる。それは，とりわけ組織と個人の両方の不安をコンテインするために必要な安全感を提供するものである。本書に記述されている施設のコンサルテーションは伝統的に，一目置かれる外部者をシステムとの関係において独自の立場に置くことによって，こうした要素をきちんと提供しようとつねに努めてきた。コンサルタントは外部に留まりながら，スタッフの自省を促し，革新的なアクションを奨励し，考え，そして変化に耐える組織の能力を発展させるために，サービスを提供するスタッフとの協同関係を追求する。

　より健康な組織体へと向かうなかで，私たちは仕事の真のタスクをめざそうとすることや，馴れて当然のことと思っている仕事のやり方や関係性を振り返

ることを，意識的に努力している。これには，危険を冒す能力と率直である能力，私たちに安全感と親しみのある一体感を提供するものに疑問をもつ能力を含んでいる。それは決してたやすいものではない。評価は継続的な学習のモデルとなりうるし，またそうなるべきである。評価者やコンサルタント自身も，もしその仕事が発展し更新されていくためには，絶えず自問自答している必要がある。評価はつねに万能感という私たちのファンタジーへの挑戦となる。それは学ぶには難しいレッスンであり，長く続く闘いなのである。

あとがき

アントン・オブホルツァー

　本書のテーマは，対人サービスで働くことには必然的に不安と苦痛，混乱がつきまとうということである。結果として，組織や仕事のやり方やスタッフの人間関係がその不安を防衛するように無意識に形づくられている。さらに，こうした防衛的構造は，タスクを遂行するために最適な方法と見なされるようになり，それ自体では問題にされることがなくなる。また，どれほど援助機関における組織的な防衛が，苦しみのなかにある人々を相手に働くストレスを減らすよりも悪化させているかということを私たちは見てきた。それゆえ変化が必要であることはおのずから明らかであり，広く認められてもいる。だが，有益で意味のある変化をもたらすことはきわめて難しいということもまた，同じように明らかである。なぜそうなのか，そして私たちはそのために何ができるのだろうか？

変化に対する不安と抵抗

　人間は，変化がどんなに小さなものであっても，あるいは関係者が表向きには同意していても，変化に抵抗することで悪名高い。変化を管理するには，必然的にその変化の過程で起こる不安と抵抗を管理することが必要になる。したがって，変化によって呼び覚まされる不安の性質だけでなく，組織の通常の仕事に内在する不安の性質を理解することが重要である。
　不安には私たちが見てきたように，それに取り組む前に3つの層があることを理解しておく必要がある。原初的な不安，仕事の性質から生じる不安，個人的な不安の3つである。
　原初的な不安とは，いつも存在し，人類全体に広く浸透し，そなわっている不安である。数多くの作家，哲学者，文化人類学者，心理学者がそれについて

書いてきた。それは，暗闇にひとりぼっちで取り残されることを恐れる赤ん坊，ベッドカバーをすっぽりかぶって「ベッドの下のお化け」から隠れようとする子ども，「邪悪な目」から身を守るためにお守りを身に着ける人々の，恐怖である。まさにオーストラリアのアボリジニやカラハリ砂漠のブッシュマン族と同じように，私たちは集まって，一体になり，「社会的な皮膚」[1]を提供するための儀礼を創りだす。そして，過去の社会的組織の多くがもはや私たちを守る助けにならなくなったために，私たちは，いまある日常的な組織を保護的／防衛的な機能で満たす。それらは私たちを個人的・社会的な崩壊から守り，所属感を与え，迷子で一人ぼっちと感じることから私たちを救ってくれるのである。失業，引退，移民，制度改革といった，自分が群れから切り離されるかもしれない脅威を与えるものは何でも，私たちをこの種の原初的不安で一杯にする。

　2つ目の不安のカテゴリーは，職業の性質から生じる。本書の多くの章で，さまざまな職場環境について述べ，いかにその仕事の独特な性質がその仕事特有の不安を引き起こすかを示してきた。こうした不安への反応として，仕事が一次タスク（プライマリ）を完遂しないように組織されてしまうのだが，それはむしろ不安から組織のメンバーを守るためなのである。これは無意識のうちに行われ，そして組織構造の防衛的機能は，通常は気づかれないまま進行する。さらにこの，仕事が生み出す不安は，しばしば前述の原初的不安や個人的不安——意識的にも無意識的にも，何かのきっかけで過去の経験の一部が呼び覚まされて起きる不安——とも共鳴し合う。例えば，最近妊娠中絶をした不妊クリニックの受付係が，意識的には自分が将来不妊になるかもしれないと心配になり，無意識的には報いを受けるというファンタジーを抱くかたちで，個人的な不安を職場で体験したりする。

　「容器」としての組織をもちたいという私たちのニード，すなわち，組織がこれらの異なる層の不安に圧倒されることから自分を守ってほしいというニードは，たいてい組織の一次タスクとは両立せず，一次タスクやそれを成し遂げるのに必要な変化から逸らそうとすることがある。不安の容器としての組織の機能を認めることができなければ，もっともよい意図のもとに行われる組織変革でさえも，しばしば問題解決になるどころか，もっと問題を生み出すことにな

▶1 Social Skin；文化人類学者 Terence S. Turner が 1980 年に発表した論文で述べた概念。その社会で広く受け入れられているファッションを身にまとうことで，仲間としての安全感を抱くことができる。その時そのファッションは社会的皮膚となっているのである。

る。というのも、それが、そもそも不安に対する防衛として作られたしくみを解体してしまうことになるからである。そこで、変化は抵抗にあうだけでなく、スタッフの病気や消耗、バーンアウトを生み出すことがある。だが、変化しなければ、ますます組織はいい加減になり、サービスを提供するべき環境との接触を失っていき、やがて組織の存亡さえ危うくなってしまう。そこで、変化を管理しようとする試みは、一見したところ、「やってもけなされ、やらなくてもけなされる」状況となるだろう。

不安の容器となること

　私たちは別のアプローチがあると信じている。問題は、防衛的な構造を崩すべきかどうかではなく、どのようにして、そして何をそれに置き換えるのか、そして変化によって必ず起こる障害のレベルを減らすために何ができるか、なのである。

　第一に、環境の変化を考慮に入れた、組織の一次タスクの明快さとそれについての継続的な話し合いが不可欠である。どのような変化が提案されるにせよ、それについて考えるうえでは、2つの疑問に取り組む必要がある。その変化は一次タスクのためになるのか否か？　そして、変化への抵抗は、組織をその一次タスクから逸らそうとする企ての一部なのか？　すなわち、変化からタスクを守ろうとする動きが、実際にはそれ自体がアンチタスクとなってしまってはいないか？

　第二に、権限の構造をはっきりさせる必要がある。誰が一次タスクを決定するのか、そしてそれはどのような権限によってなのか？　ある組織のスタッフと管理者、例えば「本部」や「行政区」、または政府などが、一次タスクは何かについて異なる見方をもっていることは珍しいことではない。例えば、一方は教育省、もう一方は教師の議論は、誰が一次タスクを決定する権限をもち、どのようにしてそれを達成するかということについての議論と見ることができる。

　関係するすべての部門間での、明快で開かれたコミュニケーションは欠かせないものである。こうした問題を議論できる話し合いの場が必要である。小さな組織での職場ミーティングにも、組織が集まる大規模な会合にも等しくこれが当てはまる。確実にタスクを達成するようにというプレッシャーが毎日かかるなかで、話し合いは時間の無駄という議論が時々でてくる。しかし、議論の

場のない，すなわち，コンサルテーションのないマネジメントは，組織の具合をはなはだしく悪くするだけというのが私の意見である。

　議論の場に加え，変化のプロセスからだけでなく，仕事それ自体から生じる不安をコンテインする，仕事にかかわるスタッフのサポートシステムが必要である。対人サービスでは，組織での仕事の仕組みがきっちりすればするほど，スタッフは針のむしろの上で働いているように感じがちになる。その「針」とはスタッフの細やかな感性を刺し貫く，仕事に関連した苦痛である。「問題」を個人またはグループの病理の表われと見るのではなく，むしろその仕事の通常の面と見る風土のなかで，仕事に関連した感情や問題について率直に話し合うことを奨励するシステムは，個人と組織の学習を促進し，そうすることで成長と発展を育む。この種の風土は，例えばスーパービジョンやクライエントレビュー[2]などの，現行システムのサポート機能を高める。しかし，多くの場合，仕事上の緊張とそれがどのようにスタッフやその仕事ぶりに影響を与えているかについて振り返り，吟味するための特別なミーティングを，スケジュールのなかに定期的に組み込むかたちで設定することが有益であり，必要でもある。このようなミーティングに外部のコンサルタントが参加することは，他の仕事上のプレッシャーからにせよ，グループとしての防衛からにせよ，振り返りの場が浸食されていくのを防ぐことを助ける。

　このようなリフレクティブで探索的な話し合いは，仕事の代償が大きすぎ，何とかしなければならないような時には，管理者とメンバーに警告を発してくれる。例えば，ある役割や配置にはタイムリミットを設けるべきかも知れない。例えば核医学部門においては，スタッフがある一定期間に受ける安全な放射線被ばく量が認められている。もし，彼らの襟の放射線量バッジのカウンターがその量を超えたら，すぐに休みをとらなければならない。同じように，とくに高いレベルのストレスにさらされるようなケアの場では，スタッフは異動すること，またそうさせなければならないことが認識されなければならない。ところが，スタッフを失うことはふつう大惨事とみなされるか，失敗の証とされてしまう。

　加えて，個人的なサポートシステムも，例えば，人に知られることなく受けられるスタッフのカウンセリングサービスなどを通じて利用できるようでなけ

---

[2] クライエント自身が受けたサービスやスタッフについての評価を行うシステムのこと。

ればならない。しかし、「個人的な問題」のせいでその人の面倒を見ると考えてはならない。それは、まさしくグループ全体の問題なのである。そうしてその人は、他の人たちに代わって問題を「コンテイン」し、もしくは表現しているのかもしれないのであり、彼らを「個人的」にサポートすることは、今起きている組織的なリフレクションと変化を妨げるやり方になってしまう可能性がある。

最後に、管理者にもサポートが必要である。管理上のサポートシステムがないと、管理者に孤立感を生み出す。そこで、なれ合い的な仲間付き合いは大いに歓迎されそうであるが、管理者の容器としての機能や指導的機能を果たす力は徐々に衰えていく。

本書全体にわたって私たちは、管理者だけでなく、仕事上の役割をもつ自分自身を何とか管理しようと苦労しているスタッフにとってもまた、無意識の組織プロセスを認識し理解することには潜在的な有用性があることを示そうとしてきた。これは、人がどのように思われ扱われるのか、職場で人はどのように感じているのか、そして、それがいかにその人の役割だけでなく、投影やその人自身の過去の再演化に関係しているかについての理解を助けるうえで、計り知れない価値がある。それは、グループや個人のスケープゴート化や、昔からの仕事のやり方や前提への頑固なこだわりを少なくするための助けともなる。こうしてそれは、不安や苦痛や混乱が不可避である対人(ヒューマン)サービスで、より健康な職場風土を維持することにたいへん貢献することになる。こうしたサービスにおいてもまた、かつてないスケールでの変化が避けられない以上、ますますスキルをもった感性に富むマネジメントが必要とされているのである。

専門家の役割に関するいくつかのコメント

もし建物を改装するとしたら、耐力壁の設置や配電や水道管の敷設などには専門家の助言が必要なことは、一般に認識されている。改修の過程でこれを無視すれば、家はあなたの頭上に崩れ落ちてしまいかねない。だが、これが組織を変えるとなると、もっとずっと軽率な態度になりがちである。もし、組織での耐力壁に当たるものが崩壊したり、または組織で電気がショートしたりするようなことが起こっても、仕方がなかったことや不運なことのように扱われてしまうのである。

組織のコンサルタントは、どれが耐力構造なのかを予測し、これらの構造が

どのような感情的な負荷を支えているのかを明らかにすることを援助する，建築家と同じような役割をもっていると考えることができる。「あなたがたはこのことについて何をしようとしているのか？　そして，誰が，どういう役割で，この仕事の企てのリーダーシップをとろうとしているのか？」という質問が，直接的にではないにせよ，組織のストレスや防衛を探るなかで全体として問われることが極めて重要である。問題の解決策がコンサルタントと組織内部の人々との協力によって，彼らのマネジメントスタイルや使われる言語を考慮に入れながら，見いだされることが重要である。このような方法であれば，既存のマネジメントを駄目にしてしまう危険性は減り，一時的な改善をもたらした後にコンサルタントがいなくなるや崩壊してしまうといった危険性も少なくなる。

したがって，組織にとってもっともよいのは，コンサルタントが時に応じて考えを伝えることはあっても，介入が終わった時に組織構造はどうなっているべきかについては，あらかじめ何の考えももたないコンサルテーションである。最終結果はコンサルタントによってではなく，理解に向けて努力する公式のプロセスによって決定されるべきである。これに伴って，モニタリングとレビューのタスクは決して完了するということがなく，継続的なかたちでサポートされる必要があるということが理解されるようになる。組織プロセスについての精神力動的理解を提供するコンサルタントはまた，人々の語ることに耳を傾け，考えることを励まし，不安と抵抗を考慮する心の状態と価値観をもっている。望むべくは，コンサルテーションの終わりには，組織がこの態度をその文化に取り入れているだろうということである。その時，組織のタスクに内在するストレスの結果として仕事と働き手への潜在的なリスクがあること，それを無視することの代償，そしてどのように進むべきかについて，より明確な気づきが得られているだろう。

コンサルテーションについての私のお気に入りの定義は「免許を受けた愚かさ」である。コンサルタントは，組織の非構成員として，さまざまな構造と方針が存在する理由について，素朴で愚かな質問をする立場にある。これらはたいていメンバーには完全に当たり前のことのように見えるが，実際には組織の防衛プロセスという鉱脈の地表に現れた一角なのかもしれない。本書は，距離を置いて新鮮な目で自分の状況を見ること，「当たり前のこと」に疑問をもつこと，そして自分たちの観察と経験を振り返るための時間と空間を作ることへと，読者をいざなうという意図のもとに書かれたものである。

監訳者あとがき

武井 麻子

　本書は，"The Unconscious at Work: Individual and Organizational Stress in the Human Services"（1994）の全訳である。英国のタビストック・クリニックでの組織コンサルティングワークショップの活動をもとに，そこで蓄積されてきた理論と技法が豊富な事例とともに提示されている。編者の一人，Anton Obholzerは1980年にこのワークショップが始まって以来，ずっとその座長を務めてきた精神科医であり精神分析家である。もう一人の編者Vega Zagier Robertsも，そのワークショップのプログラムオーガナイザーである。

　タビストック・クリニックとタビストック研究所の歴史については，本書の「はじめに」にも記されているので，そちらを参照していただくとして，現在も英国の精神分析の治療・研究・教育の中心的役割を担う機関であり，その対象とする範囲はきわめて多岐にわたっている。その一つが，この組織コンサルテーションの実践と研究である。その理論的基盤は，本書第I部に記されているように，対象関係論的精神分析理論とビオンをはじめとする対象関係論的グループ理論，そして一般システム理論の3つが柱となっている。長い歴史がある中で，最近ではタビストックに留学する日本の研究者やセラピストも増え，多くの文献が翻訳されて容易に触れることができるようになったので，ご存知の方も多いだろう。

　本書の初版は1994年と20年前に遡るが，おそらく大学院などで標準テキストとして使われているのだろうと思われるが，毎年のようにリプリントされている。また，組織の人間関係やメンタルヘルスに関するさまざまな海外文献には，本書が頻繁に引用されている。

　筆者も出版されたばかりのこの本を見つけてすぐ大学院のゼミの教材に取り上げ，院生たちといくつかの章の翻訳を試みてきた。また，感情労働を論じる際には必ずといってよいほど，この本を引用してきた。さらに，勤務校の大学

院修士課程に専門看護師の教育課程が設けられてからは，担当するコンサルテーション論で本書をテキストとして使うようになった。だが，とくに現場で働く多くの人々に広く知ってもらいたいと思っても英語文献という限界があり，翻訳するしかないと思っていながらなかなか進めることができないでいた。

そうこうしているうちに，どうしても翻訳を急がなければならないと思う事態が迫ってきたのである。その事態とは，現場で働く人々のメンタルヘルスの悪化である。前述した専門看護師のサブカテゴリに，リエゾン精神看護と呼ばれる領域があるが，リエゾン精神看護専門看護師の第一の役割は，心理社会的な問題をもつ身体疾患患者やその家族をケアしたり，精神科的な問題と身体的な問題を併せもつ患者の治療とケアを支援したりすることである。ところが，最近では仕事の半分が，メンタルな問題を抱えたスタッフやそうしたスタッフに悩む管理職者へのサポートだというのである。それほど，日本の医療の場では，スタッフが疲弊しているのである。

とくに，本書で取り上げられている保健や福祉，そして教育といったヒューマンサービスの分野にまで利潤や経営効率といった市場原理が導入されるようになって以来，職場の人間関係がますます悪化し，それに疲れて辞めたいという人や，精神的ストレスから体調を崩してしまう人が増えてきたのである。彼らの話を聞いてみると，もはや治療や教育どころではないというのが正直なところのようである。

日本では，1998年から2011年まで毎年間3万人を超える自殺者が発生するという事態を背景に，とくに働き盛りの世代に多い「うつ病」がもたらす社会経済的な影響を憂慮した政府は，産業の場での精神保健対策に予算を割き，「リワーク」と呼ばれる復職プログラムが各地で立ち上げられている。だが，問題は個人の病理や脆弱性なのだろうか。それだけではないというのが，本書の主張である。ヒューマンサービスという仕事そのものに内在する性質が，個人だけでなく組織のレベルにまで影響し，さまざまな葛藤や問題を生みだす要因となっているのである。しかも，そのプロセスのほとんどが無意識のうちに生じるために，その知識がなければ単に問題のスタッフやクライエントを切り捨てて終わってしまいかねない。しかし，たとえそうしたとしても，まるでネズミ叩きのように問題はまた形を変えて表れてくる。したがって，問題解決を図るには，組織の目的を明らかにした上で，個人個人が担っている仕事そのものの性質を正面からみつめ，自分たちが働きながらどのような感情を体験している

のかを，組織全体として考えていかなければならないのである。個人の痛みは組織の痛みであり，組織自体を変えていく視点がなければ，十分な対策とはなり得ないのである。本書に登場する英国の事例のいくつかは，日本とは制度が異なっているためにわかりにくいところがあるかもしれないが，本質的にはどこの国でも，どんな人たちにも起こりうることである。

とはいえ，念願の翻訳を果たすに当たって，なかなかに困難なことがあった。それは，訳語の問題である。たとえば，workという言葉ひとつをとっても，「仕事」「作業」「演習」など，いろいろな意味がある。そもそも，"The Unconscious at Work"というタイトルからして，「職場での無意識」と訳したが，「作動している無意識」と訳すこともできる。おそらく，その両方をかけているのだろうというのが，監訳者の推測である。

また，「ヒューマンサービス」には単に人間を対象とするという意味だけでなく，サービスを提供する側も人間であるという意味あいが含まれているが，日本語として定着している「対人サービス」と訳すことにした。

さらに，英国の制度で"service"という言葉が多用されていることにも戸惑った。医療サービスや福祉サービスはまだいいのだが，「警察サービス」「消防サービス」「刑務所サービス」となると，日本語としては違和感が残る。このあたりに国家観の違いが出てくるのかと思った次第であった。

訳語によるニュアンスの違いは多々あって，institutionは，通常「施設」と訳されるが，日本語で施設というと，建物やハードウェアのことを指したり，養護施設や収容施設といった（やや否定的な響きのある）施設を連想したりするので，単に「組織」と訳すことも多かった。また，institutionにはほかにも「研究所」という意味や，さらには「制度」の意味もある。また，organizationも「組織」と訳すことが多かったが，「機関」と訳したところもある。

同様に，taskも文脈によって「任務」や「職務」，あるいは「仕事」と訳したが，primary taskはそのまま「一次タスク」として，「一次」にルビをふることにした。administrationも「管理」そのものと「管理職」といった意味の両方があり，administratorは「管理者」や「管理職者」と訳したが，「理事」あるいは「理事会」といった意味もある。ただ，私の英国の病院での体験では，administratorといえば，事務部門の長を指していたので，管理者とだけ訳すのには違和感もあった。同じように，managementには「管理運営」のほかに「経営」という訳もあるが，英国では公立の組織がほとんどなので「経営」という言葉にはなじまな

いように思い、「マネジメント」とカタカナ表記にしたりしている。

また、この本の基本的概念でもある Bion の contain という用語も、「含み込む」「抱え込む」などの訳語が当てられていることが多いが、最近の海外文献ではこの言葉は広く使われるようになっているので、日本語としてはまだなじみはないが、あえてそのまま「コンテインする」と表記することにした。また、Basic Assumption にもさまざまな訳があり、私自身これまではシンプルなほうがよいと思い、「基本仮定」という訳語を使っていたのだが、本書を読んでいると、むしろ「基本的想定」とすべきだろうと思うようになり、そうすることにした。

そういうわけで、本書には簡単な言葉でも訳を決定することが難しい言葉がたくさんあり、翻訳を分担して下さった方々には頭の痛いことであったと思う。とりわけ全体を見渡して訳語の統一や妥当性の検討などにあたるなど、編集の労をとって下さった榊惠子さんには、たいへんなご苦労をおかけすることになった。

各章の主な分担者は下記のとおりである。なお、このほかにもここにお名前を挙げてはいないが、かつてこの本を大学院のテキストとしていた頃に訳を試みて下さった多くの方々と、たな晒し状態になっていた翻訳作業を進めるよう促して下さった金剛出版の立石正信さんに、この場を借りて感謝の意を表したいと思う。

鷹野　朋実（日本赤十字看護大学）		1章, 4章, 5章
船原　陽子（前相州病院）		2章
出口　禎子（北里大学）		3章
郷良　淳子（人間環境大学／ねや川サナトリウム）		6章, 7章, 12章, 14章
榊　　惠子（昭和大学）		8章, 10章, 18章
石橋　通江（純真学園大学）		9章, 20章
青戸由理子（海星病院）		11章
赤沢　雪路（相澤病院）		13章
堀井　湖浪（日本赤十字看護大学）		15章
荻野　夏子（東海大学）		16章
今泉　亜子		17章
曽根原純子（日本赤十字社医療センター）		19章
森谷　弥生		21章
木戸　　学（横浜市立みなと赤十字病院）		Afterward
岩・　壮登（群馬病院）		Foreword, Preface, Acknowledgements
武井　麻子（日本赤十字看護大学）		全体監修, Introduction

訳者あとがき

榊 惠子

　本書は，組織，グループ，個人について，あらゆる角度から理解をすすめることで，私たちが日々行う仕事が現実的で，かつ希望を失わない方向に向かうように，さまざまな示唆を与えてくれています。人間が生きる上では集団との関係が欠かせないものですが，対人サービスに携わる者としてはそれ以上に人間関係やグループや集団について，そして所属する組織について，よく知ったうえで働く必要があると思います。ですが，ここまで開かれた視野のもとに人間と組織の関係について展開されている本にこれまで出会うことはありませんでした。

　今日の医療の場では，救急医療，高度医療，さらには地域連携医療に向けてチーム医療の必要性が叫ばれ，それに伴い多職種連携が強く求められています。その中で，患者との二者関係に留まらず，患者の家族，そしてさまざまな専門職や市民が協同して患者の病や生活上の困難や苦悩に立ち向かうには具体的にどうすればいいのか，そういった疑問を抱えながら働いているスタッフは大勢いると思います。しかし，実際には，その疑問の大部分を"いったん横において"，従来の病院のヒエラルキーの下で各専門職の特徴を十分に生かしきれないまま取り組んでいるのが現状ではないでしょうか。

　この疑問に答えるには，チーム医療や多職種連携について，目に見えて認識できるものを超えて，見えないもの，つまり意識の下にあるものをも含めて広く深く理解することが重要であることを，本書は教えてくれます。患者や自分や他職種の特性を知り，組織が今置かれている状況を知り，そこから実践を創出していくことを，理論と具体的な事例によって学ぶことができます。

　私は，今回，拙いながら訳者の1人として，かつて日本赤十字看護大学大学院の武井麻子先生のゼミで学んだことを思い出し，懐かしいような感傷に浸りながら，本書を読みました。そして，かつて身を置いていた臨床看護の現場や，

今その真只中にいる看護教育の場での実践について，新鮮な驚きと発見を繰り返しつつ理解を深めることができました。最後に，こうした理解を多くの読者の方々と共有でき，ともに困難に立ち向かえることができればと願っています。

参考文献

Adams, A. and Crawford, N. (1992) *Bullying at Work*, London: Virago.
Anderson, R. (ed.) (1992) *Clinical Lectures on Klein and Bion*, London/New York: Tavistock/Routledge.
Armstrong, D. (1991) 'Thoughts bounded and thoughts free', paper to Department of Psychotherapy, Cambridge.
—— (1992) 'Names, thoughts and lies: the relevance of Bion's later writings for understanding experiences in groups', *Free Associations*, 3.26: 261-82.
Bain, A. (1982) *The Baric Experiment: the Design of Jobs Organization for the Expression and Growth of Human Capacity*, Tavistock Institute of Human Relations Occasional Paper no.4.
Balint, M. (1964) *The Doctor, His Patient and the Illness*, London: Pitman Medical.
Bion, W. (1961) *Experiences in Groups*, New York: Basic Books (see 'Selections from: Experiences in Groups', in A. D. Colman and W. H. Bexton (eds) *Group Relations Reader 1*, A. K. Rice Institute Series [Washington, DC], 1975). (対馬忠 訳『グループ・アプローチ—《集団力学と集団心理療法》の画期的業績・人間援助の心理学』サイマル出版会, 1973)
—— (1962) 'Learning from experience', *International Journal of Psychoanalysis*, 43: 306-10.
—— (1967) 'Attacks on linking', in *Second Thoughts: Selected Papers on Psycho-analysis*, London: Heinemann Medical (reprinted London: Maresfield Reprints, 1984). (松木邦裕 監訳／中川慎一郎 訳「連結することへの攻撃」『再考：精神病の精神分析論』金剛出版, 100-115, 2007)
—— (1977) *Seven Servants*, New York: Jason Aronson. (福本修 訳『精神分析の方法〈1〉〈2〉セブン・サーヴァンツ』(りぶらりあ選書) 法政大学出版局, 1999)
—— (1980) *Bion in New York and São Paulo*, (ed.) F. Bion, Perthshire: Clunie Press.
—— (1984) *Elements of Psychoanalysis*, London: Heinemann.
Bottoms, A.E. and McWilliams, W. (1979) 'A non-treatment paradigm for probation practice', *British Journal of Social Work*, 9.2: 159-202.
Bridger, H. (1990) 'Courses and working conferences as transitional learning institutions', in E. Trist and H. Murray (eds) *The Social Engagement of Social Science, Volume 1: The Socio-Psychological Perspective*, London: Free Association Books.
Cardona, F. (1992) 'Crescere, educare, curare contenere; strutture residenziali per adolescenti in grave difficoltà in Inghilterra', in C. Kaneklin and A. Orsenigo (eds) *Il lavoro di comunità*, Rome: La nuova Italia scientifica.
Clifford, P., Leiper, R., Lavender, A. and Piling, S. (1989) *Assuring Quality in Mental Health Services: the QUARTZ System*, London: RDP/Free Association Books.
Colman, A. D. (1975) 'Irrational aspects of design', in A.D. Colman and W. H. Bexton (eds) *Group Relations Reader 1*, A. K. Rice Institute Series [Washington, DC].

Daniell, D. (1985) 'Love and work: complementary aspects of personal identity', *International Journal of Social Economics*, 12.2: 48-55.
Dearnley, B. (1985) 'A plain man's guide to supervision – or new clothes for the emperor?', *Journal of Social Work Practice*, 2.1, November: 52-65.
Dicks, H. (1970) *Fifty Years of the Tavistock Clinic*, London: Routledge & Kegan Paul.
Fabricius, J. (1991) 'Running on the spot or can nursing really change?', *Psychoanalytic Psychotherapy*, 5.2: 97-108.
Fletcher, A. (1983) 'Working in a neonatal intensive care unit', *Journal of Child Psychotherapy*, 9.1: 47-55.
Freud, S. (1917) 'Mourning and melancholia', in *Collected Papers*, vol. 4, London: Hogarth Press, 1925.（井村恒郎 訳「悲哀とメランコリー」『フロイト著作集6』人文書院, 137-149, 1970／加藤正明 訳「悲哀とメランコリー」『改訂版フロイト選集10』日本教文社, 123-146, 1969／伊藤正博 訳「喪とメランコリー」『フロイト全集〈14〉1914-1915』岩波書店, 273-293, 2010）
—— (1921) *Group Psychology and the Analysis of the Ego*, Penguin Freud Library, vol. 12, Harmondsworth: Penguin Books, 1984.（小此木啓吾 訳「集団心理学と自我の分析」『フロイト著作集6』人文書院, 195-253, 1970／井村恒郎 訳「集団心理学と自我の分析」『改訂版フロイト選集4自我論』日本教文社, 83-238, 1970／藤野寛 訳「集団心理学と自我分析」『フロイト全集〈17〉1919-1922』岩波書店, 127-223, 2006）
—— (1924) 'Recommendations to physicians practising psychoanalysis', in *Standard Edition*, vol. 12, London: Hogarth Press, 1958.
Griffiths, R. (1988) *Community Care: Agenda for Action*, London: HMSO.
Grubb Institute (1991) 'Professional management', notes prepared by the Grubb Institute on concepts relating to professional management.
Gustafson, J. P. (1976) 'The pseudomutual small group or institution', *Human Relations*, 29: 989-97.
Hinshelwood, R. D. (1989) *A Dictionary of Kleinian Thought*, London: Free Association Books.
Hirschorn, L. (1988) *The Workplace within: Psychodynamics of Organizational Life*, Cambridge, MA: MIT Press.
Home Office (1990) *Supervision and Punishment in the Community*, London: HMSO.
Hornby, S. (1983) 'Collaboration in social work: a major practice issue', *Journal of Social Work Practice*, 1.1: 35-55.
Jaques, E. (1948) 'Interpretive group discussion as a method of facilitating social change', *Human Relations*, 1: 533-49.
—— (1951) *The Changing Culture of a Factory*, London: Tavistock Publications (see 'Working-through industrial conflict: the service department at the Glacier Metal Company', in E. Trist and H. Murray (eds) *The Social Engagement of Social Science, Volume 1: The Socio-Psychological Perspective*, London: Free Association Books, 1990).
—— (1953) 'On the dynamics of social structure: a contribution to the psychoanalytical study of social phenomena deriving from the views of Melanie Klein', in E. Trist and H. Murray (eds) *The Social Engagement of Social Science, Volume 1: The Socio-Psychological Perspective*, London: Free Association Books, 1990.
—— (1965) 'Death and the mid-life crisis', in E. B. Spillius (ed.) *Melanie Klein Today, Volume 2: Mainly Practice*, London: Routledge, 1990.（松木邦弘 監訳「死と中年期危機」『メラニー・クライントゥデイ③臨床と技法』岩崎学術出版社, 259-286, 2000）
Jervis, M. (1989) 'Radical reforms and golden opportunities', *Social Work Today*, March: 12-13.
Klein, L. and Eason, K. (1991) *Putting Social Science to Work*, Cambridge: Cambridge University Press.

Klein, M. (1959) 'Our adult world and its roots in infancy', in A. D. Colman and M. H. Geller (eds) *Group Relations Reader 2*, A. K. Rice Institute Series [Washington, DC], 1985. (小此木啓吾・岩崎徹也 編訳／花岡正憲 訳「大人の世界と幼児期におけるその起源」『メラニー・クライン著作集 5 羨望と感謝』誠信書房, 103-124, 1996)

Lawrence, G. (1977) 'Management development, some ideals, images and realities', in A. D. Colman and M. H. Geller (eds) *Group Relations Reader 2*, A. K. Rice Institute Series [Washington, DC], 1985.

Leiper, R., Lavender, A., Pilling, S. and Clifford, P. (1992) *Structures for the Quality Review of Mental Health Settings: the QUARTZ Schedules*, Brighton: Pavilion.

Lewin, K. (1947) 'Frontiers in group dynamics, Parts I and II', *Human Relations*, 1: 5-41; 2: 143-53.

Main, T. (1968) 'The ailment', in E. Barnes (ed.) *Psychosocial Nursing: Studies from the Cassel Hospital*, London: Tavistock Publications.

Mattinson, J. (1975) *The Reflection Process in Casework Supervision*, London: Institute of Marital Studies.

—— (1981) 'The deadly equal triangle', in Smith College School of Social Work/Group for the Advancement of Psychotherapy in Social Work, *Change and Renewal in Psychodynamic Social Work: British and American Developments in Practice and Education for Services to Families and Children*, Northampton, MA/London: SCSSW and GAPS.

Mattinson, J. and Sinclair, I. (1979) *Mate and Stalemate: Working with Marital Problems in a Local Authority Social Services Department*, Oxford: Blackwell.

Meltzer, D. (1978) *The Kleinian Development*, Perthshire: Clunie Press.

Menzies, I. E. P. (1960) 'Social systems as a defence against anxiety: an empirical study of the nursing service of a general hospital', in E. Trist and H. Murray (eds) *The Social Engagement of Social Science, Volume 1: The Socio-Psychological Perspective*, London: Free Association Books, 1990.

Menzies Lyth, I. E. P. (1979) 'Staff support systems: task and anti-task in adolescent institutions', in *Containing Anxiety in institutions: Selected Essays*, London: Free Association Books, 1988.

—— (1983) 'Bion's contribution to thinking about groups', in J. S. Grotstein (ed.) *Do I Dare Disturb the Universe?*, London: Maresfield Library.

—— (1990) 'A psychoanalytical perspective on social institutions', in E. Trist and H. Murray (eds) *The Social Engagement of Social Science, Volume 1: The Socio-Psychological Perspective*, London: Free Association Books.

Millar, D. and Zagier Roberts, V. (1986) 'Elderly patients in "continuing care": a consultation concerning the quality of life', *Group Analysis*, 19: 45-59.

Miller, E. J. (1990a) 'Experiential learning in groups I: the development of the Leicester model', in E. Trist and H. Murray (eds) *The Social Engagement of Social Science, Volume 1: The Socio-Psychological Perspective*, London: Free Association Books.

—— (1990b) 'Experiential learning in groups II: recent developments in dissemination and application', in E. Trist and H. Murray (eds) *The Social Engagement of Social Science, Volume 1: The Socio-Psychological Perspective*, London: Free Association Books.

Miller, E. J. and Gwynne, G. (1972) *A Life Apart*, London: Tavistock Publications.

Miller, E. J. and Rice, A. K. (1967) *Systems of Organization: The Control of Task and Sentient Boundaries*, London: Tavistock Publications (see 'Selections from: Systems of Organization', in A. D. Colman and W. H. Bexton (eds) *Group Relations Reader 1*, A. K. Rice Institute Series [Washington, DC], 1975; see also 'Task and sentient systems and their boundary controls', in E. Trist and H. Murray (eds) *The Social Engagement of Social Science, Volume 1: The Socio-*

Psychological Perspective, London: Free Association Books, 1990).
Nightingale, F. (1860) *Notes on Nursing: What It Is and What It Is Not*, New York: Dover Publications, 1969. (湯槇ます・薄井坦子・小玉香津子他 訳『看護覚え書』現代社, 1968)
Obholzer, A. (1987) 'Institutional dynamics and resistance to change', *Psychoanalytic Psychotherapy*, 2.3: 201-5.
Reed, B. D. and Palmer B. W. M. (1972) *An Introduction to Organizational Behaviour*, London: Grubb Institute.
Rice, A. K. (1963) *The Enterprise and Its Environment*, London: Tavistock Publications.
—— (1965) *Learning for Leadership*, London: Tavistock Publications (see 'Selections from: Learning for Leadership', in A. D. Colman and W. H. Bexton (eds) *Group Relations Reader 1*, A. K. Rice Institute Series [Washington, DC], 1975).
—— (1969) 'Individual, group and inter-group processes', in E. Trist and H. Murray (eds) *The Social Engagement of Social Science, Volume 1: The Socio-Psychological Perspective*, London: Free Association Books, 1990.
Santayana, G. (1905) *The Life of Reason, Volume 1* (republished by Dover 1980).
Segal, H. (1957) 'Notes on symbol formation', in *The Work of Hanna Segal: a Kleinian Approach to Clinical Practice*, London: Free Association Books/Maresfield Library, 1986.
—— (1977) 'Psychoanalysis and freedom of thought', in *The Work of Hanna Segal: a Kleinian Approach to Clinical Practice*, London: Free Association Books/Maresfield Library 1986.
—— (1979) *Klein*, London: Fontana.
—— (1986) 'Manic reparation', in *The Work of Hanna Segal: a Kleinian Approach to Clinical Practice*, London: Free Association Books/Maresfield Library.
Skynner, R. (1989) *Institutes and How to Survive Them*, London: Methuen.
Symington, N. (1986) *The Analytic Experience: Lectures from the Tavistock*, London: Free Association Books. (成田善弘 監訳／北村・人・北村婦美 訳『分析の経験―フロイトから対象関係論へ』創元社, 2006)
Trist, E., Higgin, G., Murray, H. and Pollock, A. (1963) *Organizational Choice*, London: Tavistock Publications (see shortened version 'The assumption of ordinariness as a denial mechanism: innovation and conflict in a coal mine', in E. Trist and H. Murray (eds) *The Social Engagement of Social Science, Volume 1: The Socio-Psychological Perspective*, London: Free Association Books, 1990).
Turquet, P. (1974) 'Leadership: the individual and the group', in A. D. Colman and M. H. Geller (eds) *Group Relations Reader 2*, A. K. Rice Institute Series [Washington, DC], 1985.
Wells, L. (1985) 'The group-as-a-whole perspective and its theoretical roots', in A. D. Colman and M. H. Geller (eds) *Group Relations Reader 2*, A.K. Rice Institute Series [Washington, DC].
Winnicott, D. W. (1947) 'Hate in the countertransference', in *Collected Papers: through Paediatrics to Psycho-analysis*, London: Hogarth Press and the Institute of Psycho-analysis, 1958. (北山修 監訳／中村留貴子 訳「逆転移のなかの憎しみ」『小児医学から精神分析へ ウィニコット臨床論文集』岩崎学術出版社, 228-240, 2005)
—— (1971) *Playing and Reality*, London: Tavistock Publications (reprinted Harmondsworth: Penguin Books 1980). (橋本雅雄 訳『遊ぶことと現実』岩崎学術出版社, 2000)
Wollheim, R. (1971) *Freud*, London: Fontana.
Woodham-Smith, C. (1950) *Florence Nightingale. 1820-1910*, London: Constable.
Woodhouse, D. and Pengelly, P. (1991) *Anxiety and the Dynamics of Collaboration*, Aberdeen: Aberdeen University Press.

さらに読みたい方のために

Anderson, R. (ed.) (1992) *Clinical Lectures on Klein and Bion*, London/New York:Tavistock/Routledge. (小此木啓吾他 訳『クラインとビオンの臨床講義』岩崎学術出版社, 1997)
Colman, A. D. and Bexton, W. H. (eds) (1975) *Group Relations Reader 1*, A.K. Rice Institute Series [Washington, DC].
Colman, A. D. and Geller, M. H. (eds) (1985) *Group Relations Reader 2*, A. K. Rice Institute Series [Washington, DC].
De Board, R. (1978) *The Psychoanalysis of Organizations*, London: Tavistock Publications.
Hinshelwood, R. D. (1987) *What Happens in Groups: Psychoanalysis, the Individual and the Community*, London: Free Association Books.
Menzies Lyth, I.E. P. (1988) *Containing Anxiety in Institutions: Selected Essays*, London: Free Association Books.
—— (1989) *The Dynamics of the Social: Selected Essays*, London: Free Association Books.
Miller, E. J. (1993) *From Dependency to Autonomy: Studies in Organization and Change*, London: Free Association Books.
Segal, J. (1985) *Phantasy in Everyday Life: A Psychoanalytical Approach to Understanding Ourselves*, Harmondsworth: Penguin Books.
—— (1992) *Melanie Klein*, London: Sage Publications.
Trist, E. and Murray, H. (eds) (1990) *The Social Engagement of Social Science, Volume 1: The Socio-Psychological Perspective*, London: Free Association Books.

索引

【人名】

Adams, A. ... 172
Anderson, R. ... 27
Armstrong, D. ... 27, 166, 233
Bion, W. ... 14, 24, 26-37, 41, 62, 92, 151, 161, 172, 186, 233
Bridger, H. ... 192, 247
Clifford, P. ... 277
Clulow, C. ... 245
Cohn, N. ... 79
Colman, A.D. ... 216
Crawford, N. ... 172
Dicks, H. ... 5
Freud, S. ... 10, 16, 26, 129
Gustafson, J.P. ... 209
Gwynne, G. ... 103, 105, 155
Hornby, S. ... 226
Jaques, E. ... 7, 134
Klein, M. ... 18, 19, 92, 129, 158
Lawrence, G. ... 41, 166
Leiper, R. ... 279
Lewin, K. ... 6, 38
Main, T. ... 142
Mattinson, J. ... 250, 251, 253
Meltzer, D. ... 27
Menzies Lyth, I.E.P. ... 7, 11, 27, 41, 139, 238
Millar, D. ... 102
Miller, E.J. ... 8, 38, 40, 50, 62, 103, 105, 155, 247, 263
Obholzer, A. ... 88, 167
Pengelly, P. ... 246
Reed, B.D. ... 233
Rees, J.R. ... 4
Rice, A.K. ... 8, 38, 39, 40, 50, 63, 154, 263
Santayana, G. ... 184
Segal, H. ... 158, 222
Sinclair, I. ... 251
Symington, N. ... 27
Tolstoy, L. ... 174
Trist, E. ... 7
Turquet, P. ... 31, 41, 61, 166
Wells, L. ... 183, 186
Winnicott, D.W. ... 54, 109, 145
Woodhouse, D. ... 246
Zagier Roberts, V. ... 102

【アルファベット】

QOL ... *98-109*
▷「評価」

【あ】

悪感情
　患者に対する── ... 28, 103, 110, 144
　──と死にゆく人々との仕事 ... 128
　▷「敵意」
アンケート
　──の評価での使用 ... 275, 279
アンチタスク　40-52, 53, 60, *117*, *153*, 180, 181, 232, 241, 242, 287
　サポートグループと── ... 217, 220, 222
　──の境界 ... 47-50

アンビバレンス *28*, 106, 133, 168, 175, *180*, 210, 225, *248-251*, *255*
委員会
　　──の構成 232, 241-242
　　医師 237
　　▷「医療」
意志決定 . 9, 40, *55*, 103, 114, *208*, *231*, 225, 236, 242
　　──とグループのサイズ 232
　　──と権限 53
いじめ
　　学校での── 187-188
　　組織内の── 172
依存の基本的想定（BaD）...... 29, 34, 36, *207*
　　──のリーダー 32
医療 9, 35, 171, 229, 233, 234, 241, 242
　　──と医師 237
　　──と死 167, 229, 233, 234, 239
　　──の主目的 166
　　──とマネジメント 236
　　▷「医師, 病院, 看護」
英国精神分析協会（BPS）............................ 6
援助職
　　キャリアとしての── *19*, 116, 142, 145, 149-150, 160
エンパワメント 201-213, 247, 258
表にあらわれた問題
　　──のリフレーミング 187-188

【か】

開示
　　──への恐れ 248, 251-252, 256
開放システム理論 8, 14, 38-52, 62, 229
カウンセラー *42, 43-44*
カウンセリングサービス *205*
家族 *216*
葛藤 27, 28, 32, 84, 133
　　──とスタッフ 163, 170, 172, 175
　　──と他職種チーム 34, 35-36, 39-40, 84-86, 99-110, 113
　　──と投映 170
　　──と優先順位 45

──への恐れ 30
グループ間の── 30, 43-44, 47-48, 173-174, 175, 190-200, 205-206, 207-208, 216-217, 229, 257-270
個人の── 149-161
職種間の── 43-44, 84, 95-96, 99-100, 113, 150-152, 260-261
組織における── 172-174
過渡的構造 192
がん患者
　　──との仕事 71-73
環境
　　──の変化 46
　　──の役割 39-41 42 47
羨望 21-22, *22*, 59-61, 83, *173*, 175
看護 ... *71-72*, *79-87*, *98-110*, *135-148*, *183-184*, 238, *258-259*
　　──と訓練 7
　　──と軽視 135
　　──とジェンダーの問題 136
　　──と社会の態度 135
　　──とストレス 142, 144
　　──と組織の変化 174
　　──とタスクの境界 260
　　──と理想化 135
　　──とリフレクション 135
感謝
　　患者たちの── 129
感受性グループ 165, 214-227
官僚主義 192, 193, 239
緩和ケア 128
キーワーカー制度 154
機関間関係 229, 257-259
偽相互的なグループ 209-210, 211
基本的想定心性 . 27, 28, 30-37, 41, 59, 61, *151*, 207
　　──と多職種チーム 33-37
逆転移 ... 22-23, 25, 69, 71, 74, 109, 145, *183-184*, *199-200*
教育機関 *20*, 22, *45*, *55*, *173-174*, *185-186*, *187-188*
教育サービス 171, 229, 233, 235-236
教育心理士 *187*

境界
　アンチタスクの―― 47-50
　――と管理 50-51
　――とキーワーカー制度 154
　――とグループ 232
　――と死 126
　――とスタッフ 172
　――とタスク 259, 260, 266
　――の定義 47, 48, 196, 257-259
　クライエント－援助者間の―― 160
牧師
　――と身体障害児 46, 111-123
　――の役割 124-134
行政 171
競争 21-22, 45, 60, 113, 128, 240, 260
協調 257
協同 257, 268-270
　グループ間の―― 262-270
　――とタスク 268-269
　――とマネジメント 266-268
　――と矛盾 268
　――と有効性 151, 266, 269
　――と優先順位 266-268
共謀の格子 183
居住型ユニット
　家族のための―― 216
　子どものための―― 153, 176-177
　思春期のための―― 190-200
クライエント
　社会福祉サービスの―― 160, 250, 253-256, 258-259, 279
　▷「消費者」
グリフィズレポート 237
グループ
　感受性―― 163, 214-229
　偽相互的―― 209, 211
　協同―― 262-270
　――と境界 232
　――と権限の構造 232
　――と行動理論 14
　――とスタッフダイナミクス .. 214-229
　――とスプリッティング 21
　――と成長の可能性 96-97

　――とダイナミクス 232
　――とタスク 151, 232
　――と投影 21
　――と二重のマネジメント 266-268
　――と二重のメンバーシップ .. 263-266
　――と無意識 3, 4, 6-7, 14, 25, 26-37, 62, 214
　――とメンバーシップ 232, 241-242, 262
　――と有効性 151, 232, 266, 270
　――と防衛 10, 149, 161, 207, 288
　――による精神科治療 5
　――の安全間 93
　――の生き残り 201-213
　――の人数 232
　――をコンテインする 90
　組織のなかの―― 91, 247
　▷「サポートグループ」
グループアイデンティティ 154
　――とやっかいな人の行動 176-189
グループ間
　――関係 21, 47-50, 90, 92-93, 98-110, 119-120, 156, 209
　――の競争 21, 240
　――の協同 262-268
　――の衝突 ... 16, 20, 22, 28, 43-44, 176, 229, 257-270
　――と他職種チーム 261-262
　――と忠誠心 264
　――と投影 21, 229
　――とマネジメント 257-270
グループ関係トレーニング 7, 53, 62-63, 240, 247
ケア
　――コミュニティ 257-259, 272
　――とキュア 105-106, 168-169
　――とコントロール 229, 245-256
　――の定義 109
　――のモデル 105, 154-155, 195-197
ケア提供者 124-125, 128
　ほどよい―― 133
ケアの園芸モデル 105, 155, 196
ケアの倉庫モデル 105, 154, 196
ケアのモデル 105, 155, 195-196

警察 171-172
刑務官
　——の役割 169
刑務所 169, 175
　——の主たる目的 169
欠勤 104, 111, 144, 163, 238
結合価 35, 62, 152, 160, 182, 183, 187
権限 14, 53, 55, 56, 58, 59-60, 62, 64, 173, 180, 181, 183, 197, 200, 223-224, 229, 239-243
　　内からの—— 55
　　——と意志決定 46, 55
　　——と協働グループ 266-268
　　——とグループ 232
　　——と言葉 57-58
　　——と責任 58
　　——と組織 53-56
　　——と内的世界 55-56
　　——とマネジメント 53-56, 279, 287
　　——に対するアンビバレンス . 248-251, 255
　　——の委譲 53, 64, 204, 211
　　——の限界 54
　　——の構造 172, 193, 232, 239-241, 287
　　——の承認 54, 56
　　公式の—— 53-54
　　回避 16-18
　　集団的—— 163
　　防衛機制としての—— 127, 139, 206, 225
権限委譲 9, 53, 64, 204, 211
言語聴覚療法士 101, 118, 260
原理主義的な宗教 170
権力, 力 14, 53, 57-58, 64, 138, 140, 167-168, 173, 175, 225, 231, 235
　　——と管理 57-58
　　——と公共機関 138, 236-237, 258
　　——と言葉 57-58
　　——と責任 58, 235
　　——の乱用 61
　　——の減少 204
効果 11, 31, 36, 111, 229, 241
　　協同グループの—— 151, 232, 266, 270
　　費用対—— 171

公共機関 3, 172-174, 229, 239, 231-244, 258-259, 271
　　——と権力 138, 236-237
　　——とコンサルテーション 236
　　——と防衛 236-237, 238, 242
　　——とマネジメント 233-246
　　コンテナとしての—— 229, 233-236
▷医療, 教育, 刑務所, 保護観察サービス, 社会福祉サービス
攻撃的治療アプローチ
　　防衛としての—— 127-128
高齢者
　　——との仕事 98-110, 179, 221-222, 257, 260-261
高齢者のための病院
　　——における仕事 98-110
　　▷高齢者
個人のコンサルテーション 83-84, 84-86, 174
子ども 45, 79-87, 89-90, 95-96, 111-123
　　傷ついた—— 88-97
　　児童養護施設内の—— 153
　　身体障害児 111-123, 235
　　性的虐待を受けた—— 176-178
こども園 45
コミュニケーション .. 68, 72-74, 92, 118, 240, 276, 278, 287
　　——とスーパービジョン 252
　　象徴的な—— 16
　　無意識の—— 74 75 76 94-95 220 223
コンサルタント
　　——の役割 6 8-12 17-18 24 25 29 31 42 44-45 47 59 69-70 72 75 79 81-89 91-92 93 94-98 99 101-105 113-125 135 141-144 161 165-166 174 189 192-203 204-205 210-211 217-230 249-253 261 274-283 290 291-292
　　——への態度 81-82 113-114
コンサルテーション 8-12
　　公共機関における—— 237
　　組織への—— 3, 163-165, 190-200, 201, 246, 288
　　▷「コンサルタント」
コンテインすること 122, 133

コンテインするシステム思考 233
コントロール 272
　——とケア 229, 245-256
　——とスーパービジョン 249-253

【さ】

サービス利用者 279
　▷「クライアント」
罪悪感 46, 68, 89, 99, 104, 132, 157-160
　生存者の—— 129-132
　▷敵意
差異化 201-213, 224-225
財務 231
　▷「リソース」
作業グループ心性 27, 32, 41, 203
　——と他職種チーム 33-37
作業療法士 101, 106, 260, 261, 275, 280
サポートグループ 70, 71-72, 79-87, 89-90, 137-142, 218-220
　——とアンチタスク 217, 220, 222
　——の裏の目的 216, 220, 222, 223
　——の表向きの目的 ... 216, 217, 220, 221, 222, 224
　——の無意識の目的 216, 217, 221, 224
　——の目的 216
　スタッフ—— 90-92
　タイムアウトとしての—— 221-222
　容器としての—— 90-92
サポートシステム
　——とスーパービジョン 245-256
　——とマネジメント 289
　スタッフ—— 103, 108, 122, 132-133, 139-145, 242, 288
参加 239-241
三角形
　——とスーパービジョン関係 248, 253-255
産業生産性委員会 6
死
　——と医療 167, 229, 233, 234, 239
　——に対処する 82, 95-96, 100, 124-134, 137-142

▷「死別」「死にゆく人々」「喪失」「ターミナルケア」
仕事の実践 65, 81-83, 87, 88, 121, 152-154, 191, 195, 216, 220, 231, 241, 261-262, 267-268, 285, 289
　——と高齢者 98-99, 102-106, 108, 109
　——と評価 276, 281
　——と変化 171
仕事の方法 43-44, 47-48, 155
仕事量 65, 71
自己評価システム 276, 278, 281
　▷「評価」
思春期
　——との仕事 94-95 123 182-185 192-203
思春期病棟 92-93, 180-181
システム理論 ▷「開放システム理論」
施設化 238
質
　——の管理 276
　——の向上 276
　——の保証 271, 272, 276, 277, 279, 281
嫉妬 60
　▷「羨望」「競争」
死にゆく人々
　——との仕事 82, 106, 124-134
　▷「死」「ターミナルケア」
死別 82
社会システム 3, 9
　——と看護 136
　防衛としての—— 7, 9
社会的地位 99, 108
社会福祉サービス 171, 233
従業員委員会 210-211
障害者
　——との仕事 98-110
昇進 55
象徴的なコミュニケーション 16
小児保健チーム 88, 95
消費者
　顧客としての—— 171
　——に対する開放性 240, 242, 280
　——に対する責任 272
　——の意見 271
　▷クライアント

索引 | 307

職務内容説明書 176
職務への満足 .. 25, 100, 111, 142, 144, 161, 266
人材開発研修部門 201-202
身体障害児
　——との仕事 88-97, 111-123, 235
身体障害者 207-208, 211
心理学者 30, 261
心理療法士 150
スーパーバイザー
　——の役割 245, 248-251, 252, 255
スーパービジョン 271
　——と看護学生 139
　——と支配 248-251
　——と保護観察サービス 245-251
　——の三角形 253
　▷「スーパービジョン関係」
スーパービジョン関係 229, 245-256
　——と評価 250
　——とリフレクションプロセス 250
スケープゴート ... 163, 172, 174, 176-178, 289
スタッフスーパービジョン▷スーパービジョン関係
スタッフのカウンセリングサービス　288
スタッフの葛藤 163, 169, 170, 175
スタッフの関係 65, 84-86, 285
スタッフの時間管理 238
スタッフダイナミクスグループ ... 214-227
スタッフのバーンアウト .. 74, 124, 159-160, 286
スタッフの病気 ... 104, 111, 143, 144, 238, 286
スタッフのモラール 46, 99, 148, 167, 173-174, 238, 241, 261-262, 265, 270
スタッフの離職 111, 238
ストレス ... 3, 11-12, 16, 25, 43, 58, 65, 71, 79-87, 90, 98-110, 143, 163, 173, 190-191
　——と看護 142, 143-144
　——と高齢者との仕事 98-110
　——と死にゆく人々との仕事 .. 124-134
　——と専門職間の葛藤 99-100
　——と組織的要因 .. 163, 166-176, 176-178, 182, 273
　組織の—— 73-78, 142, 147, 166-176
　人間関係の—— 84-86, 163

スプリッティング .. 18, 19, 20, 24, 25, 101-109, 118-123, 128, 129, 148, 152, 157, 170, 239, 240, 279
　統合失調的な—— 20
青少年のためのサービス 43-44
精神医学 167
　軍司令—— 5
　社会—— 5
　文化—— 5
精神科 150-151
　▷医療
精神科医 261, 273
精神科サービス▷「精神保健」
精神障害者
　——とケアの医学的モデル 167
　——との仕事 105-106, 150-151, 158-159, 220-221, 223-224, 258-259, 261-262
　——と政治的分析 167
　——と否認 167-168
精神病理 181
精神分析 13, 62
　——とコンサルタントの仕事 10-11
　——と組織生活 15-25
精神保健 47-50, 272-281
　▷「精神障害者」
生存者の罪悪感 130-133
責任 58
摂食障害 17-18
説明責任 33, 58, 64, 246, 272, 281
　公的—— 240, 243, 272
専門家 34-36, 271
専門家気質
　防衛としての—— 89-90
喪失 75, 77, 97, 125
　▷「死別」「死」
躁的勝利感 129
躁的償い 158
ソーシャルワーカー .. 36, 43-44, 251, 261-262
　▷「保護観察サービス」「社会福祉サービス」
組織
　過渡的—— 197
　脅威のもとにある—— 201-213
　効果的な—— 111

公的── 172-174, 229, 231-244
心のなかの── 166-169
社会-技術システムとしての── 7
社会システムとしての── 3
──とアイデンティティ 154
──といじめ 172
──と改革 169
──と開放システム理論── 39-43
──と葛藤 172-174
──と環境 39-40, 41, 46
──と記述 9
──とケアおよびコントロール ....
245-256
──と権限 53-56
──と権力 57-58
──と構造 9, 53, 57, 58, 149
──と個人 169-172
──と再編 233
──と主目的 166-169, 181
──とストレス 73-78, 142, 148, 163, 166-176
──と精神分析的視点 11, 15-25
──と投影 65
──と投影同一化 67
──と評価 271-284
──と変化 163, 170, 174, 190-200
──と無意識 3, 15-25, 65, 136, 166-169, 176-189, 289
──と目的 192, 274
──とリーダーシップ 59-61
──とやっかいな人 176-189
──のアセスメント 111
──の機能 111, 123
──の構造 102-104
──へのガイドライン 239-243
容器としての── 169-172
▷「組織の防衛」
組織コンサルテーションワークショップ 3
組織の一員 9
組織の働き 14, 17, 53
組織の不安 25, 65, 88-89

組織の防衛 12, 16, 25, 65, 78, 88, 103-104, 108, 113, 116-118, 139, 149, 152, 183, 195, 201-213, 236, 242, 255
──と個人の防衛 116, 149, 244, 285, 289-290
──と理想 150-151

【た】

ターミナルケア 106, 124-134
▷死, 死にゆく人々
対人サービス ... 40-52, 163, 229, 245, 257, 256, 285, 288
▷「教育」「医療」「刑務所」「保護観察サービス」「公共機関」「社会福祉サービス」
代表 201-210, 210-211, 211
多職種チーム 33-37, 42, 89, 120, 223-224, 261-262, 262-270
──と衝突 33, 34, 39, 84-86, 99-110, 112, 272-281
──と二重のマネジメント 266-268
──と二重のメンバーシップ .. 263-266
──と評価 272-276
タスク
一次── .. 8 40 41-42 46 48 51 61 62 104 110 135 168 173 188 199 206 238 240 250 262 279 288
規範的一次── 41
現象的一次── 41
実存的一次── 41
──遂行 9, 154-156, 161, 183
──と境界 47-50, 259, 266
──と協同 269-270
──とグループ間関係 257-270
──システム 39, 266
──とスーパービジョン関係 245
──と対人サービス 40-52
──の定義 9, 39-40, 42, 43-44, 46, 63, 88, 102, 108, 123, 161, 196, 257-258
防衛としての──中心 127-128
みずからに課した不可能な── ....
149-161

タビストッククリニック 3, 4-5, 13, 27
　──の歴史 4-5
タビストック人間関係研究所（TIHR）4, 6-7, 13, 14, 38, 62
　──の歴史 6-7
タビストック夫婦問題研究所 13
地位 32, 172
チームワーク 257
　▷「グループ間関係」
知的障害 218-219
忠誠義務 241
治療
　防衛としての── 127-128, 167
治療共同体 180
償い 157-160
抵抗 17-18, 67
　変化に対する── 32, 96, 277, 285-287
デイセンター 28, 207-208, 211, 220-221, 221-222
敵意
　クライエントに対する── 89, 110, 143, 145, 169
　▷「罪悪感」
転移 145, 183-185
投影 18, 19, 20, 23, 25, 32, 65, 73, 74, 85, 101-109, 110, 129, 132, 133, 147, 153, 157, 170, 171, 175, 179, 180-182, 185-186, 202, 216-217, 229, 233, 237, 289
投影同一化 22-23, 60, 67-68, 70, 71-72, 75, 92-93, 103-104, 123, 160, 179, 185-186, 197, 226, 240, 251
統合 111-123, 134
闘争－逃避の基本的想定（baF） ... 29, 34, 175, 175, 207
　──のリーダー 32
トラブルの起こり方
　──と施設 176-180
トレーニング 238, 239
　▷「スーパービジョン関係」

【な】

乳児特別ケアユニット .... , 79-97,

【は】

犯罪者▷「刑務所」「保護観察サービス」
日帰り研修 203-204, 205
悲嘆 96
▷死
否認 17-18, 25, 70, 75, 77, 87, 97, 117, 121, 124, 129, 139, 148, 150-151, 157, 165, 167, 175, 194, 203, 207, 231, 235, 238, 244
秘密の保持 251-252
病院 17-18, 71-72, 79-87, 92-93, 98-109, 125-126, 137-142, 143, 183-184, 210-211, 260-261
　──と権力 138
　──文化 136-142
評価 26, 229-230, 271-284
　──システムを立ち上げる 272-276
　──とスーパービジョン関係 .. 249-250
　──とマネジメント 277, 278
　──への抵抗 155, 276-278
不安 30-31
　原初的── 138, 212, 233, 285-286
　個人の── 285-286
　社会的── 231-244
　職場での── 7, 12, 17, 23, 28, 43-44, 46, 55, 65, 71, 89, 92, 98, 103-104, 113, 116, 122, 146, 152, 158-159, 171, 176-178, 182, 190, 195, 198, 200, 201-202, 207, 259, 278, 282, 285-286
　組織の── 25, 65, 88-89
　──とアンチタスク活動 41
　──と傷ついた子どもたちとの仕事 ... 88-97
　──と高齢者との仕事 98-110
　──と個人および組織 231
　──とスーパービジョン関係 . 253-254, 255
　──と能力 252
　──と変化に対する抵抗 285-286
　──の容器となる 287-289
　──を言葉にする 176-178
　無意識の── 65
　妄想的── 202
　抑うつ的── 202
フォロワーシップ 32, 59-61, 63

不全感
　職場における―― 92-96
不確かさ
　組織における―― 190-200
　▷「変化」
部門間関係 259-261
プロジェクト 2000 147
分裂 21, 111-123
ペアリングの基本的想定（baP）. 30, 35, 36
　――のリーダー 32
閉鎖
　――の脅威 17-18, 194, 201-203
変化
　――に対する抵抗 32, 96, 153, 277, 285-287
　――の脅威 75
防衛 . 7 44-45 47 67 76 77 78 99 105-106 118-120 142 146-147 154 159 162 168-169 203 228 236-237 241 246 258 279 287-288
　医学的―― 105, 106
　公共機関における―― 236-237, 238, 242
　個人と組織を結びつける―― 112, 116-118, 122, 149, 244, 285, 289-290
　集団的―― 149, 160, 207, 288
　人道的―― 105
　組織の―― 12, 16, 25, 65, 78, 88, 103-104, 108, 113, 116-118, 149, 152, 183, 201-213
　治療としての―― 127-128
　反‐医学的―― 105, 106
　――と回避 129 141 209 228
　――と死にゆく人々との仕事 .. 124-129
　――と社会システム 7, 10
　――と専門家気質 89-90
　――と投影同一化 77
　――とみずからに課した不可能なタスク 156
　リベラルな―― 105, 106
方法の定義 43-44
保護観察官 ▷保護観察サービス
保護観察サービス 245-251
　――とスタッフスーパービジョン 245-251
　――のモデル 245-246

ボランティア団体 3, 54, 257

【ま】

マネジメント
　――と改革 50, 174
　――と危険を知ること 240, 242
　――と境界 50-51
　――と協同グループ 266-268
　――とグループ間関係 257-270
　――と権限 53-56, 279, 287
　――と権力 57-58
　――と合意 204
　――とコンサルタントの役割 . 220, 226
　――とサポート 290
　――とスーパービジョン関係 229, 245-256
　――とスタッフ 16, 171, 192, 202, 218
　――との対立 42
　――とモニタリング 231-244
　――と役割 ... 43, 50-51, 60, 77, 92, 108, 129, 153, 155, 161, 173, 175, 176-177, 183-185, 188-189, 191, 229, 245-256, 289, 290
　――とリーダーシップ 59-61, 187-188
　容器としての―― 175
　▷「変化」
慢性的「いい人」症（chronic niceness）
　死にゆく人々との仕事と―― . 128, 133
無意識 3, 4, 28, 176-189, 289
　集合的―― 234
　――のグループとチーム .. 3 4 6 10 13 20 25 27-38 63 64 217 218 219 224 227
　――と個人 65, 149-161
　――のコミュニケーション 70, 71-72, 75, 92-93, 217, 220
　――と組織生活 15-26 67 138 167-170 178-179 181 181-191
　――の不安 65
　――と理想 150-152
　――のプロセスと雰囲気 70-71
無力感 141, 167, 222, 258
無力さ 236, 238

妄想-分裂態勢 .. 19-21, 24, 25, 92-93, 97, 119, 121-123, 129, 133, 233, 237, 239
　　──と権限 56
目的あるシステム思考 233
目標 44-45, 273
モニタリング 245-256, 271

【や】

薬物依存 42-43, 70, 75-78, 155
　　──との仕事 75, 143
薬物依存病棟 42, 70, 75, 155
役割 . 51, 59, 63, 84, 126, 175, 181, 196, 197, 199, 204, 210
　　スーパバイザーとしての── 247
　　専門的── 140
　　無意識の── 176-189
　　──と投影 185-186
　　──とやっかいな人 176-189
　　──の管理 183, 185-186, 258, 289
やっかいな人
　　──と施設 176-178, 180-189
　　──の選択 179-180
優先順位 39, 45-46, 208, 274, 275
　　──と協同グループ 267
容器
　　──としての公共機関 229, 233-237
　　──としてのサポートグループ . 90-92, 217
　　──としてのスーパーバイザー 255
　　──としての組織 ... 169-172, 233-235, 286
　　──としての人 24, 92
　　──としてのマネジメント 175
　　──と不安 287-289
抑圧 42
抑うつ態勢 ... 19, 23-24, 92-93, 97, 121-123, 133, 161, 233, 236, 239
　　──と権威 56

【ら】

リーダー
　　基本的想定における── 32
　　──の役割 26, 29-30
リーダーシップ ... 14, 32, 53, 57, 59-61, 62, 63
　　カリスマ的── 59
　　職務上の── 61
　　──と一次タスク 61
　　──と羨望 59-60
理学療法士 89, 100, 115, 118, 120-121, 260
理想化 19, 25
リソース . 16, 39, 43-44, 190, 231, 237, 240, 276, 279
　　──と連携 268-269
両親
　　身体障害児の── 119-120
理論的枠組み 13-64
ロールプレイ
　　──の使用 202

◆ 監訳者略歴

武井 麻子［たけい あさこ］

東京大学医学系大学院博士課程保健学専攻修了
博士（保健学：東京大学）
日本集団精神療法学会認定グループサイコセラピスト，同スーパーヴァイザー

- ◉ 主要略歴────海上寮療養所看護科・社会療法科
  千葉県立衛生短期大学准教授
  現職，日本赤十字看護大学教授
- ◉ 主要著訳書────『レトリートとしての精神病院』(ゆみる出版, 1998)，[翻訳]『感情労働としての看護』(P. スミス著, ゆみる出版, 2000)，『感情と看護──人とのかかわりを職業とすることの意味』(医学書院, 2001)，『「グループ」という方法』(医学書院, 2002)，『精神看護学ノート（第2版）』(医学書院, 2005)，『ひと相手の仕事はなぜ疲れるのか──感情労働の時代』(大和書房, 2006)，『系統看護学講座・精神看護学［1］精神看護の基礎（第4版）』(医学書院, 2013)，『系統看護学講座・精神看護学［2］精神看護の展開（第4版）』(医学書院, 2013)，『グループと精神科看護』(金剛出版, 2012)

◆ 訳者代表略歴

榊 惠子（さかき けいこ）

日本赤十字看護大学博士後期課程修了
博士（看護学：日本赤十字看護大学）

- ◉ 主要略歴────慶應義塾大学病院精神・神経科病棟、内科病棟
  慶應義塾看護短期大学講師
  日本赤十字看護大学講師
  現職，昭和大学教授
- ◉ 主要著訳書────『場面で学ぶ精神看護学』(メディカ出版, 2005)，『精神看護学』(放送大学教育振興会, 2009)，『ナースの精神医学（第4版）』(中外医学社, 2015)

組織のストレスとコンサルテーション
対人援助サービスと職場の無意識

2014年3月25日　初版
2024年10月10日　3刷

編　者	アントン・オブホルツァー　ヴェガ・ザジェ・ロバーツ	
監訳者	武井 麻子	
訳　者	榊 惠子 ほか	
発行者	立石 正信	
印刷・製本	三協美術印刷	
装丁	臼井新太郎	
装画	山根良三	

発行所　株式会社 金剛出版
〒112-0005
東京都文京区水道1-5-16
電話　03-3815-6661
振替　00120-6-34848

ISBN978-4-7724-1357-2 C3047　　　　　　Printed in Japan©2014

グループと精神科看護

［著］武井 麻子

●A5判 ●上製 ●272頁 ●定価 **3,740**円
●ISBN978-4-7724-1245-2 C3011

患者との良好な
対人コミュニケーションの持続を要求される
看護師・ケースワーカーという仕事の実際，
グループワークの方法を解説。

組織で活かすカウンセリング
「つながり」で支える心理援助の技術

［著］藤原 俊通

●四六判 ●並製 ●230頁 ●定価 **2,750**円
●ISBN978-4-7724-1311-4 C3011

現職自衛官の臨床心理士が
プロフェッショナル・カウンセリングを語る。
惨事ストレス，自殺予防，復職支援など
組織の危機管理を解説。

精神分析的心理療法における
コンサルテーション面接

［編］ピーター・ホブソン
［監訳］福本 修　［訳］奥山 今日子　櫻井 鼓

●A5判 ●並製 ●230頁 ●定価 **4,620**円
●ISBN978-4-7724-1729-7 C3011

タビストック・クリニックにおける
精神分析的心理療法のアセスメントは
どのようなプロセスを経ているのかを平易かつ詳細に解説する。

価格は10%税込です。